BANTOS, MALÊS E IDENTIDADE NEGRA

BANTOS, MALÊS E IDENTIDADE NEGRA

Nei Lopes

4ª edição revista e atualizada
2ª reimpressão

autêntica

Copyright © 2006 Nei Lopes
Copyright desta edição © 2006 Autêntica Editora

Todos os direitos reservados pela Autêntica Editora Ltda. Nenhuma parte desta publicação poderá ser reproduzida, seja por meios mecânicos, eletrônicos, seja via cópia xerográfica, sem a autorização prévia da Editora.

COORDENADORA DA COLEÇÃO
Nilma Lino Gomes

CONSELHO EDITORIAL
Marta Araújo (Universidade de Coimbra);
Petronilha Beatriz Gonçalves e Silva (UFSCAR);
Renato Emerson dos Santos (UERJ);
Maria Nazareth Soares Fonseca (PUC Minas);
Kabengele Munanga (USP)

EDITORAS RESPONSÁVEIS
Rejane Dias
Cecília Martins

REVISÃO
Aline Sobreira

CAPA
Alberto Bittencourt
(Sobre ilustração de EV-DA/Shutterstock)

DIAGRAMAÇÃO
Christiane Morais de Oliveira

Dados Internacionais de Catalogação na Publicação (CIP)
(Câmara Brasileira do Livro, SP, Brasil)

Lopes, Nei
   Bantos, malês e identidade negra / Nei Lopes. -- 4. ed. rev. e atual; 2. reimp. -- Belo Horizonte : Autêntica, 2023. -- (Cultura Negra e Identidades)

   ISBN 978-65-5928-039-1

   1. Antropologia 2. Bantos 3. Ciências sociais 4. Negros - História - Brasil 5. Negros - Identidade racial - Brasil 6. Racismo I. Título II. Série.

21-60387   CDD-305.896081

Índices para catálogo sistemático:
1. Brasil : Negros : Identidade : Sociologia 305.896081

Maria Alice Ferreira - Bibliotecária - CRB-8/7964

Ⓒ GRUPO AUTÊNTICA

Belo Horizonte
Rua Carlos Turner, 420
Silveira . 31140-520
Belo Horizonte . MG
Tel.: (55 31) 3465 4500

São Paulo
Av. Paulista, 2.073 . Conjunto Nacional
Horsa I . Sala 309 . Bela Vista
01311-940 . São Paulo . SP
Tel.: (55 11) 3034 4468

www.grupoautentica.com.br
SAC: atendimentoleitor@grupoautentica.com.br

Advertência

Neste livro, principalmente na parte consagrada aos povos bantos, o leitor especializado na matéria poderá se surpreender com a grafia de boa parte das palavras. Isso porque, nas línguas africanas, os vocábulos, já há algum tempo, escrevem-se segundo critérios estabelecidos por convenções nacionais ou internacionais. Em Angola, por exemplo, em várias línguas (*Kikongo*, *Kimbundu*, *Umbundu*, *Cokwe*, *Mbunda* e *Oxykwanyama*), as palavras são grafadas através de alfabetos criteriosamente estabelecidos pelo Instituto Nacional de Línguas. Assim é que o antropólogo angolano Henrique Abranches, no glossário de seu romance histórico *A Konkhava de Feti* (2. ed., União dos Escritores Angolanos, 1985), reclama: "A etnologia oficial portuguesa escrevia tudo de forma aportuguesada, dando exotismos como 'cuanhama', 'quioco', 'Amboela', indo mais longe, usando até o adjetivo Banto (masc.) e Banta (fem.)". Mas o mesmo Henrique Abranches, no número de estreia (1º semestre de 1984) da revista *Muntu*, editada pelo CICIBA, na República do Gabão, talvez depois da primeira edição do romance mencionado (escrito em 1968), escreveu: "A melhor forma de representação fonética dos nomes dos grupos étnicos, uma vez que a conceptualização [*sic*] dos mesmos implica um processo de abstração, seria a de utilizar apenas o radical da palavra eliminando-lhe o prefixo que a pessoaliza. [...] Seja como for, um dia virá em que num discurso de língua portuguesa todas as palavras serão aportuguesadas sem o complexo de ferir susceptibilidades veracistas ou genuístas, da mesma maneira que em português se diz 'alemão' e não 'deutsch', 'russo' e não 'rusky', como muitas pessoas o defendem já".

Lembramos, então, que este livro não tem critérios rigidamente estabelecidos em relação à grafia das vozes africanas, principalmente bantas, aqui apresentadas. Optamos pela compreensão mais fácil e pela consagração do uso. Porque, mais que rigor linguístico, o que aqui se quer é a reparação de uma injustiça histórica, para o resgate da identidade dos descendentes dos africanos que forjaram a nação brasileira. Quanto à grafia "Islão", usada nas edições anteriores e também admitida pelo Vocabulário Ortográfico da Língua Portuguesa (2009), embora menos usada no Brasil que "Islã", foi adotada, por preferência do professor João Baptista Vargens, especialista em língua árabe, desde o nosso primordial *Islamismo e negritude*, texto de 1982. Na presente edição, entretanto, preferimos a grafia "Islã", consagrada pelo uso popular.

O autor

SUMÁRIO

9   Ao leitor

Os malês

17   O Islã: nascimento e expansão

20   A África

22   A África antes do Islã

25   Kasson e Djolof

27   Gana, Mali, Songai e Kanem

31   Ifé, Oyó e Benin

35   O Islã na África

37   A fase berbere

39   A fase mandinga

41   A fase Songai

44   O intervalo bambara

45   A fase peule

49   O Islã e o tráfico de escravos

51   O Islã e a religião tradicional

60   O Islã negro-africano no Brasil

76   Os malês e as revoltas negras na Bahia

87   Os malês e a autoafirmação do negro brasileiro

Os bantos

97   Os "ancestrais esquecidos"

97   Equívocos e preconceitos

99   Origens e localização

112 Na costa e nos sertões do leste

117 No rio Congo

128 No Cuanza e no Cuango

136 Lubas, lundas e outros bantos

140 O saber e o espírito entre os bantos

156 Trabalho e técnicas

157 África-Brasil-África

174 Reis, guerreiros e foliões

191 Santos, inquices e antepassados

193 Calundus, candomblés, umbanda

197 As línguas bantas e o português no Brasil

202 Identidade negra

213 Referências

Ao leitor

Desde sua primeira versão, esta obra procura mostrar dois aspectos do preconceito antinegro embutido na historiografia brasileira anterior à década de 1970. O primeiro consistia na exaltação do segmento supostamente arabizado, em geral letrado, e assim tido como a elite da massa escravizada no Brasil. Essa parcela, embora altiva e insubmissa, era flagrantemente minoritária; e em geral praticava um islamismo carregado de práticas ancestrais negro-africanas, aquelas tidas como "fetichistas". O segundo aspecto é a negação da importância cultural do segmento banto na formação brasileira, apesar de esse segmento, pela anterioridade de sua presença e pelo número vultoso de sua entrada nos portos brasileiros, por mais de 300 anos – além de sua dispersão forçada por quase todo o território nacional, em obediência aos sucessivos ciclos econômicos –, ter sido o que mais influiu na formação da civilização brasileira e de outras nas Américas. Daí veio o epíteto "ancestrais esquecidos", a eles dedicado pelo célebre historiador e antropólogo belga Jan Vansina (*apud* HEYWOOD, 2009, p. 7).

O escravismo brasileiro foi eminentemente banto, como prova a presença afro-originada principalmente na música, nas danças dramáticas, na linguagem, na farmacologia, nas técnicas de trabalho e até mesmo nas estratégias de resistência aqui desenvolvidas. E, ainda, nos casos exemplares dos quilombos e das irmandades católicas. Mas a historiografia anterior à década de 1970, de um modo geral, procurou negar essa hegemonia. E, em nosso juízo, ela o fez com um objetivo definido: o de negar importância à regra, à maioria, mitificando positivamente, de certa forma, apenas a exceção. Daí o "negro tu" (de *bantu*), sempre submisso e imbecilizado, contraposto ao "malê" ou "mina", mostrado de forma generalizada como rebelde, altivo e letrado.

Essa visão distorcida chegou até nós e repercutiu seriamente na tentativa de reconstrução identitária da militância negra a partir da década de 1970. E é isso que este livro, dentro das modestas possibilidades de seu autor, em 1987, quando concluída sua primeira versão, procurou mostrar.

Após a publicação da edição revista e aumentada do livro *Rebelião escrava no Brasil*, do historiador João José Reis, em 2003, acreditamos que quase mais nada restou a dizer sobre o episódio da presença dos negros malês no Brasil. De nossa parte, após a publicação da primeira edição do nosso livro, travávamos contato, entre outros, com o livro *Les Bantu: langues, peuples, civilisations*, do historiador e linguista congolês Théophile Obenga, que veio consolidar e atualizar nossas pesquisas sobre o universo banto no continente de origem.

Por outro lado, a demanda suscitada pela lei que em boa hora estabelece a inclusão de conteúdos de história africana e afro-brasileira nos currículos escolares motivou a segunda edição de nosso livro, lançado em 1988. Entretanto, em 2017, publicávamos o *Dicionário de história da África: séculos VII a XVI*, em parceria com o professor José Rivair Macedo, da Universidade Federal do Rio Grande do Sul (UFRGS), no qual atualizávamos ainda mais muitos conceitos antes emitidos. Assim, nesta edição, na parte relativa aos bantos, procuramos atualizar mais algumas informações. E na que se refere aos malês, fizemos alguns ajustes, para manter este livro em harmonia com o *Dicionário*. Na sequência, em 2020 tínhamos no prelo o segundo volume da obra, cobrindo o período que se estendeu do século XVI ao XIX, o que mereceu, de nossa parte, novas atualizações.

Então, o leitor tem em mãos uma nova edição do *Bantos, malês e identidade negra*, revista e atualizada, inclusive incorporando temas e conceitos novos. Entretanto, ela permanece fiel à proposta de mostrar duas pontas do emaranhado novelo racista que ainda envolve o olhar sobre o negro, africano ou afrodescendente no Brasil. Esperamos que, ao lado das outras obras que escrevemos e publicamos de 1988 até aqui, este livro seja útil na construção ou na consolidação de uma autoestima positiva no espírito dos leitores afrodescendentes, até a final erradicação do insidioso e renitente racismo que sistematicamente exclui os brasileiros de origem africana dos espaços de excelência e, consequentemente, das esferas de decisão e poder no país em que vivemos.

O autor

OS MALÊS

Quem conhece o ontem e o hoje
conhecerá o amanhã, porque
o fio do tecelão é o futuro,
o pano tecido é o presente,
o pano tecido e dobrado é o passado
Provérbio fulâni.

La illah illa Allah
("Não há outro Deus senão Alá")
Texto do Corão.

Ko si oba kan afi Olorun
("Não existe rei maior que Olorun")
Evocação iorubá.

O Islã: nascimento e expansão[1]

A presença dos povos árabes na história da humanidade vem desde a Antiguidade mais remota, como se pode inferir de inúmeros topônimos e antropônimos citados tanto na Bíblia quanto em clássicos gregos e latinos. Mas as informações sobre a Arábia pré-islâmica são objeto de polêmica entre os estudiosos.

Os fatos históricos lá ocorridos são de difícil comprovação. Porque, embora houvesse já uma literatura anterior, segundo opiniões abalizadas, como a do arabista João Baptista Vargens, é com o Corão que a língua árabe vai se sistematizar, fixando para sempre sua escrita, seu vocabulário, suas estruturas morfológicas e sua sintaxe.

Segundo, então, as descrições posteriores ao advento do Islã, no século VII da Era Cristã, a Península Arábica apresentava três aspectos distintos (KOSMINSKY, 1963, p. 59): uma enorme porção desértica ao norte; uma parte rica em vegetação tropical – o Iêmen, conhecido pelos romanos como *Arábia Felix* (Arábia Feliz) – ao sul; e uma região costeira, no Mar Vermelho, pela qual se estendia uma grande rota de caravanas ligando a terra dos árabes à Índia e à atual Etiópia. Nesta última região, chamada Hedjaz, erguiam-se as cidades de Meca e Medina.

No grande deserto árabe, nômades e dedicados exclusivamente à criação e à venda de rebanhos, viviam os beduínos. O comércio entre eles e os árabes do Hedjaz, no noroeste da Arábia, próximo ao Mar Vermelho, era intenso. E Meca era o grande centro onde as transações se realizavam.

Mas, além de centro comercial, Meca era também e principalmente um grande centro religioso, pois lá é que estava a Caaba, uma espécie de altar em pedra preta sobre o qual ficavam as cerca de 360 representações simbólicas das divindades cultuadas pelas diversas tribos árabes. Cada uma delas possuía seus próprios entes divinos, que cultuavam em regulares peregrinações a Meca, cidade

---

[1] Este capítulo foi escrito a partir de conteúdos informados pelo arabista João Baptista M. Vargens, professor da Universidade Federal do Rio de Janeiro (UFRJ), com quem o autor escreveu o livro *Islamismo e negritude*, de 1982.

extremamente movimentada por conta desse fluxo, que fazia dela, inclusive, um grande centro comercial e financeiro.

A essência das divindades cultuadas no templo da Caaba era diversificada. Algumas eram de natureza astral, como Allat, representação do Sol, ou Al-Uzza, representação do planeta Vênus. Outras representavam ideias abstratas, como a morte (Manat) ou o amor (Wadd). Mas, além dessas divindades, os árabes pré-islâmicos cultuavam também seus antepassados, seus ancestrais. E ofereciam sacrifícios propiciatórios, realizados por sacerdotes que, igualmente, consultavam oráculos para previsão do futuro (VARGENS; LOPES, 1982, p. 4).

No grande deserto árabe, os nômades beduínos subdividiam-se em tribos independentes e rivais entre si. E no seio das próprias tribos as diferenças se faziam notar, já que havia famílias proprietárias de grandes rebanhos ao lado de outras que nada ou quase nada possuíam. Então, como era de se esperar, a aristocracia beduína, à medida que suas posses cresciam, procurava explorar os menos aquinhoados, que se revoltaram. Numa reação em cadeia, essas revoltas levaram à união dos nômades pobres (KOSMINSKY, 1963, p. 60).

Como essas dissenções afetavam sensivelmente as relações comerciais, a nobreza do Hedjaz procurava um meio de unificar as tribos beduínas e os árabes em geral, para daí expandir seu comércio, inclusive em direção a outros países. E essa unificação veio, por vias transversas, com o Islã – "a Submissão" – nova religião pregada pelo profeta Maomé desde 610 EC, ano zero do calendário muçulmano.

A ideia monoteísta proposta por Maomé chocava-se com os anseios da classe dominante de Meca, que tinha como sua maior fonte de renda o comércio proveniente da constante presença de romeiros na cidade. Julgavam os aristocratas, não sem razão, que, com a extinção, no templo da Caaba, do culto às divindades tribais, a diminuição do movimento em Meca abalaria seriamente o seu poder econômico. Então, empreendem uma firme perseguição a Maomé, que, aos 52 anos de idade, em 622 (ano da Hégira – "a fuga"), refugia-se em Medina, a cerca de 400 quilômetros; e, de acordo com algumas fontes, também na Etiópia.

Mas a pregação de Maomé a cada dia fazia novos adeptos. E isso graças aos fundamentos e princípios do Islã, que, além de proporem uma vida frugal, em que as relações entre os homens fossem igualitárias, também traziam respostas a questões de difícil solução referentes aos diversos campos da especulação humana, como religião, direito, ética, cosmogonia, escatologia etc. Numa sociedade altamente estratificada e cheia de contradições, carente de uma unidade que a direcionasse para uma vida melhor, como era a sociedade árabe no século VII, a pregação de Maomé obtinha amplo sucesso. Então, oito anos depois da Hégira, o Profeta e seus seguidores voltavam e tomavam Meca, transformavam o templo da Caaba num santuário apenas muçulmano e impunham a nova religião.

Amálgama do judaísmo com o cristianismo dentro de uma realidade árabe, o Islã tem seus fundamentos, tais como foram "revelados" ao Profeta, contidos no Livro Sagrado, o Corão – "a Leitura", "o que deve ser lido", "recitação" – que é composto de 114 *surat* (capítulos) distribuídos em 1.666 *aiat* (versículos). Tanto os capítulos como os versículos são de tamanhos desiguais, e os assuntos nele contidos não têm uma ordenação, podendo muitas vezes um mesmo tema ser tratado em diversas partes do Livro.

Para a religião islâmica, "só há um deus, que é Alá, e Maomé é seu único profeta". E, assim como os cristãos, os muçulmanos também acreditam: nos arcanjos Gabriel, Miguel, Azrael e Izrafel; no fim do mundo; no Juízo Final; na ressurreição dos mortos; no destino, no bem e no mal; na virgindade de Maria; no Paraíso e no Inferno. Reconhecem a existência e a importância de Adão, Noé, Abraão, Moisés e Jesus, a quem também consideram como taumaturgo, mas não como "filho de Deus".

A fé muçulmana está sustentada em cinco pilares:

- a unidade divina;
- as cinco orações diárias;
- a peregrinação a Meca;
- a esmola aos necessitados;
- o jejum no mês de Ramadan.

Segundo os preceitos corânicos, o indivíduo não pode viver fora de uma comunidade e deve sempre buscar melhores condições de vida, amparado nos ensinamentos divinos. O islamismo está voltado para o dia a dia do ser humano. Prazeres e amarguras são encarados sob um prisma prático capaz de explicar como os opostos, combinados, são realmente o suporte do equilíbrio da existência.

Com base nesses princípios, após a morte do Profeta, em 632, ou seja, dois anos após sua vitoriosa volta a Meca, os califas – "os sucessores" de Maomé – levaram adiante sua obra, unificando toda a Arábia em torno da bandeira verde do Islã. Esses primeiros sucessores, os chamados "califas sábios", são, respectivamente: Abu-Bacar (632-634), que consolidou o Islã na Península Arábica; Omar (634-644), que conquistou a Síria, a Pérsia e a Cirenaica, e abriu caminho para as conquistas da África do Norte e da Índia; Usman[2] (644-656), sob cujo reinado as "revelações" feitas ao Profeta foram compiladas para formar o Corão; e Ali (657-661).

Com a morte de Ali, dois grupos dinásticos rivais, os omíadas, em Damasco, e os abássidas, em Bagdá, na antiga Pérsia, lutam pelo poder central do já consolidado Império Árabe. Vitoriosos os omíadas, a capital do Império é transferida da Península Arábica para Damasco, e as inúmeras províncias passam a ser administradas por governadores. E em 750 os abássidas tomam o poder, levando para Bagdá a sede desse vasto império que viverá faustosamente até a chegada dos mongóis, originários da Ásia Central, em 1258.

Na África, a expansão árabe resultou na conquista do Egito, por volta de 645, e no estabelecimento do Islã no continente, rumo ao oeste, a partir da África Setentrional, de onde se irradiou, como veremos, para quase até os limites da grande floresta tropical.

A África

Até meados do século XX, o continente africano era, no senso comum e mesmo entre alguns intelectuais, considerado, do ponto

---

[2] Nas edições anteriores, o nome foi grafado *Othman*, como em obras de língua inglesa. Outra grafia usada, em Portugal e Brasil, é *Osman*.

de vista cultural, uma vastidão territorial sem história e sem desenvolvimento, povoada por gente infantilizada que vivia ao sabor da natureza. Entretanto, a partir de 1960, com os eventos que levaram à independência de quase todos os países do continente em relação ao colonialismo europeu, a África retomou o processo de conscientização sobre seu passado e de reafirmação de sua identidade.

A partir desse momento dá-se o reconhecimento gradativo – não sem polêmicas e tentativas de desqualificação – de historiadores e antropólogos africanos e afrodescendentes, como Cheikh Anta Diop, Joseph Ki-Zerbo, Théophile Obenga, Walter Rodney, Elikia M'Bokolo, entre outros.

***

Com uma extensão de terras que somam cerca de 8.000 km de norte a sul, 7.600 km de leste a oeste, totalizando 30.000.000 m² de superfície, o continente africano pode ser dividido em cinco grandes regiões.

A primeira é a *África Setentrional*, que se estende do Atlântico ao Mar Vermelho, compreendendo os atuais territórios de Saara Ocidental, Marrocos, Argélia, Tunísia, Líbia e Egito, país cuja população registra forte presença negra, desde tempos remotos. A segunda, a *África Ocidental*, é aquela região situada abaixo do Saara e do deserto da Líbia, acima da grande floresta tropical, compreendendo Mauritânia, Senegal, Gâmbia, Cabo Verde, Mali, Níger, Chade (parte), Guiné-Bissau, Guiné-Conacri, Serra Leoa, Libéria, Costa do Marfim, Gana, Burkina-Faso, Togo, Benin, Nigéria e parte de Camarões.

A essas duas macrorregiões que são as que mais de perto interessam ao nosso trabalho, podemos acrescentar:

África Central – abaixo de uma linha imaginária que vai de Duala, em Camarões, até a região dos Grandes Lagos (Vitória, Tanganica etc.), compreendendo Camarões (parte), República Centro-Africana, partes de Sudão e Sudão do Sul, parte do Chade, os dois Congo, Gabão, Guiné Equatorial e as ilhas de São Tomé e Príncipe, no Atlântico.

África Oriental – a leste e abaixo do planalto da Etiópia, incluindo a região dos Grandes Lagos e compreendendo Sudão (parte), Etiópia, Djibuti, Quênia, Tanzânia, Ruanda, Burundi, Somália, Uganda e as ilhas Madagascar, Comores, Maurício, Reunião e Seychelles, no Oceano Índico.

África Austral – compreendendo Angola, Zâmbia, Malaui, Moçambique, Zimbábue, Botsuana, Namíbia, Lesoto, Suazilândia e África do Sul.

Essas macrorregiões incluem também regiões bastante características, como o Saara; o Sael, que é a zona situada entre o Saara e a Savana e que se estende pelos atuais Mali, Níger e Chade; o Darfur, na República do Sudão; a grande floresta tropical; o deserto de Calaari etc. E dentro dessas regiões são muito importantes o Nilo, o Congo, o Zambeze e o Níger, os quatro maiores rios africanos.

O Níger, "grande rio de mais de 4.800 km desce da vertente setentrional das montanhas de Kong, a parte mais alta do território da atual Guiné-Conacri, e chega, de sudoeste para nordeste, até Tombuctu, passando por Segou e Djenê, atravessando o lago Dibbie ou Debo; passa por Kabara, porto de Tombuctu, depois muda de direção, correndo de nordeste para sudeste e passando por Gogo, Say, Yaouri e Boussa; aí atravessa o maciço das montanhas de Kong e termina no Golfo da Guiné num vasto e pantanoso delta". Assim escrevia, em 1878, o célebre geógrafo francês P.-F. Bainier, na página 483 de sua monumental *La Géographie*, editada em Paris pela Librairie Classique d'Eugène Belin.

Às margens desse rio, que banha Guiné, grande parte dos atuais territórios de Mali, Níger, Benin e enormes vastidões da Nigéria, foi que se passou grande parte da história que pretendemos contar.

A África antes do Islã

Tanto a África do Norte quanto a África Oriental têm ligações com os árabes há muitos séculos, desde bem antes do advento do Islã, num tempo em que todas as relações comerciais entre a Ásia e o continente africano eram monopolizadas por mercadores árabes. No primeiro século da Era Cristã, árabes do Iêmen, que abasteciam a Índia com mercadorias africanas, eram também o principal elo nas ligações entre a África Oriental e a Etiópia, por um lado, e as civilizações romana, grega e persa, por outro.

Muito antes dos tempos do profeta Maomé, caravanas de mercadores viajavam da Arábia, país já com significativa população afronegra, até o delta do Nilo. E ainda no período pré-islâmico, comerciantes iemenitas foram se estabelecer na Somália, na Etiópia e ao longo da costa oriental africana, sendo profundos conhecedores das trilhas do deserto que levavam ao norte.

A partir de 622, ano da Hégira de Maomé, a penetração dos árabes na África se faz obedecendo mais a ditames religiosos que mercantis, às vezes resultando em miscigenação com populações berberes nativas. E se processa através de duas rotas: uma pela costa oriental, da Somália até Moçambique; e outra por terra, do Egito até o Magrebe, e chegando até as bordas da floresta equatorial.

Entre 730 e 739, feitorias árabes são instaladas respectivamente na Ilha de Pemba, em Quíloa, na Tanzânia atual (KI-ZERBO, 1972, v. II, p. 437). Mas até o início da era muçulmana, tudo que o mundo conhecia da África, além do litoral do Mediterrâneo, vinha sobretudo das relações entre os árabes do Iêmen e a vizinha Etiópia, deles separada apenas pelo Bab-el-Mandeb, um canal do Mar Vermelho. Esta é, inclusive, a razão de a denominação "etíope" ter sido utilizada durante toda a Antiguidade, e até bem depois, para designar qualquer habitante negro do continente africano.

Da mesma forma, a denominação de "sudaneses" dada aos africanos ocidentais também se deve aos árabes. É que, penetrando no continente, já em nome do Islã, como veremos adiante, os guerreiros árabes descobriram que aquele enorme território que se estende das fraldas do Planalto da Etiópia até o Atlântico, como destacamos páginas atrás, era habitado por pessoas de aparência diferente. Então chamaram a região de Bilad al-Sudan, ou seja, "País dos Negros". Entretanto, desde muito antes da chegada dos árabes – e desde o alvorecer da humanidade – já ocorriam no "país dos negros" e em toda a

África sérias e profundas transformações; que inclusive faziam nascer civilizações admiráveis.

Entre 3000 e 2500 antes da Era Cristã, núcleos agrícolas já se desenvolvem na Etiópia e nos cursos alto e médio do Rio Níger. Entre cerca de 2500 e 500 da mesma era processam-se migrações a partir do Saara, para o sul, o sudeste e o leste do continente africano. No século XI AEC, o Reino de Cuxe desenvolve-se extraordinariamente, entre os atuais territórios de Sudão e Egito. Por volta de 593 AEC, Cuxe transfere sua capital de Napata para Méroe, onde, aproximadamente meio século depois, já se encontra uma metalurgia do ferro altamente desenvolvida. Na mesma época, por volta do ano 100, desabrocha na Etiópia o Reino de Axum. A partir, aproximadamente, do ano 4000 AEC já florescera a civilização egípcia, cujo esplendor vai até 525 AEC, quando o Egito cai sob o domínio persa, sendo depois conquistado por Alexandre da Macedônia (332 AEC), anexado por Roma (3 AEC) e finalmente islamizado, a partir de 639 EC.

Cheikh Anta Diop, historiador e cientista africano, assegurou que a pujante civilização egípcia nasceu na Núbia. E assim demonstrou:

> A civilização do vale do Nilo nasceu da adaptação do homem àquele meio peculiar. Pelo testemunho dos antigos e dos próprios egípcios, esta civilização teve sua origem na Núbia e desceu, de alguma forma, acompanhando o curso do Nilo em direção ao mar. Este fato é principalmente confirmado quando se sabe que os elementos fundamentais da civilização egípcia não se encontram nem no Baixo Egito, nem na Ásia, nem na Europa, mas sim na Núbia e no coração da África; é particularmente lá que se encontram os animais e as plantas que serviram para criar a escrita hieroglífica (DIOP, 1979, v. II, p. 350, tradução nossa).

Quanto à África Ocidental, o tempo que se passou até a chegada dos conquistadores árabes foi durante muitos séculos considerado um período obscuro em face da carência de relatos escritos, que só apareceram efetivamente nos séculos XVI e XVII, com o *Tarikh al-Fatash* e o *Tarikh al-Sudan*, registros escritos respectivamente por Muhammad Kati e Abderrahman Al-Saadi, ambos nascidos em Tombuctu, no atual Mali. Mas o trabalho de arqueólogos contemporâneos, aliado aos relatos da tradição oral, conseguiu resgatar boa parte desse passado. Prova disso é a descoberta, através de esculturas, utensílios e joias em bronze e terracota, da chamada civilização de Nok – na região próxima a Jos, na região de Zaria, na atual Nigéria, ao norte da confluência dos rios Níger e Benué –, que teve seu apogeu de 900 AEC até o século III de nossa era. Prova também são as obras de arte encontradas em Ifé, também no atual território nigeriano, igualmente anteriores à chegada do Islã àquela região.

Em 1910, o etnólogo alemão Leo Frobenius descobria essa arte de Ifé e a arte do antigo Benin,[3] que examinaremos adiante. A partir daí, a Europa tomava conhecimento: dos inestimáveis acervos artísticos do palácio do obá (rei) Behanzin, em Abomé; das obras em terracota do povo Sao, na atual República do Chade; das estatuetas dos povos mandês (ou mandingas); dos enfeites de ouro dos axantis e dos baulês. E através de outras fontes, tomava conhecimento, por exemplo, de que o Império do Gana, ou Gana-Uagadu, constituíra-se talvez no século IV EC, graças ao ouro, à introdução de novas culturas agrícolas e a novos instrumentos (FERKISS, 1967, p. 45).

Observemos que, antes do efetivo início do processo de islamização do continente africano, como veremos adiante, a África Ocidental conhece um padrão de desenvolvimento bastante alto. E os antigos Estados do Kasson e do Djolof, do Gana, do Mali, dos songai de Gao e do Kanem, bem como os reinos de Ifé, Oyó e Benin, são excelentes exemplos da pujança das civilizações pré-islâmicas da África Ocidental.

Kasson e Djolof

Em tempos remotos, todo o vale do rio Níger foi palco de grandes e intensas migrações. Em meio a essa grande movimentação, na região da Senegâmbia, ao sul do deserto do Saara, surgia

---

[3] O Reino do Benin localizava-se no leste do território da atual República da Nigéria; e a atual República do Benin situa-se no antigo território do reino do Daomé.

o Reino Kasson, mais tarde limitado a leste pelo Reino de Galam, ao centro pelo Bambuque e a oeste pelo Kaarta. Seus fundadores eram ancestrais do atual povo Kassonqué. Segundo algumas tradições, esses primeiros habitantes tinham como líder um guerreiro chamado Manga, que, depois de erguer a capital, pressionado por um inimigo mais forte, emigrou para a região de Kaarta, indo dar numa cidade chamada Koniakari, cujo rei era pai de uma princesa incrivelmente bela.

O chefe Manga, cujas esposas só lhe tinham dado como filhos pássaros e lagartos, apesar de seus 86 anos desposou a princesa. E desse casamento, que uniu dois reinos sob a mesma coroa, nasceu Tambo, cuja mãe, no mesmo dia de seu nascimento, morreu picada por uma serpente. Aos 44 anos, Tambo mata o velho pai e assume o poder. A partir daí, o reino se arruína até a chegada dos peules, cujas origens estudaremos adiante. Chefiados por Ilo, os peules matam Tambo e restabelecem a ordem.

Casando-se com a filha de Tambo, Ilo tem um filho, Segaudá, e seu reino, com o nome de Kasson, prospera admiravelmente. Pela mesma época – escreveu Pedrals (1949, p. 131) – chegou à região do Futa-Toro, no Senegal atual, o chefe Sabur Minguê Diaye, ou Ndiadiane Ndiaye, que, vindo de Misra (o Egito), fundou o Reino Djolof, que englobava também os povos Uolofe, Serere e Diaogo. O líder Ndiaye mais os três reis que o sucedem constituem a dinastia dos Lemfados. Mas essa dinastia é apeada do poder pela dinastia dos Satiguis, que dá ao Djolof 25 reis. E foi sob o último deles, Suleiman Bale, que o Islã chega ao atual território do Senegal.

Assim contam as tradições locais. Vejamos, entretanto, que "Ndiadiane Ndiaye" é apenas um dos nomes ou cognomes pelos quais passou à História o fundador, no século XIII, do grande Reino Djolof ou Jolof, também mencionado como Sabur Minguê Ndiaye e Burba Jolof. Alguns autores afirmam ainda que seu nome muçulmano seria Amadu Bubacar; e Ndiadiane Ndiaye, um epíteto ou denominação religiosa, ao mesmo tempo que Ndiaye seria o nome de seu clã, e Burba, seu título monárquico, correspondente a "rei" (LOPES; MACEDO, 2017, p. 221).

Gana, Mali, Songai e Kanem

Segundo Basil Davidson (1967, p. 81), o antigo reino "do Gana" – este nome era apenas um dos títulos do rei, pois os locais o referiam como Uagadu[4] – teve seu apogeu entre os anos 70 e 1200 EC. Mas autores como Philippe Aziz (1978, p. 242) e outros acreditam que o florescimento desse império remonte ao século IV, tendo sido fundado por povos berberes, segundo uns, e segundo outros por africanos mandês ou mandingas do grupo Soninqué (*Soninké*), também chamados markas ou saracolês. O reino ocupava uma área talvez tão vasta quanto a da moderna Nigéria, e incluía os territórios que constituem hoje o Mali ocidental e o sudeste da Mauritânia, tendo sido a cidade de Kumbi Saleh,[5] no atual território mauritano, uma de suas últimas capitais.

Conforme alguns relatos históricos, o Gana-Uagadu era tão rico em ouro que seu imperador – adepto da religião tradicional, assim como seus súditos – era chamado justamente de "o Senhor do Ouro". Sobre um dos governantes desse Estado – o *tunka* (rei) Manin, que subiu ao trono no ano 1063 EC –, diz-se que comandava um exército de 200 mil guerreiros e, quando dava audiência ao povo, tinha à sua volta pajens com espadas e escudos de ouro, príncipes luxuosamente vestidos com enfeites de ouro nos cabelos e cães de raça com coleiras de ouro e adornos de ouro e prata.

Bem antes desse rei, entre 734 e 750, uma expedição árabe tenta dominar o Antigo Gana e não consegue. Três séculos depois, Al Bakri, historiador do império, encontra lá descendentes desses árabes completamente integrados ao povo da terra, inclusive praticando a religião tradicional. Nessa religião, segundo Joseph Ki-Zerbo (1972, v. I, p. 138), o principal culto era o de Uagadu-Bidá, a "Serpente do

---

[4] Em 1957, o nome Gana foi dado, em homenagem ao grande império do passado, à antiga colônia britânica da Costa do Ouro, a primeira da África Ocidental a conquistar independência e estruturar-se como república.

[5] Segundo Diop (1979, p. 348), estudos arqueológicos descobriram em Kumbi Saleh túmulos de grandes dimensões, sarcófagos, oficinas de metalurgia, ruínas de torres e de diversos edifícios, ou seja, vestígios de que a cidade já existia à época do Egito faraônico.

Uagadu", antepassado totêmico (representação simbólica sagrada) dos cissês, dinastia que reinou nos últimos 300 anos do império. Segundo a tradição, Bidá saía da toca no dia da coroação do rei e uma vez por ano recebia como sacrifício a mais bela virgem do Antigo Gana. Certo dia, como diz também a tradição, Kaya Magan Cissê, rei que assumiu o poder em 790, vendo sua noiva entregue à Serpente, matou o animal. Foi por isso que a região do Antigo Gana, entre o sudeste da Mauritânia atual e o oeste do Mali, teria se tornado uma região árida, estéril, desértica, como é na atualidade.

No século IX o Gana controlava toda a região do Uângara (*Wangara*), entre o curso superior do rio Níger e o do rio Senegal, produtora de grandes quantidades do ouro, que era comercializado através do Saara. Além desse ouro, prisioneiros de guerra e escravizados em geral eram também vendidos pelo império em troca de sal e de roupas do norte do continente.

Com a concorrência de outras potências no comércio do ouro, o Antigo Gana começou a declinar. Até que, por volta de 1076, em nome de uma fé islâmica ortodoxa, berberes da dinastia dos almorávidas, vindos do Magrebe, atacaram e conquistaram Kumbi Saleh. A partir daí, enquanto ocorria a rápida decadência do Antigo Gana, crescia a oeste, na região do Tekrur, o reino dos sossos, também integrante do universo Mandê.

Fundado no século VIII, esse reino se expandiu entre 1076 e 1180 sob a dinastia dos diarrissôs, um clã do povo Soninqué, seguidor da religião tradicional. E em 1180 passou a ser governado por líderes sossos do clã dos ferreiros kantês, também convictos praticantes da religião dos antepassados. Desse clã, o mais célebre membro foi Sumanguru, ou Sumaoro Kantê, que, segundo Ki-Zerbo, era um bravo guerreiro e profundo conhecedor de alta magia e encantamentos.

Com o Gana já bastante enfraquecido, Sumaoro conquista Kumbi Saleh aos almorávidas, em 1203. Mas seu poder só dura até 1235, ano de seu confronto com o Sundiata Keita, Sogolon Djata ou Mari Djata, legendário soberano do Mali, sob cujo domínio o combalido Gana cai em 1240, como adiante veremos.

Os fundadores do Antigo Mali teriam sido caçadores reunidos em confrarias ligadas pelos mesmos ritos e celebrações da religião tradicional, todas afeitas à prática e ao uso da magia e dos encantamentos. Tanto que os primeiros chefes usavam o título de *Simbon*, ou seja, "mestre caçador" (KI-ZERBO, 1972, v. I, p. 164). E a firmeza com que praticavam a religião de seus ancestrais veio até bem depois do advento do Islã, já que, segundo relatos da época, os griôs da corte praticavam ritos "pagãos" paramentados com máscaras de aves e mantinham no palácio dois carneiros, para neutralizar as influências maléficas (KI-ZERBO, 1972, v. I, p. 175). Os griôs ou *djelis*, poetas, cantores e historiadores das cortes do Antigo Mali, eram os depositários da história e da tradição oral de seu povo, bem como da genealogia da família dos reis. Assim, constituíam uma categoria específica, exercendo uma atividade hereditária.

No início, o Mali compreendia dois reinos distintos. O primeiro, ao norte, onde reinaram sucessivamente os traorê, na região de Kiri; os konatê, no Dodugu; e os keita, na região de Narena. O segundo, ao sul, com capitais primeiramente em Dyeriba e depois em Niani, próximo à moderna República do Mali, na fronteira com a Guiné-Conacri, e compreendia as cidades de Djenê, Tombuctu e Gao, no médio Níger. Essa Djenê, entretanto, não é a mesma de hoje. Trata-se aqui da Djenê-Jeno ("Djenê, a antiga", na língua Songai), distante três quilômetros da atual e que teve seu apogeu entre os anos 750 e 1150, com uma população de cerca de 20 mil habitantes (CORREIO DA UNESCO, 1984, p. 12).

Conquistando o que restara do Antigo Gana em 1240, Sundiata Keita expandiu seu império, cuja organização estatal já obedecia às leis islâmicas desde o século anterior. E o Mali marcou seu prestígio, principalmente sob o *mansa* (rei) Kanku Mussá, como veremos adiante, só perdendo a hegemonia do rico comércio sudanês em 1468, para seus antigos vassalos do reino Songai de Gao.

O Império Songai, conforme a tradição, teria suas origens num antepassado lendário, o gigante comilão Faran Makan Botê, do clã dos pescadores sorkos, que teria reinado em estreita aliança com os caçadores gows (KI-ZERBO, 1972, v. I, p. 181).

Segundo a tradição, Faran Makan comia um hipopótamo inteiro e bebia a água de todo um rio de uma só vez. Segundo essa mesma tradição, os sorkos têm uma divindade protetora, Harakê, uma bela mulher que mora no fundo do rio Níger e para lá carrega seus eleitos.

Por volta do ano 500 – diz ainda a tradição –, guerreiros berberes, chefiados por Diá Aliamen, teriam chegado à curva norte do Níger, tomando o poder aos sorkos, que se utilizavam de um peixe sobrenatural para aterrorizar e dominar os povos vizinhos. A partir daí, a dinastia dos diá reina em Kukya,[6] uma ilha perto do Níger, até 1009, quando o reino se converte oficialmente ao islamismo e transfere a capital para Gao, onde a dinastia reina até 1335. Nesse ano, o povo Songai se liberta do Antigo Mali, de quem se tornara vassalo em 1275, e começa a conquistar as regiões vizinhas, com um bem treinado exército que dispõe inclusive de um corpo de cavalaria. E com Chi Ali Ber, o Sunni Ali (1464-1493), conquista Tombuctu em 1468, anexando o Antigo Mali e assumindo a hegemonia do *Bilad al-Sudan*, "País dos Negros", como os antigos árabes denominavam o que hoje conhecemos como África Ocidental.

Outro grande Estado da África subtropical, florescido por essa época, no norte da atual Nigéria, a nordeste do lago Chade, foi o Kanem-Bornu. Fundado pelo chefe Saif do povo Kanuri, falante da língua *Kanembu*, por volta do ano 800 esse reino tinha como capital a cidade de Njimi.

Sobre a religião do Kanem-Bornu informa Ki-Zerbo (1972, v. I, p. 200): "A dinastia do Kanem conservava um 'feitiço' venerado, chamado *muné* ou *moni*. Era, segundo alguns, o espírito dos antepassados, simbolizado numa efígie de carneiro. [...] Para outros era uma espécie de vaso sagrado que continha relíquias como o *tibo mossi*, e que ninguém devia destapar". Durante o reinado do primeiro Umé (1085-1097), entretanto, o Islã se tornava a religião oficial do Estado.

No século XII o Kanem-Bornu já controlava grande parte da região ao redor do lago Chade. No seguinte, ficava ainda mais forte,

---

[6] Sobre Kukya, Diop (1979, v. II, p. 348) diz, citando Pedrals: "a cidade de Koukia, a qual o Tarikh es Sudan dizia existir já no tempo do Faraó".

sob o governo de Dunama Dibalemi. E no fim do XVI começava a se expandir sob o reinado de *mai* Idris Aluma (1571-1603), morto em combate com os hauçás de Kano.

Ifé, Oyó e Benin

Entre os séculos VI e XI, procedente, segundo algumas tradições, do nordeste, talvez do Egito e da Etiópia, em levas sucessivas, o conjunto de povos falantes da língua Iorubá (de Oyó, Ifé, Ilexás, Efan etc.), mais tarde conhecidos como "iorubás", fixa-se em seu atual sítio, que compreende partes do sudoeste da Nigéria e partes do Benin e do Togo.[7] Nesse território fundam dois reinos importantes e harmônicos entre si: Ifé e Oyó. Observe-se que os egípcios atuais são um povo árabe, mas sua composição étnica se originou da fusão de povos oriundos do leste e do curso superior do rio Nilo, que nasce no centro do continente africano, próximo ao lago Vitória.

Os habitantes de Ifé viviam mais ou menos espalhados por diversas localidades, praticando uma refinada modelagem em terracota, por meio da qual reproduziam, de forma absolutamente naturalista, principalmente cabeças humanas. E esse estilo artístico, semelhante ao desenvolvido em Nok, na confluência dos rios Níger e Benuê, séculos antes, foi característico de outros sítios iorubás das atuais repúblicas da Nigéria e do Benin.

Por volta do século XII, Ifé era uma cidade-Estado cujo soberano, o *oni*, era reconhecido como chefe religioso pelas outras cidades

---

[7] Sobre a origem dos iorubás, escreve Diop (1979, v. II, p. 37-382): "não há dúvida de que os Iorubás já estavam na África numa época muito antiga. Uma série de fatos evidentes leva à conclusão que eles devem ter se fixado durante muito tempo nesta parte do continente conhecida como Antigo Egito [...]. Abundantes provas de relações profundas entre os antigos Egípcios e os Iorubás podem ser mostradas neste capítulo. A maior parte dos deuses foram muito bem conhecidos dos Iorubás num certo momento. Entre esses deuses estão Osiris, Isis, Hórus, Shou, Sout [...]. A maior parte dos deuses sobreviveram com o mesmo nome ou apenas com os atributos ou com os dois [...]. Em iorubá, *a-gu-to(n)* = carneiro, comparar com *ai-gup-tos* dos gregos. Este último exemplo parece provar que a emigração dos Iorubás é posterior ao contato do Egito com os gregos".

iorubás. Isso porque Ifé é o lugar a partir de onde as terras teriam se espalhado sobre as águas originais para, segundo a tradição local, fazerem nascer o mundo.

Já em torno do século XVI, Ifé teria sido conquistada por povos estrangeiros, dos quais os atuais iorubás seriam descendentes. Provas disso seriam emblemas, insígnias e cerimônias que diferem sensivelmente dos usados e praticados pela nobreza iorubá contemporânea, em relação às referências simbólicas propaladas por outros grupos que se dizem descendentes dos reis da primeira fase de Ifé. De concreto sabe-se, consoante Ryder (1984, p. 7), que, nesse século XVI, os falantes do Iorubá eram expulsos da antiga Oyó pelos nupês (tapas), estabelecendo-se no território onde se localiza a atual cidade de Oyó.

Segundo a tradição local, Ifé foi fundada por Odudua, tido como o grande ancestral de todos os iorubás e cultuado como um ser divino, filho do próprio Olodumare, o Deus Supremo. Em outras versões míticas, é mencionado como filho de Lamurudu, rei de Meca; e, em outras ainda, seria Nimrod, herói bíblico, filho de Cuxe, tido como o primeiro conquistador do mundo. Já Oyó teria sido fundada pelo filho de Odudua, Oraniã, que, por sua vez, teria sido sucedido por Xangô, um de seus filhos.

É importante observar que os povos falantes do Iorubá formaram uma federação de cidades-Estado tendo como centro Ifé. Mas Oyó foi a cidade de maior sobrevida histórica, a ponto de alguns de seus soberanos, portadores do título alafim ("senhor do palácio"), serem mencionados em obras de autores inquestionáveis. Assim, segundo Palau Martí (1964, p. 27), o primeiro alafim de Oyó foi Odudua, o segundo foi seu filho Oraniã, o quarto foi Xangô, e o sexto foi Aganju. Esses nomes referem heróis divinizados, presentes na tradição religiosa dos orixás cultuados no Brasil e em outros países das Américas. Daí podemos avaliar a importante contribuição desses remotos reinos iorubás para a formação da nação brasileira.

O termo "iorubá", significando algo como "astucioso", era usado pelos fulânis e hauçás para designar somente o povo de Oyó (BASCOM, 1969, p. 5). Mas, a partir da metade do século XIX, a ação colonial inglesa e dos missionários religiosos julgou por bem reunir arbitrariamente todos os falantes da língua Iorubá e seus dialetos sob o etnônimo "iorubás". E assim ficou.

Os iorubás tinham uma organização complexa e sofisticada. No campo religioso, submetiam-se à autoridade máxima do *oni* de Ifé, e em matéria política, à do alafim de Oyó, mas cada cidade tinha a sua autonomia administrativa.

O poder municipal era exercido por duas instituições: a assembleia Ogboni, uma sociedade secreta; e o balé, um governador por ela nomeado para um mandato de duração limitada.

Os princípios religiosos e éticos que regiam a vida dos antigos iorubás e ainda orientam muitos de seus descendentes foram recriados no Brasil e nas Américas por meio das religiões ditas "de matriz africana". E muitos conteúdos originados de suas práticas culturais aqui sobreviveram, como veremos adiante.

Enquanto a arte africana tradicional geralmente é abstrata (não procura imitar a realidade), a arte legada ao mundo pela civilização de Ifé é extremamente realista, do ponto de vista ocidental. Compreendendo esculturas em pedra, terracota e principalmente bronze, essa arte se ocupa de todos os aspectos da vida dos habitantes do reino.

As esculturas de bronze de Ifé, cuja descoberta assombrou o mundo, espantam primeiramente pelo realismo. Depois elas chamam a atenção pelos detalhes, como minúsculos orifícios existentes na testa, em volta da boca e nas maçãs do rosto de certas esculturas. Em alguns desses orifícios, pesquisadores encontraram pequeninas contas pretas, talvez representando bigodes e barbas ou talvez significando aquela cortininha de contas que cobre o rosto do *oni* (rei) entre os iorubás, como ainda hoje vemos, aqui, nos paramentos com que são representados alguns orixás da tradição afro-brasileira.

Outro detalhe interessante nas cabeças de bronze de Ifé são as escarificações existentes em alguns rostos. Para uns, essas estrias representariam marcas usadas por certos grupos étnicos ou clãs. Para outros, seriam, bem mais que isso, um recurso para tornar as esculturas ainda mais belas quando olhadas de longe, com a luz batendo sobre elas.

Segundo a tradição, o primeiro exemplar em bronze da arte de Ifé seria a cabeça de Obalufã, um dos soberanos do reino. Trata-se, ao contrário das outras, de uma verdadeira máscara, feita para ser usada no rosto de determinada pessoa no curso de determinada cerimônia em homenagem ao *oni*.

Assim como a arte de Ifé e a de Nok (anterior a esta em mais de mil anos), outra descoberta arqueológica importante foi a dos bronzes em Igbo-Ukwu, próximo a Awkar, no sudeste da Nigéria, datados do século IX.

Igualmente celebrado por sua arte, o antigo Benin, situado a sudoeste de Ifé, foi fundado, segundo relatos tradicionais, também por Oraniã, filho de Odudua, sendo então intimamente aparentado com Oyó e Ifé. A primeira dinastia a reinar teve, segundo os mitos, 12 obás (reis) e terminou por uma revolta que deu origem a um regime republicano, talvez no século XII, quando se constituiu em reino. Seu apogeu ocorreu no século XIV, com o obá Eware, que replanejou e reconstruiu a capital, dando-lhe o nome de Edo, que perdura até hoje, no território da atual Nigéria.

Conta a tradição que Oguolá, o sexto obá do antigo Benin, pediu ao *oni* de Ifé, por volta de 1280, que lhe mandasse um mestre fundidor. Esse mestre é que teria ensinado aos artistas do reino a fundir o bronze. Na estatuária negro-africana, o predomínio quase que absoluto é das esculturas em madeira. Nisso, então, é que consiste a singularidade da civilização de Ifé e a do reino de Benin, sua descendente direta (Alan Ryder diz que Ifé-Benin eram dois reinos e uma só cultura). Despontando na Idade do Ferro (século V AEC) com as obras de Nok, passando pelo século IX, com os bronzes de Igbo-Ukwu, e chegando ao século XVI, essa foi talvez a única civilização africana em que a escultura foi além dos trabalhos em barro e madeira, legando ao mundo sofisticadas obras em bronze e latão.

Na arte do antigo Benin, testemunho da grandeza de uma civilização também impressionante, as esculturas representam sempre ou o obá e sua corte, ou animais como galos e leopardos, ou, ainda, combates com feitos guerreiros.

Segundo os especialistas, essa arte compreende:

- uma primeira fase, que começa no século XII e se estende até meados do século XIV;

- um segundo período, que vai mais ou menos de 1350 a 1500;
- uma terceira época, que se estende do século XVI ao XVII e à qual pertencem as obras mais conhecidas;
- finalmente, uma fase referida como francamente decadente, consequência do tráfico e das guerras, que se situa entre os séculos XVII e XVIII.

Grande parte desse valioso tesouro artístico foi, sobretudo no final do século XIX, objeto de pilhagens cometidas por autoridades coloniais inglesas e incorporada a acervos de importantes museus europeus e norte-americanos. O acervo do Museu Britânico, em Londres, inclui peças levadas do Reino de Benin, como o botim de uma "expedição punitiva" comandada pelo militar e arqueólogo Augustus Pitt Rivers, em 1897.[8]

A economia e a estrutura social de todos esses reinos, do Gana a Oyó, do Songai ao antigo Benin, eram bastante peculiares. Intrincadas rotas de comércio os ligavam a quase todo o resto da África. Os mercados de aldeia funcionavam todos os dias, tanto como bazares de compra e troca quanto como pontos de encontro e intercâmbio de notícias e experiências. Algumas cidades viviam integralmente do comércio, tornando-se centros irradiadores de cultura para toda a África. E a religião tradicional, que compreendia o culto às forças da natureza e à força vital dos antepassados, tinha os mesmos fundamentos – com variantes locais – do Antigo Gana ao Império do monomotapa, no Zimbábue de hoje.

Este, em linhas gerais, foi o *Bilad al-Sudan* que o Islã encontrou em sua caminhada africana.

O Islã na África

Como vimos, as relações entre árabes e africanos datam de muitos séculos. Mas é com o advento do Islã que de fato os árabes começam a se estabelecer no continente africano, iniciando, a partir de 639,

---

[8] Cf. Augustus Pitt Rivers: Antique works of art from Benin. New York. Dover Publications, 1976.

o processo de islamização – embora já em 622, em plena Hégira, seguidores de Maomé, segundo consta, tenham pedido asilo ao rei de Axum, na Etiópia.

Em 639, então, os árabes chegam ao Egito e iniciam a sua obra de conquista. Entre avanços e recuos, num confronto muitas vezes violento com a religião tradicional, o Islã vai se impondo e, com o passar do tempo, intercambiando alguns elementos com as práticas religiosas da tradição local. Daí resultou, segundo Albert N'Goma (1950, p. 333-343), a existência de duas vertentes desse Islã negro-africano: uma que chegou pelo mar e se expandiu pela costa oriental do continente até quase Moçambique; e outra que veio por terra, de acima do Saara, e se espraiou pelo *Bilad al-Sudan*.

Sobre essas duas vertentes, vejamos as palavras textuais de N'Goma (1950, p. 334): "As duas expansões têm origens muito diversas: são obras de povos muito diferentes e se acusam mutuamente de desvios tão graves que dificilmente o hiato entre elas poderá ser reparado. Rivais, quando não hostis, elas seguem cada uma o seu destino".

A primeira grande investida do Islã no *Bilad al-Sudan* ocorreu sob o comando de Amir ibn al-As, em 640 (BAULIN, 1962, p. 21). Com a Arábia já unificada, os exércitos muçulmanos partiam, com o fito de levar a palavra do profeta Maomé a todos os lugares do mundo.

Saindo da Palestina, Amir ibn al-As cruzou a região do monte Sinai (ou monte Horebe; em árabe, *Jebel Mussa*, "monte de Moisés") e entrou no território africano, à frente de sua cavalaria beduína. Já próximo ao vale do rio Nilo, o comandante é abordado por um mensageiro do califa Omar, portador de uma mensagem escrita. Temendo que o objetivo fosse dissuadi-lo de seus planos, o conquistador resolveu guardar a mensagem para ler depois. Só muito longe dali, já em pleno deserto, soube do seu teor: "Se ao ler esta mensagem você ainda não tiver chegado ao Egito, então volte. Mas se você já tiver chegado, então aja, com a ajuda de Alá". O guerreiro agiu.

Numa sequência, Farama, Belbeis, Mênfis e Alexandria foram tomadas pelas tropas muçulmanas, que, fortalecidas por novos batalhões vindos da Arábia, avançavam também para o sul, chegando às portas da Núbia.

Avançando para oeste, a palavra e a espada de Alá vão chegando à Tripolitânia, à Cirenaica e ao atual Magrebe. E em 681, outro comandante, Uqbah ibn Nafi, chega ao Atlântico e exclama: "Ó Deus de Maomé! Se eu tivesse certeza de existirem outras terras para além destas águas, eu iria até lá e levaria a glória do Teu nome!". Outras terras havia. E, muitos séculos depois, com os malês escravizados, o nome de Alá, mal ou bem, chegaria até elas.

Na região do Magrebe, a conquista árabe encontrou forte oposição por parte dos berberes, habitantes das áreas montanhosas e desérticas. Mas, ao final do século VII, a maioria deles já abraçara o islamismo e propagava a nova fé, inclusive integrando os exércitos das dinastias que se sucediam no poder e na conversão dos povos locais ao islamismo. Entre os séculos XI e XIII, lideranças berberes tiveram todo o norte da África sob sua autoridade. Entretanto, a penetração, também, de tribos árabes desagregadoras resultou na completa arabização desses berberes, que acabaram por se concentrar em três grupos distintos. Os das montanhas mais remotas permaneceram fora do controle político islâmico, conseguindo conservar sua língua e seus costumes (LOPES; MACEDO, 2017, p. 59).

Em um pioneiro estudo datado de 1950, o historiador africano Albert N'Goma divide a caminhada do Islã na África Ocidental em quatro fases:

- Fase berbere (século XI) – correspondente à *jihad* (guerra santa) dos almorávidas;
- Fase mandinga (século XIV) – correspondente à hegemonia do Império do Mali;
- Fase songai (século XVI) – contemporânea da dinastia dos askias, do Império Songai;
- Fase peule (século XVIII) – a partir da *jihad* de Usman dan Fodio.

A fase berbere

A conquista árabe a partir do Egito encontrou, no Magrebe, região no extremo-oeste africano, forte oposição por parte dos berberes, o aguerrido povo local. Mas, ao final do século VII, a maioria deles já abraçara o islamismo e propagava a nova fé, embora adaptada às suas tradições; e inclusive integrando os exércitos das dinastias que se sucederam no poder. Entre os séculos XI e XIII, lideranças berberes tiveram todo o norte da África sob sua autoridade. Mas com a ocorrência, também, de invasões de povos árabes nômades, desagregadores e com propósitos diversos dos primeiros conquistadores, os berberes, ao menos nas regiões abertas, tiveram de buscar apoio nos árabes já estabelecidos, daí resultando sua assimilação. Nesse processo, a maioria dos berberes renunciaria a seu nome antigo para se juntar a clãs árabes de mais prestígio, do que redundou sua divisão em três grupos distintos e a permanência dos berberes das áreas mais acentuadamente montanhosas fora do controle político islâmico (GRANDE..., 1998, p. 737). Esses muçulmanos desgarrados, embora várias vezes forçados à reconversão, conseguiram conservar sua língua e seus costumes.

Nessa sequência de acontecimentos, liderados por Ibn Yasin, os almorávidas – dinastia muçulmana de origem berbere que reinou no Magrebe e na Andaluzia – levaram a efeito, a partir de 1042, uma bem-sucedida guerra santa. Conquistando e convertendo diversos povos da África Ocidental, capturando a importante cidade de Audagost e assumindo o controle do Marrocos, sua saga só se interrompeu, brevemente, com o assassinato do líder, em 1057. Mas, após este, as conquistas continuaram, com Abu Bacar, que tomou Kumbi Saleh, e com Yusuf ibn Tachfin, que, ao norte, estendeu o império para além do Magrebe e até a Andaluzia, na Espanha. Com a morte de Yusuf, em 1106, o Império dos Almorávidas começa a declinar.

A fase berbere, caracterizada por intenções talvez mais políticas que religiosas, começa pela conversão de alguns nobres e se implanta, pela violência, primeiramente no Gana-Uagadu, e depois entre os tuculores, songais e diulas nos atuais territórios do Mali e do Senegal. Os diulas, aliás, tornam-se, por sua vocação de comerciantes itinerantes, os grandes propagandistas do credo islâmico por toda aquela imensa região, levando-o até os limites da floresta equatorial.

Com os berberes almorávidas, então, a família real do Gana se converte, em 1076. E, a partir daí, no rastro das conquistas dessa dinastia, aderem à fé islâmica o imperador do Songai – o *dia kossoi* de Kukya; o *tunka* do Antigo Gana; o *ume*, rei do Kanem; e o *mansa* Nofin Traorê, primeiro soberano do recém-unificado Mali (KI-ZERBO, 1972, v. II, p. 439-440). *Dia kossoi, tunka* e *mansa* são títulos dinásticos de soberanos.

A fase mandinga

A história conhecida do Antigo Mali[9] começa, de fato, com o mencionado *mansa*, que, depois de instalado em Kiri, converteu-se ao islamismo e recebeu o nome "Traorê", designativo de sua conversão. Além dele, os outros cabeças de linhagem desse legendário império são Guimba Konatê e Kabala Keita. Como mencionado páginas atrás, os traorê, os konatê e os keita reinaram sucessivamente na parte norte do Antigo Mali. Em certo momento, entretanto, os keita se transferem de Narena para Dodugu, e um deles, Narê Fá Maghan, casa-se com uma moça da linhagem dos konatê e, aliando-se aos traorê, vence os familiares de sua mulher, tornando-se imperador dos malinkés por volta de 1218.

Em 1228, entretanto, Dangaran Tuma, filho e sucessor de Narê Fá Maghan, perde o controle do Mali para o rei sôsso Sumaoro Kantê, antes mencionado, que havia submetido o já decadente Gana. Sumaoro, que era casado com Kongo-Ba, irmã de Dankaran Tuman, extermina toda a família real, da qual só se salva um jovem aleijado, Sundiata, mais tarde celebrizado como o grande herói do povo mandinga.

Conta a tradição que Sundiata Keita, Sogolon Djata ou Mari Djata, o "Príncipe Leão", foi aleijado até os 10 anos de idade, quando, sozinho, teria ficado de pé, apoiado em duas barras de ferro que se vergaram ao seu peso. Ante esse fato, alguém sugeriu que lhe dessem o cetro, bastão de poder, de seu pai para que com ele se erguesse, o que aconteceu. Assumindo o reinado com cerca de 20 anos, em 1240, depois de um longo exílio, anexou ao Estado Mandinga o Reino do Gana

---

[9] O território da atual República do Mali não corresponde exatamente ao do antigo reino de mesmo nome.

e reorganizou seu império, criando um novo sistema de governo, com muito sucesso. Após sua morte, em 1255, foi sucedido pelos seguintes soberanos: *mansa* Ulé (1255-1270), Uali (1270-1274), Kalifa (1274-1275), Abu Bacar I (1275-1285), Sakura (1285-1300), Gau (1300-1305), Mamadu (1305-1310), Abu Bakr II (1310-1312), que teria perecido numa expedição marítima às Américas, Kanku Mussá (1312-1337), Magan I (1337-1360), Suleiman (1341-1360), Kassa (1360-?), Mari Djata II e Mama Magan.

Sobre o Império do Mali, conta a história que em 1324 o *mansa* Kanku Mussá, sua maior figura depois de Sundiata, fez uma peregrinação a Meca, o cidade santa do islamismo, acompanhado de cerca de 60 mil súditos (entre nobres, escravos, sábios e soldados), transportando perto de 2 mil toneladas de ouro. No Cairo, quando por lá passou, distribuiu generosamente esse ouro, exatamente para maravilhar os nobres do Egito. De volta, levou para o Antigo Mali sábios e arquitetos, como o célebre andaluz Ishaq EI Tuedjin, dito Al-Sahili. Mandou construir em Tombuctu a grande mesquita de Djinger-Ber e o palácio real, tudo fazendo para islamizar inteiramente um império – "do deserto à floresta"– que em sua época foi, comprovadamente, a maior potência política, comercial e intelectual do oeste africano.

Esse império dos povos mandingas, que unificou grande parte da África Ocidental e atingiu o seu mais alto grau de evolução com o *mansa* Kanku Mussá, durou cerca de 300 anos (Cissoko, 1964, p. 94). Aplicando ora a centralização, ora a descentralização administrativa, de acordo com as peculiaridades de cada país que o integrava, o império tinha como elo entre esses países o *mansa*, um imperador que, assim como o *tunka* do Antigo Gana, era o sacrossanto e todo-poderoso pai do seu povo. À época de Kanku Mussá, a capital imperial era Niani (ou Mali), cuja localização é imprecisa, sendo provável inclusive que a sede do governo tenha mudado de lugar em várias ocasiões.

O império dividia-se em províncias (como Tombuctu, Djenê e Gao) e em reinos tributários (como o Songai, o Diarrá e o Sôsso), que eram nada mais que fragmentos do Antigo Gana, separados quando da conquista almorávida. As províncias eram chefiadas por um *farban* ou *farbá* escolhido pelo *mansa*. E os reinos eram governados por reis-vassalos que se sucediam segundo as tradições de seus povos, mas jurando fidelidade ao *mansa* e observando deveres para com ele: pagavam impostos, forneciam soldados e mandavam seus filhos para serem treinados na Corte.

Por volta de 1275, sob o reinado de Abu Bacar I, o Antigo Mali conquista o Songai. Cerca de 50 anos depois, talvez em 1325, regressando de sua legendária peregrinação a Meca, o *mansa* Kanku Mussá passa pelo então reino tributário de Gao, de etnia Songai, acha-o muito carente e pouco muçulmano, manda erigir lá uma mesquita e leva para seu reino, "para se aprimorarem na doutrina islâmica", os filhos do rei songai, o Diá Assiboi (Ki-Zerbo, [s.d.], I, p. 172). Um desses príncipes é Ali Kolen, que, em 1335, rompe com o Mali, liberta seu povo e sucede seu pai com o título de *sunni* (chefe, salvador), e por sua vez é sucedido por seu irmão Sehman Nar.

Essa dinastia dos sunni que substitui a dos diá é que vai fazer do Songai o Estado líder da África Ocidental. E sua importância vai se concretizar já no século XV, com o sunni Chi Ali Ber.

Subindo ao trono de Gao em 1464, o sunni Ali se destaca como um dos maiores reis-guerreiros da história universal. Corajoso e inteligente, expande seu império, conquistando e incorporando Djenê, Nioro e Tombuctu. Chega até o Daomé, subjuga o Reino Mossi e o Império Mandinga. No plano interno, consegue contornar os graves conflitos de interesses entre os muçulmanos e os adeptos da religião tradicional, sendo, por isso mencionado em fontes árabes como "libertino, opressor, celerado e fetichista" (Aziz, 1978, p. 286) para os historiadores árabes e um grande herói para seu povo. Seus súditos diziam que ele era "sempre vencedor, jamais vencido" e que não morreu, mas foi, isso sim, levado vivo pelos deuses. Depois de sua morte, em 1492, subiu ao poder seu filho, o sunni Barô, e, depois, com Muhamad Turê, assume o comando do Império Songai a dinastia dos *askias*.

A fase Songai

Muhamad Turê, também mencionado como Muhamad Torodô (ou Sylá), toma o poder em 1493. Muçulmano fervoroso e profundamente rígido no controle dos costumes, fez também, durante seu reinado, uma peregrinação faustosa e espetacular a Meca, como fizera o *mansa* Kanku Mussá, quase dois séculos antes. De volta, empenhou-se numa *jihad*, numa guerra santa, "em nome de Alá", ampliando as fronteiras de seu império e conquistando os estados hauçás de Gobir, Kano e Katsina e o Reino Mossi, no atual território de Burkina Faso. Durante seu reinado, em 1510, o geógrafo Leão, o Africano, um mouro de Granada, visitou a cidade de Tombuctu e, impressionado com suas universidades e suas 180 escolas corânicas, escreveu: "Há em Tombuctu muitos juízes, doutores e sacerdotes... Vendem-se, também, muitos livros vindos da Berbéria. Esta venda dá mais lucro do que o resto do comércio" (*apud* MADERSBACHER, 1986, p. 66).

Em 1528, esse *askia* é derrubado do trono por seu filho Mussa, que reina até 1531, sendo sucedido por Muhamad Bankan Korei, que, por sua vez, governa até 1537. Nesse ano, um outro filho do velho *askia* Muhamad Turê, que já está paralítico e cego, é por ele investido no poder como seu partidário e legítimo sucessor. É o *askia* Ismael, o Piedoso, que permanece no trono até 1530, quando é sucedido por Ixaque I.

Durante o governo desse *askia* Ixaque I, que dura exatamente dois anos, começam as investidas do Marrocos, que vão acabar por aniquilar o grandioso e legendário Império Songai. Mas a história do reino ainda veria um grande governante, na pessoa do último filho de Muhamad Turê, o *askia* Daud, que reinou durante 33 anos, de 1549 a 1582, fazendo do Império Songai de Gao um Estado forte e muito bem organizado.

Após Daud, o Império é governado sucessivamente pelos *askias* EI-Hadj Muhamad, Muhamad Bano e Ixaque EI Zagrhani, todos seus filhos, até 1591. E daí até 1595 por Muhamad Gao e Nuh, os últimos soberanos.

Desde o reinado de Ixaque I (*Ishaq*: 1539-1549) o Marrocos já voltava seus olhos para o *Bilad al-Sudan*. É que em 1492 os espanhóis católicos punham fim ao domínio muçulmano na Península Ibérica, reconquistando o Andaluz (*Al-Andalus*), emirado instituído pela dinastia dos omíadas.

Como escreveu o historiador Basil Davidson (1981, p. 66), o Andaluz foi "um rico Estado africano que se formou na Espanha". Seu fundador e primeiro soberano foi Abd-El-Raman, príncipe filho de um árabe com uma berbere e pertencente à dinastia dos omíadas. Com a derrota desses para os abássidas, em 750, esse príncipe refugia-se na região de sua origem materna, no Marrocos atual, e lá reúne um grupo de seguidores. Com esse grupo, procura um local para se estabelecer. E resolve ir para o sul da Espanha, onde já havia uma colônia berbere, e lá funda, em 756, o Califado de Córdoba, origem do Andaluz.

O destino desse Estado esteve sempre ligado ao norte da África, região com a qual manteve, ao longo de sua história, as mais estreitas relações. Assim, com a grande arrancada dos almorávidas, o Andaluz – como o *Bilad al-Sudan* – é conquistado por estes no século XI e pelos almoadas no século seguinte. E até 1492 é parceiro constante dos reinos do norte da África e fonte para eles de prestígio, riqueza e poder.

Com a reconquista da Espanha pelos católicos, então, o norte da África se enfraquece. Aí, os marroquinos partem para a conquista do *Bilad al-Sudan*.

Sobre as razões e a estratégia dessa guerra, avaliemos este trecho do escritor português Antônio de Cértima (1947, p. 177-178):

> Arruinado pelas guerras e rebeliões internas, o sultão El Mansur viu como único meio de refazer o seu erário entrar na posse das lendárias riquezas auríferas do Níger, de que tanto se falava na sua corte. Não se preocupando muito com fórmulas, despachou uma carta ao *askia* Ixaque cominando-o à entrega imediata das salinas lacustres de Tegaza, situadas no limite norte do Sahara. Era um pequeno rodeio diplomático. Desejando o ouro, pedia-lhe o sal... Mas o *askia* de Tombuctu não se intimidou. No seu sangue selvagem referveu-lhe a lembrança daquele que tinha sentado no mesmo trono: Sonni Ali! Respondeu sem palavras, entregando ao mensageiro um punhado de frechas aceradas, juntamente com um par de cadeias de ferro, das que se amarram aos pés dos escravos. Ao receber-se este terrível desafio, como na corte de Menelau, um incêndio de furor se levantou em Marraquexe. E logo seis mil [*sic*] mercenários se prepararam para a destruição da capital sudanesa![10]

---

[10] Referência a "Sudão Ocidental", expressão que outrora designava o conjunto dos atuais territórios de Senegal, Gâmbia, Mali, Guiné-Bissau, Guiné-Conacri, Serra

Efetivamente, em 1590, por ordem do sultão Mulay Ahmad Ech Cherif – chamado "Al-Mansur, o Vitorioso", e "El-Dehbi, o Dourado" –, um exército de 4 mil homens penetra no Saara em direção do rio Níger (Aziz, 1978, p. 300). São muçulmanos da Espanha, escravos cristãos libertos e mercenários vindos de outros países, que, comandados pelo paxá Djuder, um renegado espanhol, escrevem, com armas desconhecidas e altamente letais, um novo capítulo na história das guerras e da destruição. Mosquetes e arcabuzes trovejam pela primeira vez na África. Um exército composto de infantaria, cavalaria e artilharia começa a destruir o esplendor do último dos grandes impérios negro-africanos.

O primeiro confronto ocorre entre Tombuctu e Gao, próximo às localidades de Bamba e Burem, e o segundo ocorre em Tondibi, no atual território do Mali. Após essa batalha, o *askia* Ixaque ruma para Gao, a capital do Songai, e de lá propõe a paz, inclusive facilitando a chegada do paxá Djuder a Tombuctu, onde o ambiente estaria mais calmo. Entretanto, o sultão Al-Mansur, em Marrocos, não aceita a paz. E envia outro paxá em substituição ao renegado andaluz Djuder.

Em 1591, em Gao, o novo comandante marroquino – Mahmud Ben Zergun – impõe outra derrota ao exército songai. Ixaque recua para Korai Gurmah e é deposto, assumindo seu trono o irmão Muhamad Gao.

Tomadas por Ben Zergun as cidades de Gao, Djenê e Tombuctu, o Songai, já sob o comando do *askia* Nuh, parte para a guerrilha. Morto em combate esse *askia*, seu sucessor, Seliman, consegue o apoio dos mossis.

O intervalo bambara

Após a Batalha de Tondibi, os marroquinos mostraram-se incapazes de administrar a vitória, tanto pela vasta extensão do território supostamente conquistado quanto pelo engano cometido, ao pensarem que o Songai era um Eldorado de riquezas abundantes e fáceis.

Leoa Libéria, Costa do Marfim, Burkina Faso, Gana, Togo, Benin e Nigéria, além de partes de Níger e Mauritânia.

A desorganização que sucedeu à guerra inviabilizou as redes de comércio através do Saara, o que resultou em um período de constantes rebeliões, com a proliferação do caos e da anarquia. E tudo isso concorreu para interromper o processo de expansão do islamismo na região, contribuindo para o crescimento da importância do povo Bambara.

Os bambaras[11] são originários da região do Sael, do país Mandê, Mandê ou Mandi, núcleo irradiador de centenas de povos – entre as quais os malinkês, soninkês ou saracolês e diulas – que habitam o território localizado entre a costa atlântica, o rio Senegal e o rio Níger, até a República do Benin. Sua origem mais remota, entretanto, seria o Toron, província oriental do Uassulu, situada na atual Costa do Marfim, entre Odienné e Sikasso, de onde teriam vindo para seu sítio atual no século XII. Com a queda do Império Songai, migrações populacionais fizeram com que, na região de Djenê, eles tivessem seu primeiro contato com os peules, que no século XVII os conquistaram e organizaram o Reino Bambara na região de Segu.

Durante muito tempo, os bambaras se caracterizaram, no oeste africano, como firmes praticantes da religião tradicional e, consequentemente, um dos povos mais resistentes à islamização.

A fase peule

Com a decadência e a queda do Gana, enormes massas populacionais se deslocaram por distâncias imensas, em busca de melhores

---

[11] Sobre o significado do termo "Bambara", recorramos a Paques (1954, p. 1): "Monsenhor Bazin em 1906, no seu dicionário bambara, dava como etimologia de Banmana = os homens do crocodilo, enquanto que Mani ou Mali significariam os do hipopótamo, os dois nomes tendo uma origem totêmica". "Para Elisée Réclus em 1887 (*Nouvelle géographie universelle*, t. XII: *L'A/Tique occidentale*) Banmana significa: rochedo escarpado. Delafosse (*Haut Sénégal Niger*) em 11, p. 23 faz uma distinção entre Bambara e Banmaba. Os Banmana seriam comumente chamados Bambara pelos Europeus e pelos outros Sudaneses. É a palavra que está no Tarikh es Soudan. Os Muçulmanos designam sob o nome de Bambara todos os Sudaneses não Muçulmanos. Assim, os Diula de Sikasso chamam os Senufo de Bambara; os Diula de Odiennè chamam de Bambara os Malinkê não Muçulmanos. Para Monteil, Bambara viria da raiz Ba = negro".

condições de vida, o que provocou o intercruzamento e a mestiçagem de muitos povos da África Ocidental. Alguns desses povos mesclaram-se aos peules, fulas ou fulânis,[12] que, por sua tradicional condição de pastores, levavam uma existência nômade, desde pelo menos o início do século XI, por várias regiões da parte oeste do *Bilad al-Sudan*.

No século XV, lideranças dos peules se instalam na região do Maciná, próxima a Tombuctu, e fundam principados entre os vales dos rios Níger e Senegal. Durante os séculos seguintes, outros grupamentos do mesmo povo constituem um Estado nas montanhas do Futa Djalon, em território hoje pertencente à Republica da Guiné-Conacri. E no século XVIII outros, ainda, saem do Futa Toro, na margem leste do rio Senegal, para se fixarem no Gobir, um dos sete Estados hauçás.

Os hauçás, mestiçados aos peules (fulânis, fulas ou fulbés), são o grupo étnico majoritário na atual Nigéria. Sua língua, a mais falada pelos habitantes do norte daquele país, constitui, hoje, uma espécie de "língua franca" em grande parte da África Setentrional.

Hauçás, peules e tuculeres são grupos étnicos miscigenados entre si, o que gera alguma confusão. Sobre isso, inclusive, e falando do clã de Usman Dan Fodio, líder a quem adiante aludiremos, Joseph Ki-Zerbo (1972, v. II, p. 14) assim se manifesta: "O clã dos Torobés [...] é de etnia tuculeres. São constantemente confundidos com os peules. No país Hauçá havia duas categorias diferentes de peules (Peules Borodji e Peules Jidá)".

Quanto à distribuição geográfica desses povos, acrescentamos que: os peules expandiram-se a partir de uma enorme área que vai do Senegal até o norte da atual República dos Camarões, incluindo o norte de Nigéria e países vizinhos; os hauçás se espalham também

---

[12] Sobre a origem dos peules ou fulânis, Diop (1979, v. II, p. 388-389) escreve: "Os Peules, como as outras populações da África Ocidental, teriam vindo do Egito. Pode-se acolher esta hipótese por um fato capital, o mais importante talvez que se pôde trazer até o presente. Trata-se da identificação dos únicos nomes próprios totêmicos dos Peules com duas noções igualmente típicas das crenças metafísicas: o *ka* e o *ba* [...]. O *Ka* é um ser divino que vive no céu e só se manifesta depois da morte [...]. Máspero o definiu como um duplo do corpo humano [...]. A alma *Ba*, representada pelo pássaro *Ba*, dotado de uma cabeça humana, vive no céu [...]".

por uma grande área que compreende a Nigéria meridional e o sul da República do Níger; e os tuculeres (oriundos do antigo Império do Takrur – no vale inferior do rio Senegal que se tornou parte do Império do Gana e, depois, do Mali) localizam-se basicamente no território senegalês.

Crescendo amplamente no século XIV, o chamado "País Hauçá" compreendia as cidades-Estado de Kano, Daura, Biram, Rano,Gobir, Katsina e Zaria (ou Zauzau), e mais os reinos menores de Nupê, Kebbi, Yelwa, Gwari, Ilorin, Zamfara e Kwarafar (ou Karorofa).

Cada uma das sete cidades cumpria uma função específica: Gobir cuidava da defesa, principalmente com relação aos grandes reinos de Mali e, depois, Songai; Kano e Rano ocupavam-se basicamente da extração mineral e da produção agrícola; Daura e Katsina eram essencialmente praças de comércio; e Zaria vivia mais da atividade escravista.

Desses Estados, a história que se conhece melhor é a de Kano. Situada entre o rio Níger e o lago Chade, como as demais, seu desabrochar remonta ao século XI, quando teria sido fundada, segundo a lenda, por descendentes dos sao, um povo mitológico, de gigantes dotados de uma força extraordinária.

Entre 1350 e 1385, aproximadamente, Kano se torna um centro propagador do islamismo. No século seguinte, com Mohamed Rimfa (1463-1699), conhece um esplendor admirável e combate as outras cidades, principalmente Katsina e Zaria. No século XVI é invadida pela onda conquistadora dos songa.

No *Bilad al-Sudan*, segundo Ki-Zerbo (1972, v. II, p. 13),

> o Islã fora desde séculos um fermento de integração política, mas raros eram os países em que tinha penetrado em profundidade nas massas. Em geral, estava confinado a letrados (*faqi*) e príncipes, que o exibiam com frequência num cenário de prestígio para uso externo, exatamente como muitos reis convertidos na costa faziam com o cristianismo. A verdadeira inclinação destes chefes era para as práticas animistas. Eram assim os sultões das cidades haúças.

Os movimentos ocorridos no século XVIII na região do Futa Djalom, e em territórios dos atuais Nigéria, Mali e Senegal, em geral chefiados por reformistas de origem fulâni (peule) e hauçá, deram origem a Estados islâmicos de caráter eminentemente teocrático, como o Califado de Sokoto, fundado por Usman Dan Fodio; o Império Fulâni de Maciná, fundado por Cheiku Amadu; e o Império Tuculor de Segu, criado por El Hadj Omar Tall.

Em contrapartida, os dois grupos de povos que, nessa mesma época, reagiram a esse processo foram primeiramente os mossis e depois um ramo dos chamados bambaras, já mencionados. Vistas em conjunto, essas transformações políticas levaram a que o Islã, até então restrito às elites políticas e econômicas, ganhasse mais adesões e se estendesse às camadas populares.

Usman Dan Fodio viveu entre 1754 e 1817. Líder, erudito, político e, acima de tudo, ardoroso muçulmano, nasceu em Gobir, no país hauçá, território da atual Nigéria, num clã fulâni originário da região do Futa Toro, no Senegal. Com cerca de 20 anos iniciou carreira como mestre e pregador, dirigindo sua pregação contra as práticas anti-islâmicas, desvirtuadas e até mesmo "pagãs" dos governantes hauçás. Atraindo uma grande massa de seguidores, em 1804 iniciou sua *jihad* (guerra santa), que culminou com a hegemonia do Califado de Sokoto. Esse Estado, fundado por seu filho Muhamad Bello, abrangia as cidades-Estado hauçás por ele conquistadas, além de grande parte do Bornu; e existiu até 1903. Como destacado pelo historiador Jacob Boakye (1982, v. II, p. 3-4), Dan Fodio foi o grande responsável pela importância que, a partir de sua liderança, o norte da atual Nigéria conquistou, como força unificada, inclusive contra os colonizadores europeus, como foi o caso da *jihad* de El Hadj Omar Tall, a partir do Senegal.

Sobre toda essa saga, vale finalmente transcrever este trecho de Richard Pattee (1961, p. 569):

> A expansão muçulmana não foi tão rápida como geralmente se crê, e, mesmo no norte da África, passaram-se vários séculos antes que as populações berberes se convertessem totalmente ao Islamismo. Muitas vezes, na longa história dramática do avanço islâmico, vemos a dificuldade com que povos conquistados aceitaram a nova fé; que, a pouco e pouco, o Islã foi mostrando o gênio que o distingue sempre, de saber amoldar-se à configuração social e

costumária da população com a qual ia entrando em contacto. A conquista espiritual final fazia com que os novos adeptos fossem os propagandistas mais entusiastas a empreenderem a expansão entre os vizinhos próximos. A história dos movimentos islâmicos através do mundo não é propriamente a da expansão dos árabes mas de gentes arabizadas ou islamizadas que se responsabilizam por estas empresas.

O Islã e o tráfico de escravos

Em 1442, segundo Ki-Zerbo (1972, v. I, p. 266), o português Antão Gonçalves, moço da corte de Dom Henrique, "o Navegador", sequestrou, na costa da Mauritânia, um casal de africanos e o levou consigo, para comprovar, em Portugal, que tinha realmente estado no "País dos Negros". Inaugurava-se aí, segundo alguns autores, a primeira modalidade do tráfico de escravos africanos para a Europa: aquela em que europeus pura e simplesmente *capturavam* negros, como se caça um animal selvagem, uma fera. Depois, num segundo momento, africanos poderosos começavam a fornecer escravos em troca de ajuda militar, ou seja, europeus ajudavam esses potentados em suas guerras e recebiam como pagamento escravos capturados. Observe-se que, de um modo geral, o modelo de escravidão vigente na África obedecia a algumas regras costumeiras, como aquela em que a relação de sujeição era estabelecida pela situação social e jurídica do indivíduo; e não por seu "valor econômico".

Basil Davidson (1977, p. 89) usa a expressão "escravidão comercial" para distinguir o sistema escravista inaugurado pelos portugueses daquela "escravatura doméstica" ou "escravidão de linhagem" preexistente na África. Como exemplo dessa modalidade, o mestre Alberto da Costa e Silva (2002, p. 368) explica que, na maior parte do reino do Congo, antes da chegada dos portugueses, a escravidão era desse tipo doméstico, não havendo uma classe de escravos, e sim grupos de pessoas ocasionalmente submetidas à condição servil. Esses grupos eram compostos por estrangeiros, capturados em guerras, bem como criminosos ou proscritos. Segundo o mencionado autor, esses eram escravos, mas seus descendentes, apesar de inferiorizados, eram em geral absorvidos pela sociedade, incorporados às linhagens dos proprietários de seus ascendentes.

Já no sistema escravista comercial, o escravo, depois de ser usado como moeda de troca, foi, a partir de meados do século XV, desumanizado, porque utilizado como gênero mercantil, como mercadoria, para atender às necessidades da Europa e impulsionar o desenvolvimento industrial das Américas.

Na sociedade mandinga – para citar um exemplo africano –, escravos tinham direito a alimento, roupas, casamento, e meação em terras de seus senhores. Nessa sociedade, segundo o premiado livro *Negras raízes*, ficcional mas fruto de intensas pesquisas feitas pelo autor, o escritor afro-americano Alex Haley, "as pessoas tornavam-se escravas de diferentes maneiras Algumas nasciam de mães escravas. Outras tinham outrora enfrentado o desespero, durante a estação da fome em suas aldeias natais". Premidas pela fome, iam para outras localidades "implorando para se tornarem escravas de alguém que concordasse em alimentá-las e sustentá-las". Outras ainda "tinham sido outrora inimigas e haviam caído prisioneiras". Segundo Haley, no grupo mandinga que pesquisou, as pessoas, mesmo sendo escravas, eram respeitadas, e seus direitos eram garantidos pelas leis dos antepassados. Só eram desprezados aqueles que se tornavam escravos por serem criminosos (HALEY, [s.d.], p. 65-66).

No Reino do Congo, o escravo era considerado filho da família, ao lado dos "filhos de ventre", podendo substituir o "pai" na ausência dele e podendo, inclusive, ter os seus escravos também.

Escrevendo sobre a escravidão entre os chócues, cujas instituições pesquisou em Angola, Eduardo dos Santos (1960, p. 54-55) informa que entre eles essa instituição tinha o caráter de uma verdadeira adoção com o estabelecimento de direitos e deveres mútuos entre o *muanangana* (senhor) e o *kapinje* (escravo), resultando daí o fato de o escravo, de um modo geral, ser tratado "quase como filho", tendo, pelas leis costumeiras, direito a casamento, alimentação, vestuário e, principalmente, direito à vida.

Entretanto, a partir de certo momento, o tráfico escravista passou a se caracterizar simplesmente como um comércio: os chefes locais vendiam e os europeus compravam a mercadoria humana, para lucrar na revenda. E, na ação direta, o processo dos captores era, mesmo, o do sequestro, de modo geral. Assim foi que, na primeira década do século XVI, portugueses começaram a embarcar os primeiros africanos para as Américas.

Entre 1650 e 1850, cerca de 12 milhões de africanos chegaram escravizados ao Novo Continente. Durante todo esse tempo, a África sofreu, de diversas maneiras, o impacto desse tráfico através do Oceano Atlântico, que primeiro se fez a partir, principalmente, da alta Guiné e, depois, da Costa da Mina, de Angola e de Moçambique e vizinhanças, na chamada "Contracosta", no Oceano Índico. Nesse período, mais de 10 gerações de africanos viveram em sobressalto, temendo pela liberdade e pela vida, sua e de seus próximos, numa situação que atingiu populações litorâneas e dos sertões. Na costa, foram atingidas principalmente as áreas hoje pertencentes às repúblicas de Senegal, Gâmbia, Serra Leoa, Libéria, Gana, Togo, Benin, Nigéria, Camarões, Guiné Equatorial, Gabão, Congo-Brazzaville e Angola.

O tráfico atlântico trouxe da África para o Novo Mundo milhões de indivíduos e destruiu outros tantos milhões de vidas, nas guerras que incentivou e na resistência que teve de enfrentar. Esse extermínio, segundo estudos feitos no final do século XX, fez com que a população do continente, ao longo dos quase quatro séculos, diminuísse drasticamente.

O Islã e a religião tradicional[13]

Chegando ao norte e ao oeste do continente africano a partir do século VII, a pregação muçulmana encontrou resistência. E em todo o processo de islamização, a nova religião intercambiou experiências e influências com a religião tradicional, o que resultou num islamismo todo peculiar. E, principalmente na África Ocidental, essa influência se fez sentir, já que no "País dos Negros", à época da chegada do Islã, o que havia em termos de religiosidade eram crenças firmemente estruturadas, como a dos falantes da língua Iorubá e mencionados como

---

[13] Para melhor atualização e aprofundamento do tema, recomendamos o volume III da *História Geral da África (do século VII ao XI)* (Brasília: UNESCO, 2010).

"iorubás" ou "nagôs",[14] fundadores do antigo Reino de Ifé (século X) e que trouxeram para o Brasil e para outros países das Américas os fundamentos do culto aos orixás.

Os iorubás acreditam – como informado em Bascom (1969, p. 70-76) – que cada indivíduo tenha pelo menos duas "almas", ou seja, essências vitais. A mais importante é o espírito, o anjo da guarda, a alma propriamente dita, que está ligada à mente, ao destino, aos antepassados e à reencarnação, e que determina se a pessoa é inteligente, se tem sorte na vida etc. A segunda é o sopro vital, a respiração, a vida física, que dá vida ao homem e o faz trabalhar.

Dessa forma, pode-se ouvir e sentir a respiração. Mas ninguém ouve, sente ou vê a alma, pelo menos enquanto o dono dela está vivo. O sopro vital tem de ser mantido através dos alimentos; e o espírito precisa também se nutrir. E isso é conseguido por meio de ritos como o "dar de comer à cabeça" ("*Ibori, ibo ori*"), também observado na tradição afro-brasileira. Para os iorubás, com a morte, as essências vitais, fontes da vida, deixam o corpo e em geral vão para a outra dimensão, o Orum, ficando lá até reencarnarem. E as pessoas normalmente reencarnam dentro da própria família, tanto que a alma quase sempre é a mesma de um antepassado pelo lado paterno. A identidade desse antepassado é determinada pelas semelhanças físicas, de caráter e de comportamento, e por sonhos de membros da família nos quais ele conta que voltou, ou através da consulta feita pelo babalaô ao oráculo Ifá, sobre o recém-nascido ou para sua mãe durante a gravidez.

Antes de uma criança iorubá nascer – ou renascer –, a alma vai até Olorum, um dos nomes do Deus Supremo, para receber um novo corpo, um novo sopro vital e um destino para sua nova vida na Terra. Ajoelhada diante de Olorum, a alma tem a oportunidade de escolher seu próprio destino. E pode escolher o destino que quiser, embora Olorum (Olofim ou Olodumare) possa também recusar sua escolha, se esta não for feita com humildade ou se for absurda.

---

[14] A denominação "Nago" é usada no antigo Daomé, atual Benin, para designar o indivíduo do Reino de Queto (*Ketu*), especialmente o pertencente ao grupo *Ifonyin* (Efã, no Brasil).

O destino de todo indivíduo abrange sua personalidade, sua ocupação e sua sorte; e tem um dia marcado no qual a alma deve voltar para o Orum. Assim, o dia da morte não pode ser adiado. Mas outros aspectos do destino da pessoa podem ser modificados por atos humanos e por seres e forças sobrenaturais. Se a pessoa estiver bem segura e protegida por seu eledá, espécie de "anjo da guarda", por Olorum e por outras divindades, ela viverá o destino que lhe foi prometido e o tempo de vida que lhe foi destinado. Se não estiver, ela poderá ser privada das graças e dos benefícios que lhe foram destinados, ou morrer antes do tempo. Por isso, durante toda a vida, a pessoa deve fazer oferendas ao seu eledá, o dono da sua cabeça, e às divindades; deve também, em caso de necessidade, utilizar encantamentos e remédios especialmente preparados para sua proteção; e, quando estiver com problemas, deve consultar principalmente um babalaô (intérprete do oráculo Ifá), que determinará o que deve ser feito para melhorar a sua sorte.

Assim como os iorubás, é certo que na África muitos dos povos atingidos pelo escravismo professavam, desde suas origens, e com variações locais, o conjunto de práticas litúrgicas hoje oficialmente reconhecido pelos estudos teológicos e acadêmicos como "religião tradicional africana". A denominação foi adotada a partir do Colóquio de Abidjan,[15] evento realizado em 1961 por iniciativa do escritor e editor senegalês Alioune Diop. Segundo essa tradição religiosa, existe no universo uma Força Suprema, geradora de todas as coisas, inclusive o próprio universo. Abaixo dela existem e são cultuadas as forças da natureza e os espíritos dos antepassados.

Na linha de pensamento em que a religião tradicional africana se baseia, inclusive entre os povos bantos, como veremos na segunda parte deste livro, o maior bem da existência é a força vital. Assim, todos os seres, sejam eles humanos, animais, vegetais ou minerais, têm sua força, que pode ser aumentada, diminuída ou transferida de um para outro ser. Os aborrecimentos, os desgostos, o cansaço, a depressão, as doenças, os sofrimentos, enfim, resultam de uma diminuição da

---

[15] Ver Altuna (1993, p. 369).

força vital do indivíduo. E com a morte, essa força não acaba, mas se transfere, já que é energia.

Na mesma linha, o universo é visto como integrado por dois compartimentos principais: um, deste lado, onde moram os seres vivos; e outro, em outra dimensão, onde moram as forças da natureza e os espíritos dos antepassados. Então, quando se precisa "reforçar a vida", o que se tem de fazer é estabelecer uma comunicação com essa outra dimensão, para que os "habitantes" desse outro lado enviem a força de que se necessita. E essa comunicação é feita através de oferendas e sacrifícios rituais.

Ainda segundo essa tradição, quem estabelece a comunicação entre esses dois planos do universo é um agente dinâmico que os io-rubás chamam *Exu*. Esse agente, que foi erroneamente interpretado pelos missionários europeus na África como o diabo idealizado pelos cristãos (A DICTIONARY..., 1976, 2ª parte, p. 72) ou o *Iblis* ou *Shaitan* dos muçulmanos, é o agente, o procurador, o mandatário das divindades, que entrega à Entidade Suprema as oferendas propiciatórias.

Informando sobre a religião entre os povos do Benin atual, escreve Robert Cornevin (1970, p. 101): "A noção de força vital é encontrada entre quase todos os grupos étnicos do Daomé. Entre os povos do litoral, o *Sé* representa o elemento espiritual do qual o próprio ser humano é a representação visível".

Observemos que esse *Sé* dos povos do antigo litoral daomeano é o mesmo *Ase* (Axé) dos iorubás. Em seguida, sobre a religião dos bambaras, ferrenhos adversários do Islã a que nos referimos páginas atrás, tomemos de Paques (1954, p. 81) o trecho seguinte: "Os Bambara concebem o mundo como um conjunto de forças atuantes sobre as quais o homem tem poder. Graças a certas técnicas cuja chave é o sacrifício, o homem pode armazenar ou liberar essas forças, dirigi-las e orientá-las, integrando-se, em suma, ao movimento do mundo, ajudando-o no seu conhecimento e no seu desempenho".

Esses, de modo geral, são os fundamentos da tradição filosófico-religiosa que o Islã encontrou enraizada na alma e no corpo dos habitantes do *Bilad al-Sudan* e que se reflete em todo o modo de ser e agir dos povos negro-africanos em geral, determinando um padrão de comportamento bastante definido, conforme tão bem observou Victor C. Ferkiss (1967, p. 41-42), no texto seguinte:

> Todos os africanos são religiosos. Até mesmo líderes nacionalistas como Sékou Touré,[16] influenciado pelo marxismo, afirmam que seu socialismo é diferente – e africano por excelência – por não negar Deus ou valores supranaturais. As religiões tradicionais da África são frequentemente descritas como animistas, isto é, atribuem personalidade espiritual não só a homens como a animais, árvores, rochas, etc., tornando-os assim objetos de adoração. Esta afirmativa é tendenciosa. Os africanos acreditam realmente na universalidade do espírito e crêem que a ordem de causalidade no universo é tal que os atos de espíritos afetam a vida quotidiana e podem ser influenciados através de práticas religiosas [...]. Contudo, reconhecem uma hierarquia de seres espirituais e todos os sistemas religiosos da África concebem os espíritos como detentores de poder sub-rogado por um Poder Supremo, geralmente concebido como Ser sem contacto direto com os problemas humanos quotidianos. A vida religiosa da África tradicional está entrelaçada com a vida aldeã em geral, porque, como na antiga Grécia, deidades particulares são padroeiros, com frequência os ancestrais supostos, de tribos particulares. As normas de conduta pessoal e o costume social não só têm a sanção da religião como constituem sua essência. A aldeia africana, como as antigas comunidades gregas, é uma comunidade religiosa.

A partir daí, então, passamos a questionar: de que modo a África subsaariana se islamizou? Como será esse Islã negro-africano, já que a rigidez dos princípios corânicos pouco tem a ver com a ludicidade de toda a prática da religião tradicional e mesmo com a filosofia de vida do indivíduo negro-africano, para quem, de modo geral, cantar, dançar, comer, beber, vivenciar, enfim, o mundo material tem tanta importância?

As respostas não são tão difíceis quanto possam parecer à primeira vista.

---

[16] Ahmed Sékou Touré, líder político africano, presidente da República da Guiné de 1958 até 1984, quando faleceu.

A islamização representou para o negro-africano comum um fator de ascensão social, de promoção, de prestígio, de conquista de igualdade. Pois, segundo o texto corânico, "os homens são iguais entre si como os dentes do pente do tecelão; não há diferença entre o árabe e o não árabe, entre o branco e o negro, a não ser o grau de sua crença em Deus" (N'Goma, 1950, p. 339-340). Para os governantes, essa aceitação do Islã representava, mais ainda, o ingresso na grande e prestigiosa comunidade internacional islâmica; a garantia de melhores negócios, principalmente com os países acima do Saara; e a aquisição, através da lei corânica, de utilíssimos conhecimentos jurídicos, notadamente nos campos do comércio e da propriedade.

Mas o negro africano, em geral, só adotou do Islã as práticas mais exteriores, simplificando os rituais, adaptando-os à sua realidade e a seu modo de ser. Senão, vejamos: "Duas grandes religiões" – escreve Cissoko (1964, p. 102-103),

> dividiam o Império do Mali: o Animismo[17] estava vivo na massa popular e se expressava no culto aos espíritos, à natureza [...] e aos ancestrais [...]. Os animistas se organizavam em confrarias [...]. Seus chefes [...] gozavam de grande consideração junto ao povo. O Islã recrutava seus adeptos nas camadas superiores da sociedade, entre a aristocracia política, e comercial e nas cidades [...]. No Mali, o Islã era tolerante. Os reis muçulmanos não se empenhavam em converter seus súditos. Alguns deles até mesmo professavam uma fé duvidosa [...]. Por outro lado, o soberano islamizado não tinha o mesmo poder místico do rei da religião tradicional. O Islã, como sublinha Cheik Anta Diop, tende a dessacralizar o soberano enquanto o animismo tende a divinizá-lo.

Vejamos também este perfil do sunni Ali, grande herói do povo Songai, colhido por Cértima (1947, p. 159) no *Tarikh Al Fattah*: "Na ordem religiosa era igualmente prático: adiava sempre de um dia para

---

[17] Animismo é a forma religiosa baseada na crença de que todos os seres da natureza possuiriam uma alma (*anima*, em latim) que os impulsiona. A religião tradicional africana se baseia na Força Vital como propulsora da existência, e não na "alma".

outro a obrigação das cinco orações diárias ao Profeta; e quando se decidia a fazê-las, citava-as, correndo, pelo nome e ordenava indiferente, ao seu séquito: 'Ocupai-vos por mim do restante!'".

O êxito do Islã na África, então, resultou, antes de tudo, de seus agentes terem aprendido a tolerância, a adaptabilidade, a capacidade de respeitar o modo de viver tipicamente africano das sociedades tradicionais, facilitando aos habitantes do *Bilad al-Sudan* o ingresso sem o total abandono da crença ancestral, nesse ambiente fechado e prestigioso. E isso foi assim apreciado pelo já citado Albert N'Goma (1950, p. 339):

> Mediante essas práticas fáceis, o neófito terá o sentimento de fazer parte não somente do povo eleito de Alá mas também e sobretudo da pequena elite local. Porque existe um esnobismo islâmico: o Negro experimenta verdadeiro prazer em vestir as roupas largas dos muçulmanos, em pôr um "fez" [...] na cabeça, em se prosternar cinco vezes por dia em direção a Meca, imitando o Profeta. Tudo o que é árabe ou muçulmano [...] suscita o mais vivo interesse entre as populações nativas.

Exemplos das trocas ocorridas na África Ocidental entre as práticas da religião tradicional e o Islã podem ser vistos nestes trechos pinçados no *Sundiata* de Djibril T. Niane (1982, p. 13-18):

> No começo dos tempos, o Mandinga era uma província dos reis Bambara. Os que chamamos hoje de Maninka, habitantes do Mandinga, não são autóctones: eles provêm do Leste. Bilali Bunama, o antepassado dos Keitas, era o servidor fiel do profeta Mohamadu (que a Paz de Deus recaia sobre ele. [...]. Depois de sete anos de ausência, o rei Lahilatul Kalabi pôde, pela graça de Alá todo-poderoso, regressar ao Mandinga, onde ninguém mais o aguardava. [...] Retirou de seu "sessa"[18] doze cauris, que ele jogou sobre a esteira; o rei e todos os seus acompanhantes se haviam voltado para o Estrangeiro, que remexia com sua pesada mão as doze conchas reluzentes. Nhamkuman Dua fez ver discretamente ao rei que o

---

[18] Certamente, espécie de bolsa ou sacola. Observe-se aqui a clara referência ao popular "jogo de búzios" (cauris), entre muçulmanos da África, em tempo bastante remoto.

adivinho era canhoto. A mão esquerda é a mão do mal, mas nas artes divinatórias diz-se que os canhotos são os melhores. O Caçador murmurava baixinho palavras incompreensíveis, sua mão virava e revirava os doze cauris, que tomavam posições diferentes, e que o levavam a meditar longamente.

Ressaltando as peculiaridades do Islã negro-africano, Deschamps (1965, p. 93-95) diz que, para os africanos, a crença em Alá se inspira na crença no Deus Criador das cosmogonias "pagãs", porque, para eles, Deus comunica sua força vital a todas as coisas, e especialmente ao marabu, sacerdote líder de um grupo de culto. Maomé é muito mal conhecido pelos africanos: foi transformado num taumaturgo (santo milagreiro) e desempenha também o mesmo papel dos deuses secundários do "paganismo", ou seja, o de intermediário entre Alá e os mortais. Os espíritos da floresta se tornaram os *djins*; os gênios protetores de cada família e os espíritos dos ancestrais, que velam pelos vivos e a quem se rende culto, mantiveram-se.

No Islã negro-africano, ressalta ainda Deschamps, a magia "pagã" não desapareceu. O marabu concorre com adivinhos e curandeiros no mesmo terreno mágico, apenas através de processos diferentes. Ele confecciona e vende amuletos que são geralmente versículos do Corão num estojo de couro. E se utiliza, também, do êxtase e da invocação dos *djins*, espíritos maléficos.

Na mesma linha de raciocínio, escrevendo sobre o amálgama entre diversas tradições ou doutrinas filosóficas na atual República do Mali, N'Diayé (1970a, p. 11) diz que lá ninguém se surpreende ao ver, por exemplo, um tuculer muçulmano, talvez por atavismo, apelar à geomancia[19] de um bambara não islamizado. Por outro lado – diz ele –, um "fetichista", pelo simples fato de estar ligado a um determinado círculo social, não hesitaria em fazer valer sua condição de maometano, mesmo que nunca tivesse praticado essa religião. E isso da mesma forma – escreve N'Diayé (1970b, p. 85-86) – que não causa surpresa, lá, ver-se um pastor peule, depois de ter cumprido suas obrigações de muçulmano, fazer sinais cabalísticos

---

[19] Processo de consulta à divindade por meio do uso de terra ou areia.

e murmurar invocações que não têm nada de islâmico, quando, por exemplo, "seguindo com os olhos o movimento do rebanho, experimenta a sensação de uma presença insólita mas invisível".

Assim, parece certo que o Islã negro-africano é ou foi, em seus primórdios, uma prática religiosa que se servia de elementos da religião tradicional africana, na mesma medida em que na própria Arábia a prática islâmica estaria permeada de usos considerados supersticiosos, como procurava mostrar Margoliouth (1929, p. 120), nesta formulação:

> O uso mágico dos textos do Corão está divulgadíssimo, e na verdade, já que para boa parte dos fiéis os textos do livro sagrado não têm nenhum sentido, não é fácil precisar onde acaba o uso religioso do mesmo e começa o uso mágico; mas à segunda categoria pertence, certamente, a prática de usar passagens corânicas como remédio: o paciente bebe água em que se lavou um papel que continha tais textos ou engole o papel em que estão escritos.

Em contrapartida, a tradição dos orixás jeje-iorubanos também foi influenciada pelo Islã. João José Reis (1986, p. 152-155), no mais aprofundado estudo sobre os malês até então escrito no Brasil, lembra que a tradição nagô relaciona os negros islamizados aos orixás *funfun*, à frente dos quais se coloca Obatalá, e isso: porque todas as representações simbólicas desses orixás se baseiam na cor branca, largamente usada pelos malês; pela utilização da água – elemento vital de Oxalá (Obatalá) – em inúmeros rituais e cerimônias privados e públicos dos malês; pela consagração da sexta-feira – dia de Oxalá – como o dia do jejum muçulmano etc.

Lembra mais J. J. Reis que, na África, os babalaôs, de acordo com determinadas interpretações do jogo divinatório Ifá, costumavam aconselhar a seus consulentes a iniciação na religião dos alufás. E isso porque o décimo segundo dos 16 capítulos das revelações de Ifá, ou seja, o décimo segundo *odu* (*otura meji*),[20] estaria intimamente ligado a tudo o que é muçulmano.

---

[20] Esse posicionamento dos odus, muito importante porque obedece a uma hierarquia, apresenta variações regionais. Em Abraham (1981, p. 276), Otura aparece como décimo terceiro odu. Da mesma forma, na tradição lucumí cubana.

Segundo, ainda, Reis (1986, p. 153), um *itan* (lenda) do corpo de saberes de Ifá explicaria, inclusive, a origem do Ramadan, celebração anual do calendário muçulmano, e o jejum que deve ser observado durante esse período. E conclui Reis:

> A incorporação de elementos do islã pela religião iorubá representa mais um exemplo da reconhecida plasticidade e tolerância desta. Mas a reserva de um lugar fraterno para os muçulmanos no universo dos orixás não significou apenas uma generosidade desinteressada. A questão de poder esteve em jogo. Stasik [Kathleen M. Stasik, autora de um estudo sobre o Islã na Nigéria no século XIX] muito apropriadamente sugere que o babalaô na verdade incorporou poder ao incorporar o islã a seu sistema divinatório, pois lançou uma proposta de aliança com uma religião bem-sucedida, que se tornava cada vez mais popular entre os iorubás. O divinador[21] passou a ter voz de autoridade em dois sistemas religiosos diversos.

Em Cuba, também importante país caudatário da diáspora africana, em outras formas religiosas afronegras, a saudação muçulmana *As salam aleikum* é usada em situações rituais. O que, embora seja às vezes explicado como sincretismo ("fusão de diferentes cultos ou doutrinas com reinterprétação de seus elementos"[22]), talvez possa ser mais bem definido como resultado de simples influência do islamismo.

O Islã negro-africano no Brasil

Uma das "justificativas" para a escravização na África foi a "salvação" do nativo. Argumentavam os escravagistas, além de outras alegações, com a ideia de que desenraizar o africano de seu continente era um bem que se fazia, pois, desse modo, livre do "paganismo", das "práticas antropofágicas", da "idolatria" etc., ele encontraria a salvação espiritual através do cristianismo, numa pátria nova, onde

---

[21] O babalaô não é um "adivinhador", e sim um intérprete do oráculo Ifá.

[22] *Dicionário Houaiss da Língua Portuguesa* (2001).

deveria esquecer todos os vínculos com seu passado. Então, antes do embarque no navio negreiro, os cativos eram, em geral, batizados à força, num arremedo de cerimônia, rápido e superficial, como veremos na segunda parte deste livro. O segundo passo na alegada tarefa de "salvação" das almas dos africanos escravizados era dado, no Brasil, logo após a transação de compra e venda. Entregues ao proprietário, recebiam um nome cristão e, a partir desse momento, eram submetidos a todo um processo de despersonalização, de perda de identidade.

O regime de trabalho escravo era desumano pela própria natureza. Foi por culpa dele que se perpetuaram na memória brasileira conceitos estereotipados sobre o indivíduo negro até hoje difíceis de apagar. Sobre a origem de estereótipos que ainda hoje marcam o negro brasileiro escreveu Jaime Pinsky (1981, p. 41): "O mito de mulheres quentes" – diz – "atribuído, até hoje, às negras e mulatas pela tradição oral, decorre do papel que lhes era designado pela sociedade escravista". Mais adiante (p. 47) prossegue o autor, mencionando que o hábito da bebida alcoólica tinha dupla função: a de alienar o escravo de seu destino infeliz e a de fazê-lo prostrado e derreado, fora das horas de trabalho, "de forma a não criar maiores problemas".

Da escravidão é que vêm, também, os incontáveis traumas que ainda hoje martirizam gerações e gerações de descendentes de africanos. Porque o escravismo era, sob todos os aspectos, algo extremamente desumano e cruel, tanto pelas torturas físicas e psicológicas quanto pela dureza do regime de trabalho; tanto pelo aviltamento moral insidioso, minando a vontade do escravo, quanto pela intenção deliberada de fazê-lo perder seus laços culturais, comunitários, religiosos, familiares... Sua identidade, enfim.

Mas uma personalidade, obviamente, estrutura-se ao longo de anos. E se, para essa estruturação, concorreram fatores efetivamente marcantes, como rígida educação familiar e religiosa e conscientização perfeita sobre o sentido da vida e do papel do indivíduo no mundo, a perda da identidade não vai se dar facilmente. Então, por isso é que são incontáveis na história da escravidão no Brasil os casos de fuga individual, assassinato de senhores, aquilombamento e tentativa bem-sucedida de organização, levando inclusive à luta armada. E em parte dessas tentativas o islamismo ocupou papel importante.

Mas esse islamismo, que, como vimos, já na África não era exatamente o mesmo do ambiente árabe onde nasceu, no Brasil sofreu ainda outras influências, recebendo os nomes de "religião dos alufás" e culto "muçurumim", "muçulmi" ou "malê" – nomes pelos quais eram genericamente conhecidos os negros islamizados.

"*Musulmi*" é o termo da língua Hauçá que designa o indivíduo islamizado (ROBINSON, 1925, p. 308). "Muçurumim" é certamente uma corruptela. Mas a etimologia do termo "malê" ainda gera algumas controvérsias.

O *Dictionary of the Yoruba Language* (1976, 2ª parte, p. 117), por exemplo, registra o termo "*Imale*" para designar exatamente "maometano, muçulmano". Já em Abraham (1981, p. 307) encontramos também a forma "*Imole*", tendo como origem o árabe "*mu'allim*" (professor) através do hauçá "*mállàmi*" (letrado, escriba, professor).

Mas o termo já tinha larga circulação pelo menos desde o século XVIII. Tanto que, num texto publicado em 1730, P. Labat (*apud* COQUERY-VIDROVITCH, 1981, p. 134) assim menciona sobre a presença de malês no antigo Daomé: "Deu-se o nome de Mallais aos escravos que os *Mallais* (muçulmanos) vão vender a Judá (*Ajudá*). Mas eles não são da nação dos *Mallais*, pois estes povos não se vendem uns aos outros; vêm de muito longe e alguns deles demoraram três meses a chegar à beira do mar. Estes negros são fortes, habituados ao trabalho e às maiores fadigas…".

Em 1796, o padre baiano Vicente Ferreira Pires viajava ao Daomé. Quatro anos depois escrevia o relato "Viagem de África em o Reino de Dahomé", no qual registrava também a presença de negros ditos "malés", como podemos ler nestes trechos (*apud* LESSA, 1957, p. 134-135):

> Entre estes etíopes há, em Dahomé, uma pequena povoação onde existe, com licença do Rei, certa porção de moiros pretos chamados Malés, que são de uma Nação confinante com a de Dahomé pela parte do Norte. […] Estes Malés vestem-se à moirisca, e em parte seguem a Lei de Mafoma, misturada com Destino, Idolatria e Lei

Natural; de forma que adoram o Sol como primeiro e luminoso Astro do dia; não comem coisa que padeça morte, salvo o cordeiro por eles morto, de cujas vítimas fazem seus sacrifícios e holocaustos. Finalmente, é, como digo, o adulterismo muçulmano entre eles. O gentio de Dahomé faz uma boa sociedade com estes negros moiros, e o Rei, quando pretende ter qualquer ação de guerra, ou outra pertenção, pede a estes Moiros que façam seus feitiços para se verificar o que ele deseja.

Os "malés" a que o Pe. Pires se refere eram provavelmente indivíduos do povo Dendi, que, juntamente aos peules, teriam sido os primeiros muçulmanos a se instalarem no Daomé Setentrional (COR-NEVIN, 1970, p. 104). Buscando solucionar a polêmica, informamos que o léxico da língua Fon (*Fongbé*) falada na atual República do Benin, território do antigo Daomé, registra o termo "*malè*" exatamente com os significados de Mali e de "muçulmano" (SEGUROLA; RASSINOUX, 2000, p. 343), confirmando Cornevin.

Esse islamismo, então – retomamos –, foi que criou a mítica do negro altivo, insolente, insubmisso e revoltoso, que tão bem se enquadra na descrição feita por Louis e Elizabeth Cary Agassiz (1975, p. 69) de um grupo de negros "minas" por ela observados no Rio de Janeiro, em 1865:

> Os homens dessa raça são maometanos e conservam, segundo se diz, a sua crença no profeta, no meio das práticas da Igreja Católica. Não me parecem tão afáveis e comunicativos como os negros congos: são, pelo contrário, bastante altivos. Certa manhã, encontrei alguns deles almoçando depois do trabalho; parei para falar com eles e ensaiei diferentes modos de entrar em conversação. Lançaram-me um olhar frio e desconfiado, responderam secamente as minhas perguntas e se sentiram visivelmente aliviados quando os deixei.

Os "minas" a que a escritora se refere podem ser negros pertencentes a diversos povos dos quais vieram negros islamizados para o Brasil. Porque de "minas" eram chamados genericamente os cativos vindos de toda e qualquer região do *Bilad al-Sudan* desde que embarcados no Forte de El Mina ou São Jorge da Mina. Essa denominação aleatória foi adotada pela administração colonial francesa para designar o subgrupo étnico Gèn (pronúnciado *Gan*) ou Gènnu, integrante do grupo Aja, habitante do território do antigo Daomé, atual República do Benin (SEGUROLA; RASSINOUX, 2000, p. 354, 184). Assim temos registros de entrada no Brasil de negros "minas-jêjes", "minas-nagôs" etc.

Também sobre esses "minas" no Brasil assim se expressou, em 1869, o tristemente célebre Joseph Arthur, Conde de Gobineau, autor do *Ensaio sobre a desigualdade das raças humanas* (cf. MOURA, 1983, p. 87):

> A maioria desses Minas, senão todos, são cristãos externamente e muçulmanos de fato; porém, como esta religião não seria tolerada no Brasil, eles a ocultaram e a sua maioria é batizada e trazem nomes tirados do calendário. Entretanto, malgrado esta aparência pude constatar que devem guardar bem fielmente e transmitir com grande zelo as opiniões trazidas, da África, pois que estudam o árabe de modo bastante completo para compreender o Alcorão ao menos grosseiramente. Esse livro se vende no Rio nos livreiros ao preço de 15 a 25 cruzeiros,[23] 36 a 40 francos. Os escravos, evidentemente muito pobres, mostram-se dispostos aos maiores sacrifícios para possuir esse volume. Contraem dívidas para esse fim e levam algumas vezes um ano para pagar o comerciante. O número de Alcorões vendidos anualmente eleva-se a mais ou menos uma centena de exemplares [...]. A existência de uma colônia muçulmana na América, creio, nunca foi observada até aqui, e [...] explica a atitude particularmente enérgica dos negros Minas.

Sobre a "altivez, insolência e insubmissão" dos malês, vejamos também estas linhas de Pierre Verger (1981, p. 115-116):

> Francis de Castelnau, cônsul da França da Bahia, tentou em 1848 interrogar um fulani. A descrição que ele deu mostra o caráter altaneiro de certos escravos muçulmanos na Bahia: "Este homem idoso, Mohammad Abdullah, fulani, está na Bahia há trinta anos, e atualmente é carpinteiro. Ele é instruído, sabe não

---

[23] Provavelmente, 15 a 25 cruzados antigos (6 mil a 10 mil réis).

somente ler e escrever em sua língua, como também em português. Ele é muito intolerante, muito fanático, está procurando por todas as maneiras converter-me; e mesmo que eu o tenha recebido da melhor maneira possível, dando-lhe dinheiro etc., ele recusa-se a voltar à minha casa para ver-me, dizendo a um outro preto que não quer ir na casa de um cão cristão. Ele deve ter uns 70 anos. Ele era marabout[24] e fez peregrinagem à Meca. Os pretos hauçás que estão em minha casa parecem ter a maior veneração por este homem e, seguindo o seu exemplo, oram cantando passagens do *Alcorão*".

Quase sempre intransigentes em seus princípios religiosos, os malês em geral não eram vistos com simpatia pelos outros negros, principalmente pelos bantos. E isso é claramente mostrado – apesar da interpretação duvidosa – por Plínio de Almeida (1976, p. 271) num trabalho sobre o folguedo banto do maculelê, do qual nos ocuparemos na segunda parte deste trabalho. Escreve Almeida:

É conhecida de todos os antropólogos, historiadores, sociólogos, pesquisadores e folcloristas, a aversão que, por motivos religiosos, os negros bântus[25] votavam aos sudaneses, e vice-versa. A ojeriza tinha razão que não eram de somenos. Enquanto os sudaneses se submeteram à religião islâmica, quase que em sua totalidade, os bântus ficaram fiéis aos seus mitos, à sua fitolatria, à sua litolatria e a outros cultos onde o deus-tótem tinha lugar destacado.
O Brasil não conseguiu unificar de todo aquele emaranhado de raças e de crenças de forma que o ressentimento continuou vivo, e, na Bahia, na zona canavieira santamarense, espocou nos folguedos bânticos,[26] principalmente no Macu-lê-lê. Na passagem desse brinquedo, [...] o comparsa que era laçado e jogado no chão, "fazia de conta" que era gente do Sudão: nagô ou malê, dai a cantiga menosprezo:

---

[24] Grafia francesa para "marabu" ou "marabuto".

[25] O Vocabulário Ortográfico da Língua Portuguesa (VOLP, 2009) consagra a forma "banto".

[26] Adjetivo não contemplado no VOLP da nota anterior.

Mano ficou, hé
Borocochó
Malé, ou Malê
Papai borocô.
Mano ficou, hê
Todo fraganhado
Malé, ou Malê
Nós estamo aringado.

A segunda estrofe é típica. Encerra algo de aviso, de prevenção. É como quem diz: Malê, não venha, que nós estamos "aringados", isto é, resguardados, garantidos por uma "aringa" (fortificação).

Praticantes de uma forma africanizada do islamismo, em terra brasileira, os hauçás, fulas, kanuris etc. tiveram suas práticas submetidas – repetimos – a outras influências, menos ou mais sincréticas. E criaram o que se propagou como "religião dos alufás", "lei de muçurumim" (ou "culto malê", como era chamado na Bahia), do qual, sobretudo pela repressão que se seguiu ao movimento armado de 1835 e que examinaremos adiante, hoje nada mais resta no Brasil, a não ser resquícios.

Por volta de 1900, entretanto, essa modalidade religiosa ainda sobrevivia na Bahia, como podemos ver com Nina Rodrigues (1977, p. 61-62):

> No entanto, pelo menos um bom terço dos velhos africanos sobreviventes na Bahia é muçulmi ou malê, e mantém o culto perfeitamente organizado. Há uma autoridade central, o "Imã" ou "Almámy", e numerosos sacerdotes que dele dependem. O "Imã" é chamado entre nós "Limano", que é, evidentemente, uma corrupção ou simples modificação de pronúncia de "Almámy"ou "El Imámy". Os sacerdotes ou verdadeiros marabus chamam-se na Bahia alufás. Conheço diversos: na ladeira do Taboão n.º 60, o hauçá Jatô; na mesma rua n.º 42, o nagô Derisso; no largo do Pelourinho, na ladeira das Portas do Carmo, o velho nagô Antônio, com casa de armador junto à igreja de N. Sa. do Rosário; um hauçá na ladeira do Alvo; outro na rua do Fogo; dois velhos hauçás no Matatu. [...] O atual limano é o nagô Luis, e a sede da igreja maometana, a sua

residência no Barris, à Rua Alegria n.º 3. [...] Não me consta que tenha harém, mas a sua prole é numerosa. A sua mulher atual é uma negra crioula de mais de 30 anos, que esteve por algum tempo no Rio de Janeiro, onde se converteu ao islamismo.

Nessa última afirmação podemos verificar que o Rio de Janeiro também foi um centro difusor do culto malê, como vimos atrás e examinaremos mais detalhadamente adiante, com João do Rio. Mas continuemos com Nina Rodrigues (1977, p. 63):

> A modesta casa da Rua da Alegria, que serve atualmente de mesquita, tem uma sala interna destinada aos oficias e atos divinos. Ali reúnem-se os malês todas as sextas-feiras para a prece ou missa comum. Duas vezes por ano há um grande jejum, que dura 60 dias, sendo que só a 30 dias são obrigados os crentes, os outros 30 a mais se exigem apenas dos sacerdotes. [...]
> Tão fetichistas como os negros católicos ou do culto iorubano, os malês da Bahia acham meio de fazer dos versetos do *Alcorão*, das águas de lavagem, das tábuas de escrita, de palavras e rezas cabalísticas etc., outras tantas mandingas, dotadas de notáveis virtudes miraculosas, como soem fazer os negros cristianizados com os papéis de rezas católicas, com as fitas ou medidas de santos etc.

Também na Bahia, Manuel Querino, importante historiador afrodescendente, no livro *A raça africana e seus costumes*, lançado em 1916, publicava um longo texto sobre os malês, constante da edição de 1955 da obra mencionada, nas páginas 101 a 114.

Sobre o culto, o texto informa, inicialmente, que os malês "só reconheciam duas entidades superiores: *Olorum-u-luá* (Deus criador); *Mariama* (a Mãe de Jesus Cristo). Desprezavam *Satanás*, que, na opinião deles, não tem forças no mundo. Evitavam o mais possível as contendas e lutas; e, insultados que fossem, respondiam simplesmente: *Au-subilai* (Eu te esconjuro)".

Depois de discorrer sobre alguns hábitos e valores da comunidade, inclusive a poligamia, e ressaltando o cuidado com a educação dos filhos (circuncidados aos 10 anos de idade), bem como com a higiene pessoal, o escritor assinalou: "Costumavam escrever sinais cabalísticos sobre quadros de madeira à imitação das tábuas de Moysés, servindo-se para isso de uma tinta azul, mineral, importada da África; depois lavavam os quadros e davam a beber a água, como indispensável para *fechar* o corpo. As mulheres com esta tinta pintavam as pálpebras inferiores, como requinte de beleza".

Sobre a liturgia, Manuel Querino descreveu orações, fórmulas, expressões e objetos rituais utilizados, bem como as posturas corporais correspondentes a cada cerimônia, tudo minuciosamente: "Munidos de um rosário – *Tècèbá* – de cinquenta centímetros de comprimento, tendo noventa e nove contas grossas de madeira, terminado por uma bola em vez da cruz, davam começo à oração, de pé, sobre uma pele de carneiro", escreveu, e a seguir detalhou:

> Os homens colocavam-se à frente e as mulheres após. Quando rezavam pelas contas menores de seu rosário, conservavam-se sentados; passando às maiores [...], levantavam-se. Nessa ocasião, com as mãos abertas e tendo o corpo inclinado, em demonstração de reverência, diziam: *Alláh-u-acubáru* (Louvores a Deus). Em seguida, levantavam os olhos para o alto e os baixavam, com um gesto de saudação; com as mãos sobre os joelhos faziam sinal de continência com a cabeça; proferiam palavras e sentavam-se de lado, continuando a rezar pelas contas menores.

Segundo Querino, na Bahia, os cinco momentos diários de orações a que os muçulmanos em geral se dedicam podiam ser abreviados: "Quem podia, efetuava esse exercício cinco vezes ao dia: primeiro – *Açubá*; segundo – *Ai-lá*; terceiro – *Ay-á-sari*; quarto – *Alimangariba*; quinto – *Adixá*. Finalizavam a oração dizendo: *Aliramudo-li-lai* (Louvor ao Senhor do Universo). A qualquer ato que o Malê tinha que praticar, antecedia a expressão: *Bi-si-mi-lai* (Em nome de Deus clemente e misericordioso). Terminada a oração cortejavam-se uns aos outros, dizendo: *barica-da-subá* (Deus lhe dê bom dia)". Quanto à hieraquia do culto, assim o historiador enumerou as autoridades: "Xerife – espécie de profeta, cargo esse só desempenhado por pessoa idosa, cuja opinião se respeita como um oráculo; *Lemane* – uma espécie de bispo; *Ladane* – o secretário; *Alujá* – o simples sacerdote". Observe-se que todos esses títulos, bem como os termos que designam cerimônias e rituais, são remanescentes de termos da língua árabe, menos ou mais corrompidos.

Sobre o "Sará", a "missa" dos malês, o autor informa: "É cerimônia que só se efetuava por ocasião de grande regozijo na seita ou para sufragar as almas dos crentes no Alcorão. Pela manhã, era servida uma mesa, em que sobressaía a toalha muito alva, de algodão, ocupando a cabeceira, como lugar de honra, o chefe 'lamane'".

Sobre o casamento, ou "amurê", dentro do culto, assim Manuel Querino o descreveu:

> Depois de tudo combinado, os noivos, padrinhos e convidados dirigiam-se, no dia aprazado, à casa do sacerdote. Ali reunidos, após ligeira pausa, o Lemana falava aos nubentes, inquirindo se o casamento era de livre vontade do contraentes, aconselhava-os a que refletissem maduramente para que não houvesse arrependimento futuro. Decorridos alguns instantes cada cônjuge respondia que o casamento era de seu gosto e de espontânea vontade. [...] Seguia-se o jantar de bodas, constante de galinhas, peixes, frutas etc., com exclusão de bebidas alcoólicas. A união conjugal entre os Malês era um verdadeiro culto observado com rigor, do mesmo modo que a amizade fraternal.

Nascido em 1851, Manuel Querino, em seu livro, não referiu a participação dos malês nos movimentos que convulsionaram a Bahia até apenas 16 anos antes de seu nascimento. Porém, suas informações sobre a rígida moral reinante no seio do grupo que descreveu parecem não merecer reparos: "De índole boa, morigerados, não se imiscuíam, talvez por prescrições religiosas, nos levantes e insurreições, aqui tão comuns entre os outros africanos. Severa e inflexível era sua moral. A mulher que faltava aos deveres conjugais ficava abandonada de todos, ninguém a cortejava; mas, nem por isso, o marido podia tocá-la", escreveu.

Quanto à prática de magia e sortilégios, quase sempre atribuída aos africanos islamizados – daí o nome étnico "mandinga", de um grupo de povos oeste-africanos, ser relacionado a "bruxedo" e "feitiço" –, também não escapou à dissertação do ilustre baiano, com o seguinte esclarecimento:

O feitiço do Malê é inteiramente diverso dos demais africanos. Escreviam em tábua negra o que pretendiam contra a pessoa condenada, apagavam depois com água os sinais cabalísticos, e o líquido era atirado no caminho transitado pela vítima. Para destruir qualquer malefício, possuía o Malê um pequeno patuá ou bolsa que trazia ao pescoço, contendo uma oração em poucas palavras, a qual era encimada por um polígono estrelado regular, de cinco ângulos, vulgarmente conhecido por signo de Salomão.

Manuel Querino também informou sobre rituais funerários praticados pelos malês baianos: "Por muito tempo acreditou-se que o Malê tinha por hábito quebrar os ossos ou desconjuntar os seus mortos, no ato de colocá-los no caixão. Não é isso exato; apenas os deitam de lado e não de frente, como é costume".

Sobre o jejum ritual anual da comunidade, na Bahia, o autor escreveu: "Às sextas-feiras não trabalhavam, por ser dia consagrado às orações. O jejum é efetuado no intervalo de uma lunação, isto é, se começava na lua nova, terminava na lua nova seguinte. No último dia do jejum realizavam grande festa em casa do maioral da seita, havendo missa. Nenhuma bebida alcoólica era usada nessa festa. No ato de sacrificar o carneiro introduziam a ponta da faca na areia e sangravam o animal proferindo a palavra *Bi-si-mi-lai*".

Sobre as razões do progressivo desaparecimento da cultura e da religião dos malês, Nina Rodrigues (1935, p. 28-29) assinalava em 1896:

> Um velho africano, pequeno negociante e sacerdote de sua confissão religiosa, me explicava que a religião dos negros *de santo* e mesmo a dos católicos são muito mais fáceis, divertidas e atraentes do que a dos *musulmis*, que se impõem uma vida severa, adstrita à observância de princípios religiosos que não toleram festas e bebedeiras. Por isso, dizia-me ele, mesmo os filhos dos *malês* têm pouca tendência a seguir as crenças dos seus maiores e uma vez emancipados abraçam facilmente ou a religião jorubana[27] ou o catolicismo.

---

[27] Antiga forma para "iorubana".

Por sua vez, Johnston (1910, p. 95) escrevia alguns anos depois: "Nos dias atuais, os Musulmi[28] da Bahia falam um dialeto Iorubá (o Nagô); antigamente (diz o Abade Ignace Etienne) eles sabiam ler e escrever em árabe. Hoje seus sacerdotes e homens santos (Alufás) já não entendem mais o árabe do Corão e usam uma tradução portuguesa".

Já W. F. Oliveira (1976, p. 112) menciona Manoel Nascimento dos Santos, o *Gibirilu*, filho do escravo nagô José Maria dos Santos, o *Alufá Salu*, como "um dos últimos – senão o último – muçulmano negro na Bahia". E a *Grande Enciclopédia Delta Larousse* (1970, p. 4211) menciona a "Seita Potentiosa", uma casa de culto malê que em 1934 ainda funcionava na Estrada da Liberdade, em Salvador.

Observe-se que a religião dos malês não floresceu apenas na Bahia. René Ribeiro (1978, p. 53-54) inclui os malês entre os grupos de culto em funcionamento na segunda metade do século XIX na capital pernambucana. E cita, inclusive, este relato, do corpo mitológico do oráculo Ifá,[29] recolhido em Recife, e que reflete a repercussão do Islã na tradição dos iorubás:

> Shango[30] continuou nas suas andadas e distúrbios pelo mundo. Um dia chegou na terra dos *malé*. [...] Encontrou eles na terra de Tapa, eles de branco, sentados ao redor de uma mesa cheia de velas acesas, dizendo: *abudalai salai lei lei aabudulai*. [...] Diziam assim pegados num rosário de contas grandes. Shango bateu na porta e eles não atenderam, entretidos na sua reza. Ele então forçou a porta, arrastou o seu *obe*, espada, e amedrontou-os dizendo que eles tinham de acreditar nele, senão ele acabaria com a terra deles. Disse então antes de sair que voltaria no dia seguinte para ver se eles tinham se resolvido a acreditar nele. Nesse meio tempo Shango foi na terra de *Oke*, reino de Yansan.[31] [...] Shango conquistou ela. [...] No dia seguinte saíram juntos para a terra dos malês. Ali chegados, acharam tudo no mesmo. Eles continuaram rezando seus rosários e nem ligaram Shango.

---

[28] Em hauçá: *"musulmi"*, muçulmano (ROBINSON, 1925).

[29] Sistema divinatório de uso exclusivo dos babalaôs.

[30] Grafia para o nome "Xangô" usada em textos na língua inglesa.

[31] Preferimos a grafia "Iansã".

Ele então mandou que Yansan lhe guardasse as costas e interpelou os malês. Eles ficaram assim, sem se explicar direito. Shango então descarregou o corisco que ficou dançando assim na mesa, tirando faíscas, apagando e derrubando as velas, enquanto Yansan arrastava a sua espada e rasgando o ar com ela fazia o relâmpago. Os malês, que não conheciam o relâmpago, ficaram com medo e cairam no chão fazendo reverência a Shango. Então ele disse: *"Eto"* (basta) e o corisco parou. Ai o chefe dos malês cantou: *"E aba emode emole lace"* reconhecendo a chefia de Shango e é com esse canto que se abre o culto dos malês.

Já no Rio de Janeiro, o escritor Gastão Cruls, à p. 588 do v. 2 de *Aparência do Rio de Janeiro* (1965), escrevendo sobre as "religiões acatólicas" na antiga capital, firmou: "Os israelitas têm boas sinagogas e os maometanos, sem templo próprio, se reúnem nas sociedades árabes de beneficência. Em tempos idos, os negros dessa fé tiveram uma mesquita à Rua Barão de São Félix".

A rua citada localiza-se no centro da cidade, na área da "Pequena África", onde Paulo Barreto, o "João do Rio" (1951, p. 16-18), numa série de reportagens publicadas em 1904, também localizava um reduto do culto malê, trazendo, entre outros dados, os seguintes:

> Os *alufás* [...] são maometanos com um fundo de misticismo. Quase todos dão para estudar a religião, e os próprios malandros que lhe usurpam o título sabem mais que os *orixás*.[32]
>
> Logo depois do *suma* ou batismo e da circuncisão ou *kola*, os *alufás* habilitam-se à leitura do Alcorão. A sua obrigação é o *kissium*, a prece. Rezam ao tomar banho, lavando a ponta dos dedos, os pés e o nariz, rezam de manhã, rezam ao pôr-do-sol. Eu os vi, retintos, com a cara reluzente entre as barbas brancas, fazendo o *aluma gariba*, quando o crescente lunar aparecia no céu. Para essas preces, vestem o *abadá*, uma túnica branca de mangas perdidas, enterram na cabeça um *jilá* vermelho, donde pende uma faixa branca, e, à noite, o *kissium* continua, sentados eles em pele de carneiro ou de tigre. [...] Essas criaturas contam à noite o rosário ou *tessubá*, têm o preceito de não comer carne de porco, escrevem as orações numas tábuas, as

---

[32] Praticantes do culto aos orixás.

ató, com tinta feita de arroz queimado, e jejuam como os judeus quarenta dias a fio, só tomando refeição de madrugada e ao pôr-do-sol. Gente de cerimonial, depois do *assumi*, não há festa mais importante como a do *ramadan*, em que trocam o *saká* ou presentes mútuos. Tanto a sua administração religiosa como a judiciária estão por inteiro independentes da terra em que vivem.

Sobre os dignitários do culto, João do Rio escreveu:

> Há em várias tribos vigários gerais ou *ladamos* obedecendo ao *lemamo*, o bispo, e a parte judiciária está a cargo dos *alikali*, juizes, *sagabamo*, imediatos de juizes, e *assivajiu*, mestre de cerimônias. Para ser *alufá* é preciso grande estudo, e esses pretos que se fingem sérios, que se casam com gravidade, não deixam também de fazer *amuré* com três e quatro mulheres. Quando o jovem *alufá* termina o seu exame, os outros dançam o *opa suma* e conduzem o iniciado a cavalo pelas ruas, para significar o triunfo. [...]
> As cerimônias realizam-se sempre nas estações dos subúrbios, em lugares afastados, e os *alufás* vestem as suas roupas brancas e o seu gorro vermelho.

Conhecendo pessoalmente, através de um cicerone, os "alufás" em seu próprio ambiente, João do Rio conta: "Alikali, o *lemano* atual, um preto de pernas tortas, morador à rua Barão de São Félix, que incute respeito e terror: o Chico Mina, cuja filha estuda violino, Alufapão, Ojó, Abacajebu, Ginjá, Mané, brasileiro de nascimento, e outros muitos".

A série de reportagens de João do Rio, que integra um livro sobre diversas práticas religiosas na capital da República no início do século XX, intitulado *As religiões no Rio*, apesar de alguns equívocos cometidos em boa parte das transcrições de termos rituais e nomes africanos, é um documento importante.[33] Sem nenhum viés a não ser o jornalístico, o texto mostra, inclusive, a rivalidade dos malês com praticantes do que mais tarde se conheceu como "candomblé", descreve características de líderes, relaciona títulos de dignitários etc. Enfim, revela, por dentro, os meandros do universo dos

---

[33] Em 2015, o livro teve sua quarta edição publicada no Rio pela editora José Olympio.

remanescentes, mas não exatamente continuadores, dos africanos islamizados, os quais, embora vindos para o Brasil na condição de escravos, expandiram suas crenças e práticas por diversos pontos do território nacional.

Um exemplo dessa expansão está no livro *Negros muçulmanos nas Alagoas* (1958), em cuja introdução o escritor Abelardo Duarte assim destaca a presença malê naquele estado:

> Foram eles os que realizaram a Festa dos Mortos, descrita magistralmente, embora com sentido folclórico nítido, por Melo Morais Filho, no Penedo; foram também os insurretos de 1815, na projetada revolta do Natal daquele ano nas Alagoas; foram os penitentes fotografados em 1887, no Penedo ainda, pelo Dr. Carvalho Sobrinho; foram os malês da Rocheira e do Barro Vermelho, Penedo, muito aproximados dos seus irmãos dos centros baianos; foram os conhecidos mandingueiros, de fama local.

Tanto a descrição de Manuel Querino quanto as de João do Rio e Abelardo Duarte correspondem ao que escreveu o português Manuel Belchior (1968, p. 38-43) sobre as práticas islâmicas na África Ocidental. Segundo esse escritor, os mandingas da atual Guiné-Bissau praticavam, pelo menos até 1968, um islamismo mesclado com rituais da religião tradicional. Sua hierarquia religiosa compreendia, além dos simples fiéis, os "ulmamis" (do árabe *al imam*), correlatos aos "lemanes" e "lemanos" de que falam Querino e João do Rio, e, acima deles, os "seku" (variante do árabe *sheikh*).

Na escola corânica, os alunos escreviam em tábuas de 30 a 40 centímetros de comprimento por 15 de largura – diz Belchior –, com uma tinta que "facilmente desaparece ao ser lavada a tábua para nela se escrever de novo", o que nos remete de imediato ao "feitiço do malê" que vimos no texto de Querino.

Segundo, ainda, o escritor português, os muçulmanos dividem-se, na África em geral, em duas grandes confrarias: a "Cadiria" e a "Tidjania". E tanto os membros de uma quanto os da outra facção usam rosários chamados "tassabiô", o que também nos remete aos "tecebá" mencionados por Manuel Querino e os "tessubá" a que João do Rio se refere.

Informação igualmente preciosa nos vem, finalmente, neste trecho de Belchior (p. 42-43) sobre a escolha dos antropônimos na sociedade islâmica dos mandingas:

> O nome masculino mais usado é o de Mahomet que entre os mandingas apresenta três formas simples, Mamadu, Malam, e Lamine e várias formas compostas (Mamadu-Lamine, Malamine etc.). A forma Mamadu conhece também as variações de Mamudo, Momade etc. [...]. A seguir ao Profeta são honrados os seus discípulos e, assim, é fácil encontrar muitos Bácar ou Bubacar, Umaru, Ossumane e Aliu, pretendendo-se homenagear respectivamente os quatro primeiros califas, Abubecre, Ornar, Otmane e Ali. Depois vem os Ádama (Adão), Buraima (Ibrahim ou Abrahão), Sumaila (Ismael), Iacupo (Jacob), Mussé (Moisés), Issufo (José), Dauda (David), Sulemaine (Salomão), Iaiá (João) e Issa (Jesus). Entre os nomes próprios femininos ocupa o lugar de honra o da filha do Profeta, Fátima, que aparece nas formas de Fatumatu, Fatu, Fanta e Binta. Depois o da primeira mulher, Cadija, na forma de Cildijatu. Existem também numerosas Mariamo (Maria) e Auá (Eva).

Não causa estranheza a profusão de nomes bíblicos, já que o islamismo é, ao lado do cristianismo e do judaísmo, uma das religiões monoteístas abrâmicas, ou seja, cujos fundamentos remetem a Abraão, o primeiro dos patriarcas do Velho Testamento.

De tudo isso então, o que primeiramente se infere é que: o culto malê foi, no Brasil, um dos fatores de aglutinação e fortalecimento de africanos e descendentes na luta contra a opressão. Através dele, escravizados de diferentes procedências reuniram-se sob uma só bandeira, inclusive tendo como meio de expressão um código próprio de linguagem e escrita. Daí também e principalmente se vê é que essa forma religiosa, em vez de ser apenas um conjunto de práticas islâmicas transplantadas para o Brasil, teria sido – assim como as sociedades secretas nagôs Ogboni, Gueledé e Egungun – um importante fator de mobilização revolucionária, como atestou o sociólogo e historiador Clóvis Moura (1981, p. 61-62), na forma seguinte:

O maometanismo, que havia penetrado na África Negra em ondas a partir de 620, tinha, como era evidente, a função de controle social das populações dominadas [...]. Como explicar-se, pois, a modificação sociológica da função do Islã Negro no Brasil, que se transformou de elemento de "controle social" em elemento de "mudança social"? Como se situar a mesma ideologia religiosa, com os mesmos elementos de fé, em um e outro caso? O problema do "infiel" aqui está subordinado a outro sistema de estratificação e divisão de classes, pois o branco, ao tempo em que era católico, isto é, representante de uma religião contrária, era, ao mesmo tempo, o opressor social, o senhor de escravos. Somam-se, assim, elementos que transformaram o islamismo negro em uma ideologia que unificava o oprimido nos três planos: no social, no racial e no religioso.

E isso é o que buscaremos analisar nas revoltas baianas de 1807 e 1835.

Os malês e as revoltas negras na Bahia

No século XVIII, uma das modalidades do comércio escravista era o chamado "tráfico triangular", no qual o mesmo navio saía do Brasil levando matérias-primas para a Europa, de lá transportava manufaturados para a África, e da África trazia escravos para o Brasil. Outra modalidade era o negócio direto, sem intermediação da Europa. E, nele, comerciantes baianos encontravam maior facilidade em trocar fumo de terceira categoria – que os mercados europeus absolutamente não aceitavam – por escravos, na "Costa da Mina". Daí veio a predominância do desembarque, na Bahia, de africanos provenientes dessa área, no Golfo da Guiné (CHIAVENATO, 1980, p. 40). Assim foi que, a partir do século XVIII, com a ligação direta da Bahia com o então chamado Sudão Ocidental, traços culturais sudaneses, como a religião dos orixás e o Islã negro-africano, puderam se recriar em terra brasileira, principalmente a partir da cidade de Salvador, capital do Brasil até 1763.

Na segunda metade do século XVIII, as convulsões ocorridas no oeste africano, como já tivemos ocasião de observar, resultaram na vinda para a Bahia, entre outros, de grandes contingentes de indivíduos dos povos Hauçá, Fulâni, Nupê (Tapa) etc. Chegando a Salvador, alguns desses africanos, em geral islamizados, portadores de um grau considerável de escolaridade e consciência política, desempenharam importante papel. Possivelmente dotados de visão e experiência militar, com maior capacidade de organização e conhecendo técnicas mais novas de fabricação e uso de armas, estariam aptos a transmitir a outros cativos o germe da revolta e da insubmissão. As informações sobre o que ocorria na África, onde naquele momento histórico aconteciam, numa sequência, entre 1786 e 1805, as *jihad* (guerras santas) de Usman Dan Fodio na atual Nigéria, e de Abd El-Kader e Cheik Amadu, na Senegâmbia, eram incentivo e motivação. E havia também os interesses ingleses empenhados na abolição da escravatura. A soma desses fatores foi certamente a razão das insurreições em série ocorridas na Bahia, entre 1807 e 1835.

Nina Rodrigues (1977, p. 48) divide esses movimentos em "Insurreições dos Hauçás" (1807, 1809, 1813 e 1816) e "Insurreições dos Nagôs" (1826, 1827, 1828, 1830 e 1835). Já Pierre Verger (1981, p. 116) os classifica em revoltas "dos Hauçá" (de 1807 a 1826) e dos "Nagô Malé" (de 1827 a 1835), frisando que o movimento de 1835 é que ficou de fato conhecido como "Revolta dos Malês". Afrânio Peixoto (1980, p. 157-158) menciona revoltas negras na Bahia em 1807, 1808, 1811, 1813, 1814, 1821, 1822 e 1835.

Sobre o movimento de 1807, que teria como principais líderes os negros Antônio e Baltasar, sabe-se que foi marcado para 27 de maio, mas abortou, não sem gerar perseguições, prisões e condenações à morte. Entre os pertences dos indiciados no respectivo processo foram encontradas "certas composições supersticiosas e de seu uso a que chamavam de *mandingas*" (RODRIGUES, 1977, p. 45), o que revela participação malê no movimento.

Tomando conhecimento do levante, D. João VI, ainda príncipe regente em Portugal, enviava ao 6º Conde da Ponte, governador da Bahia, carta régia em que apoiava a imposição de penas severas aos revoltosos, mas se colocando pronto a dar sua "Real Clemência" aos que a merecessem, e ressaltando a importância das penas como exemplo "para evitar as funestas consequências que de semelhantes acontecimentos devem recear-se" (AMARAL, 1941, p. 129).

A outra sedição, que teria ocorrido em 1808, assim se refere Afrânio Peixoto (1980, p. 157): "No ano imediato, 1808, outra rebelião, bem organizada e com finalidade explícita. Seria ateado incêndio na Alfândega e na Capela de Nazaré, para distrair povo e autoridades, enquanto os insurgentes, no porto, captariam navios que serviriam à repatriação dos rebeldes; foram condenados à morte e padeceram o martírio Antônio e Baltasar, com onze companheiros, metidos em vários suplícios".

Parece haver aí um equívoco, já que nenhum outro autor menciona a ocorrência de insurreição nesse ano. Quanto aos líderes referidos, o mais provável é que tenham sido condenados por participação na insurreição de 1807 e executados – aí sim – no ano seguinte, a 20 de março de 1808.

Sobre o movimento de 1809, tomamos de empréstimo este trecho de Nina Rodrigues (1977, p. 46):

> Na segunda insurreição dos hauçás já figuravam eles associados aos nagôs, o que, dadas as rivalidades e lutas em que as duas nacionalidades viviam a esse tempo em África, já por si denuncia o acordo da fé, criado por obra do islamismo. A 26 de dezembro de 1808 desertaram os escravos hauçás e nagôs de alguns engenhos do Recôncavo. A 4 de janeiro de 1809, oito dias depois, desertaram os desta cidade que a eles se foram reunir. Por onde passaram, a contar de três léguas desta cidade, cometeram toda sorte de atentados, assassínios, roubos, incêndios e depredações. Alcançados pelas forças expedidas em seu encalço, a nove léguas desta cidade e cercados em uma mata, onde se fizeram fortes, junto ao riacho da Prata, não foi possível induzi-los a renderem-se, dizem as partes oficiais, bem suspeitas neste particular. Investiram contra as tropas que os bateram, matando grande número e ainda aprisionando 80, entre os quais muitos feridos. O movimento do Recôncavo tinha sido importante principalmente no distrito de Nazaré e Jaguaribe, vilas e roças vizinhas, de onde remeteram 23 presos para esta cidade. Coube ainda ao Conde da Ponte reprimir esta insurreição e dela deu conta ao Governo em cartas de 12 a 16 de janeiro de 1809.

Afrânio Peixoto não cita esse movimento. Em contrapartida, assim se refere a outro, que teria ocorrido em 1811: "Em 1811, vários auçás, a três léguas da cidade, no Rio Joanes, se rebelam e, batidos por força militar da Torre, são capturados 89 escravos e doze negras" (PEIXOTO, 1980, p. 157).

Em 1813, novo levante. E de novo recorremos a Nina Rodrigues (1977, p. 46-47):

> Parece ter sido um dos levantes mais sérios pelas proporções que tomou. Todos os negros hauçás das armações de Manuel Inácio da Cunha Menezes, de João Vaz de Carvalho e de outros fazendeiros vizinhos, em número superior a 600, romperam em fortes hostilidades contra esta cidade. Assaltaram, armados, e incendiaram, pelas 4 horas da madrugada, as casas e senzalas daquelas armações. Depois de matarem o feitor e a família deste e outros brancos que aí se achavam, marcharam a atacar a povoação de Itapuã, onde também incendiaram algumas casas, e, reunidos aos pretos desta localidade, assassinaram os brancos que tentaram despersuadi-los ou lhes resistir. Treze pessoas brancas foram encontradas assassinadas pelos negros em Itapuã e na Armação de Manuel Inácio, além de oito gravemente feridas.

Caldas Brito (*apud* RODRIGUES, 1977, p. 47) também presta informações importantes sobre este sério movimento:

> Os pretos investiram contra reforços enviados a batê-los tão desesperados e embravecidos que só cediam na luta quando as balas os prostravam em terra; e durou o combate algumas horas, ficando fora da ação 50 negros, inclusive os que fugiram atirando-se ao rio de Joannes, onde pereceram afogados, e três que preferiram enforcar-se a cair em poder das tropas legais.
>
> Em fins de maio do mesmo ano o advogado Lasso denunciou ao governo que os negros hauçás preparavam um grande levante, que irromperia na noite de 23 de junho, e nele tomariam parte, além dos ganhadores dos cantos do cais da Cachoeira, cais Dourado e cais do Corpo Santo, os principais cabeças, os do Terreiro e do Paço do Saldanha, e que alguns pretos de outras raças entravam também na sedição, forros e cativos, tanto da cidade como do Recôncavo. Os centros desses conluios eram uma capoeira que

ficava pelos fundos das roças do lado direito da capela de Nossa Senhora de Nazaré, uma roça na entrada do Matatu, fronteira à Boa Vista, Brotas e o matos do Sangradouro. O plano combinado era romperem desses lugares na véspera de São João, com o pretexto do barulho de semelhantes dias, matarem a guarda da Casa da pólvora de Matatu, tirarem pólvora de que precisassem, molhando resto, e quando acudissem as tropas e estivessem entretidos com aqueles sublevados, sairiam os cabeças existentes na cidade e degolariam todos os brancos.

Divergências entre esses pretos, querendo uns que a insurreição fosse naquele dia 10 de julho, levaram um deles, de nome João Hauçá, escravo de Manuel José Teixeira, a trair os companheiros. Descoberto assim o plano, ocultaram tudo quanto pudesse denunciá-los de modo que, dando-se uma batida naqueles lugares, não se encontrou vestígio algum. Conquanto o Conde dos Arcos estivesse convencido de que essas denúncias eram trama do despeito de desafetos, que procuravam desmoralizar o seu governo, baixou no dia 20 de junho uma portaria expressamente proibindo o divertimento de fogos de São João, mormente os buscapés, ronqueiras e foguetes, punindo o infrator desta ordem, qualquer que fosse a sua categoria social. E para que ninguém alegasse ignorância, publicou-a ao som de tambores pelas ruas mais públicas da cidade.

Em observância da carta de 18 de março foram estes negros processados e, por acórdão da Relação, de 15 de novembro, condenados 39 réus. Destes morreram 12 nas prisões, 4 escravos de Manuel Inácio foram condenados à morte natural e enforcados, no dia 18 do mesmo mês, na forca que se levantou na praça da Piedade, com assistência de toda a tropa de linha da guarnição; e os demais foram uns açoitados e degredados para os presídios de Moçambique, Benguela e Angola, para toda a vida, outros, depois de açoitados no lugar do suplício dos companheiros, entregues aos senhores. A sufocação desta revolta é tida como um dos feitos de grande merecimento do Conde de Arcos, então governador da Bahia. É porém, notável, que aqui só se encontrem a respeito resumida referência. A "Idade de Ouro", único jornal que a esse tempo se publicava na Bahia, é inteiramente mudo a respeito do levante como da execução dos chefes da insurreição. Não me foi possível encontrar o processo destes criminosos nem no Arquivo Público, nem no cartório do Júri.

Essa revolta repercutiu também entre os malês de Alagoas. A propósito, Abelardo Duarte (1958, p. 46-47) escreveu:

> O Ouvidor da Comarca das Alagoas, Antônio Batalha, disse, em ofício datado de 4 de agosto de 1815, que "no dia 12 de julho próximo passado, se me participara, que nesta Comarca, os escravos negros seduzidos por alguns que se escaparam da sedição da Cidade da Bahia, se pretendiam sublevar na noite do dia de Natal próximo futuro". E noutro ofício do mesmo ano, adiantou que no referido levante "principalmente entravam escravos da nação ussá (Hauçá), sendo o resto da escravatura simplesmente sabedora". Não resta, pois, dúvida sobre a participação dos Hauçás nesse esboçado levante. Apenas se equivoca o Ouvidor no juízo de os emissários dos negros da Bahia serem apenas fugitivos, quando em verdade eles agiam de comum acordo com os seus companheiros da área baiana e o faziam seguindo um plano perfeitamente traçado, que alguma delação tornou conhecido das autoridades.

Sobre a insurreição de 1816 sabemos apenas de um artigo do já citado Caldas Brito, publicado na edição do *Jornal do Comércio* da Bahia de 15 de maio de 1903. Sobre as seguintes – Afrânio Peixoto (1980, p. 158) cita rebeliões malogradas em 1821 e 1822 – a documentação é mais farta.

Em 1826, 1827, 1828 e 1830 tiveram lugar na Bahia mais quatro levantes negros. Essas insurreições tiveram importância maior por disseminarem a ideia abolicionista entre os escravos dos engenhos na periferia de Salvador e no Recôncavo. Continuavam os revoltosos angariando adeptos para uma grande luta armada que tinha como objetivo o término da exploração do braço negro.

A revolta de 1826 aconteceu no Cabula, onde mais de 50 rebeldes repeliram asperamente as investidas oficiais. Após obterem consideráveis reforços, as tropas repressoras cercaram o local, denominado Baixa do Urubu, onde havia um quilombo e uma casa de orações, e efetuaram diversas prisões. Caía por terra mais uma tentativa de luta em busca da liberdade. A grande batalha frustrada estava prevista para a véspera do Natal.

Iniciado a 22 de abril no engenho Vitória, próximo a Cachoeira, no Recôncavo Baiano, o levante de 1827 teve dois dias de lutas, ao final das quais os negros foram derrotados.

Sobre o dia seguinte, vejam-se estas linhas de Damasceno Vieira em suas *Memórias históricas brazileiras* (1903, p. 242-243):

> Um levantamento de escravos apareceu na Bahia em Março de 1928. Na madrugada do dia 8 grande multidão de africanos abandonaram [*sic*] os engenhos em que serviam e foram reunir-se em Pirajá, dispostos a reagir contra a opressão semi-bárbara de seu cativeiro.
>
> Logo que o presidente da província José Egydio Gordillo de Barbuda, visconde de Camamu, teve conhecimento desta rebelião, antes que os pretos, por vingança, praticassem correrias e atentados, fez aprontar um corpo de policia e um batalhão de milicianos, visto que as tropas de linha haviam marchado para as guerras no Rio Grande do Sul e na Cisplatina, e expediu aquelas forças contra os negros sublevados.
>
> Deu-se o encontro nas imediações de Pirajá: mais de 600 pretos foram mortos a tiro e a espada; 350 presos, acorrentados e conduzidos à capital, calculando-se em 200 os que conseguiram escapar à perseguição, internando-se nas matas.

Segundo o mesmo Damasceno Vieira (1903, p. 281), a 28 de fevereiro de 1830, o mencionado Visconde de Camamu era assassinado com um tiro de bacamarte por um cavaleiro desconhecido e misterioso que fugiu, ficando o crime sem solução. E nesse mesmo ano, a 1º de abril, outra comoção sacudia a capital baiana: cerca de 20 negros invadiam uma loja de ferragens, roubavam diversas armas e seguiam assaltando outros estabelecimentos do gênero, armando-se, arrebanhando multidões de adeptos e ferindo quem se lhes opusesse até que as forças imperiais os dispersassem. Ao respectivo processo criminal, amuletos e documentos escritos em caracteres árabes eram anexados.

De 24 para 25 de janeiro de 1835, quando, no dizer de Afrânio Peixoto, "meia Bahia" se encontrava em Itapagipe, entregue à festa do Bonfim, irrompeu a mais séria de todas as revoltas negras ocorridas na Bahia no princípio do século XIX. Um resumo dela, das conspirações ao desenlace, poderia ser feito assim: durante um longo período de arregimentação e aliciamento, e também de avaliação dos movimentos anteriores, os planos iam sendo transmitidos oralmente, em segredo, e aí as fileiras engrossavam. Nesse período, segundo Clóvis Moura (1981, p. 71), os conspiradores se reuniam em vários pontos da "cidade da Bahia", inclusive num clube do Corredor da Vitória, nos fundos da casa de um inglês chamado Abraham, na casa de Pacífico Licutan, no porão de Manuel Calafate e na loja de Elesbão Dandará. Além desses, outros articuladores dessas reuniões – das quais participavam também negros de Santo Amaro, Itaparica e outras partes do Recôncavo – eram os nagôs Diogo, Ramil, James, Tomás e Comélio, que, chefiados pelo *capitão* Sule, entre outras coisas, ensinavam aos correligionários escrever em caracteres árabes. Outros participantes destacados do movimento teriam sido Luís Sanin, da nação Tapa (Nupê),[34] Ivá, Mamolim e Ojô, e Sanin, assim como Elesbão Dandará, era alufá, marabu, ou seja, um chefe religioso.

O plano da revolta era basicamente este: um grupo de revoltosos sairia do clube do Corredor da Vitória, na atual avenida Sete de Setembro, perto do Campo Grande, em direção à Ribeira; lá, na localidade conhecida como Cabrito, o grupo se uniria ao pessoal dos engenhos e quilombos da Mata Escura, do Cabula etc. Mas os sediciosos foram delatados por "um pardo marceneiro", como escreveu Afrânio Peixoto (1980, p. 158), ou por uma certa Guilhermina, como diz a voz geral. Levando os planos da revolta ao conhecimento de um juiz de paz, Guilhermina teria feito os insurretos se anteciparem, precipitando o momento da luta armada.

Os primeiros tiros foram dados no porão onde morava Manuel Calafate, na Ladeira da Praça. A partir daí, travaram-se sangrentos combates, nos quais se teriam destacado, entre outros, Agostinho, Ambrósio, Comélio, Engrácia, Gaspar, Higino, José Saraiva, Luís e Luísa

---

[34] Os nupês ou *tapas* (como são chamados pelos falantes do iorubá, seus tradicionais inimigos) habitam os vales do Médio Níger e do Kaduna, na Nigéria. A partir do final do século XVIII começam a ser islamizados. E na metade do século XIX têm já um rei muçulmano: Malam Dendo (*African Encyclopedia*, verbete "*Nupe*").

Marrim (*Mahi*),[35] tida como mãe do poeta e abolicionista Luís Gama. "Foram atacados" – diz Afrânio Peixoto (1980, p. 158) – "simultaneamente os quartéis ou guardas dos Permanentes Policiais, do Largo do Teatro, do Colégio, da Mouraria, o Forte de São Pedro, o Quartel de Cavalaria d'Água de Meninos, entretanto repelidos."

Sobre esses acontecimentos, vejamos o importante depoimento do já citado Caldas Brito (*apud* VARGENS; LOPES, 1982, p. 62-63)[36]:

> Sendo prevenido o presidente da província, Francisco de Souza Martins, de que ia rebentar uma revolução de negros, preparada para aquela noite ao amanhecer, oficiou logo ao Chefe de polícia Francisco Gonçalves Martins para que tomasse todas as medidas que coibissem semelhante levantamento. Este, depois de providenciar para que ficassem os postos da cidade em vigilância, dirigiu-se ao Bonfim, onde havia festa e muita gente reunida, que convinha defender e livrar de qualquer ataque por parte dos insurgidos.
>
> Recomendou também o presidente ao Juiz de Paz do primeiro distrito e ao Comandante de Polícia que fizesse vigiar o largo de Guadalupe, onde supunha haver um casebre dos tais negros que pretendiam atacar a cidade.
>
> Realmente, à uma hora da noite, pouco mais ou menos, o Juiz de Paz, acompanhado de paisanos e do Alferes Lázaro Vieira do Amaral, desconfiaram de certo rumor que saía de uma casa onde à janela estava uma mulher de cor preta.
>
> Intimada esta a que abrisse a porta, negou-se a isto com evasiva e disfarces, completando assim as suspeitas que tinham nascido no ânimo dos rondantes.
>
> Obrigada a que abrisse a porta em nome da lei, romperam então muitos tiros em descarga cerrada, e uma multidão de negros com carapuças brancas e saiotes da mesma cor, por cima das calças, armados de pistolas, espadas e espingardas atacaram a ronda de permanentes e cutilaram o Alferes Lázaro Vieira do Amaral, fazendo os outros fugirem sem demora.

---

[35] Os mahi (*Maxi*), no Brasil "marrim", constituem um subgrupo do povo *Fon* (Jeje), da região de Savalu, no atual Benin.

[36] Ao longo desta citação, a ortografia foi atualizada.

Dividiram-se em dois grupos, um dirigiu-se à praça de Palácio, onde atacando a guarda, cutilou um soldado que fazia sentinela à cadeia, outro tomou a direção do Colégio, atacou também a guarda, matou um soldado e deixou três crioulos mortos.

Outro grupo mais compacto atacou o quartel de permanentes em S. Bento e a guarda, que, depois de trocados muitos tiros, ficou desnorteada, vendo-se obrigada a fechar o portão para livrar-se dos invasores.

Um outro vindo da Vitória investiu sobre o quartel do Forte de S. Pedro, onde travou-se novo combate, ficando no campo um guarda nacional mutilado e muitos negros mortos. O quartel de cavalaria da Água de Meninos também foi atacado.

O Chefe de Polícia, que se achava ali, de volta do Bonfim, auxiliado pelo Capitão Francisco Telles Carvalhal, que comandava alguns soldados de cavalaria, conseguiu opor séria resistência. Então travou-se o mais terrível combate: os negros lançavam-se ao mar, outros fugiam para os matos da encosta da montanha, deixando o campo juncado de cadáveres.

Os que lançaram-se ao mar, procurando por este meio evadir-se, morreram afogados ou foram mortos a tiros por marinheiros de um escaler da fragata "Bahiana", que se achava ali postado por ordem do presidente da província.

Pelas ruas da cidade, negros avulsos cometiam mil desatinos, levando a gravidade do que se tinha passado na cidade.

Ao amanhecer já tinham desaparecido os grupos, fugindo ou ocultando se nos matos vizinhos em suas casas. Nas buscas feitas pela policia acharam-se muitos negros escondidos, uns feridos e alguns ainda ornamentados com insígnias de chefe.

Dominado o movimento, segue-se uma violenta repressão policial que semeia o terror entre a população negra da Bahia. A 14 de maio de 1835, uma lei determina a deportação de todos os africanos livres suspeitos de rebeldia, bem como de todos os escravizados chegados ao Brasil depois da proibição do tráfico (7 de novembro de 1831). Acuados, os malês sobreviventes fundem-se à massa dos negros seguidores da religião tradicional, tendo muitos talvez emigrado para outros centros, como o Rio de Janeiro. Também a 14 de maio, são fuzilados – à falta de um carrasco que os quisesse enforcar – os forros Jorge da Cunha

Barbosa e José Francisco Gonçalves, além dos escravizados Joaquim, Gonçalves e Pedro.

Entre os objetos apreendidos, gorros brancos, rosários, tábuas de escrita e principalmente inúmeros documentos grafados em caracteres árabes que, traduzidos, muito revelavam, como se pode ver no registro de Nina Rodrigues (1977, p. 59-60). Nele, o "preto de nação *Ussá* (Hauçá), de nome Albino, escravo do advogado Luiz da França de Athayde Moscoso, dizia saber 'ler e escrever os caracteres arábicos usados pelos negros insurgidos'". No depoimento, Albino descreve os planos da revolta e dá o significado de cada um dos papéis e tábuas escritos, constantes dos autos.

O historiador João José Reis, na edição revista e ampliada do seu livro *Rebelião escrava no Brasil* (São Paulo, Companhia das Letras, 2003) aprofunda muitos pontos levantados na edição anterior, mencionada em nossa bibliografia. E sempre nos levando a concluir: que os movimentos anteriores tiveram a participação de malês, mas não foram liderados exclusivamente por estes; que a revolta de 1835 pretendia uma Bahia só de africanos, talvez com a escravização dos mulatos (provavelmente nos moldes da escravidão africana); que essa rebelião foi concebida nos termos de uma aliança entre malês e demais africanos; que não foram apenas os malês que saíram às ruas de Salvador na madrugada de 25 de janeiro daquele ano; que, definindo resumidamente o movimento, pode-se dizer que a *conspiração* foi malê e o *levante* foi africano; e que se os malês que convulsionaram a Bahia na primeira metade do século XIX tinham em mente uma *jihad*, uma guerra santa, mas diferente do modelo clássico, pois incluía pessoas de fora da comunidade islâmica.

Note-se que, da análise de uma relação de réus e suspeitos envolvidos no levante de 1835 contida no mencionado livro de João José Reis, constata-se a participação de cerca de 58 indivíduos. Entre eles, os referidos como "nagôs" somam 34; os hauçás, 7; os tapas, 4; os bornus, 2; assim como os nagô-egbá, 2; e os nagô-ijebu, 1. No rol, nota-se também a presença de um cabinda e de alguns outros envolvidos sem informação de origem étnica.

Parece certo, então, que o principal objetivo das revoltas baianas de 1807 a 1835 não era constituir no Brasil um Estado islâmico, como em algum momento se imaginou. O que se queria, ao que parece, era a reversão da correlação de forças na sociedade baiana de então, a favor dos africanos. E os malês acharam-se capazes de liderar essa mudança.

Os malês e a autoafirmação do negro brasileiro

Páginas atrás, falamos da existência, no passado, de uma certa "vaidade muçulmana", um certo prazer do negro africano em se afirmar socialmente através da conversão ao islamismo. E isso se explica não só pela real contribuição do mundo islâmico à civilização universal (contribuição essa reconhecida até mesmo pelos racistas mais empedernidos), como também pela força fantástica de estereótipos como os da "sabedoria milenar" e do "mistério oriental".

Pois bem: para o brasileiro em geral, a saga dos malês foi, por muito tempo, sabida mas nebulosa. Salvo remotas e inconscientes reminiscências, pouco restou da cultura negro-islâmica no Brasil. Mas, sobretudo na década de 1970, quando o ativismo do movimento negro começava a propor a reatamento dos afrodescendentes aos elos de sua ancestralidade, em busca da recuperação de toda uma identidade perdida, a luta dos malês foi tomada como forte referência.

Os nagôs islamizados foram, ao que parece, maioria nessa luta. Mas hauçás, tapas, kanuris, fulânis e outros grupos também contribuíram para a impressão, na história brasileira, dessa página de orgulho e altivez. Por outro lado, episódios como o de Palmares, que estudaremos na segunda parte deste trabalho, tinham sido esvaziados pela historiografia "oficial", pelo que chegaram à década de 1970 ainda despidos de sua real importância, que só então passou a ser resgatada. Da resistência dos hoje reconhecidos como "iorubás" (nagôs), praticantes da religião tradicional, organizando-se em sociedades secretas, inclusive de auxílio mútuo, como as Ogboni, Gueledé e Egungum, muito pouco se sabia. Então restava o espelho malê.

Em Salvador, Bahia, no início da década de 1980, constatava-se que muitas pessoas da comunidade negra mitificavam os malês e asseguravam ter uma ancestralidade "nobre", ligada a eles. E essa mitificação se expressava, no Carnaval, na fundação do bloco afro Malê

Debalê, que saiu às ruas em 1982, homenageando o legendário Império do Mali. Mas havia antecedentes.

Na coletânea de poemas *Cantares ao meu povo*, o pernambucano Solano Trindade (1908-1974), um dos grandes poetas da negritude no Brasil, afirmava: "Sou Negro/meus avós foram queimados pelo Sol da África/minh'alma recebeu o batismo dos tambores/atabaques, gonguês e agogôs/[...]/Mesmo vovó/não foi de brincadeira/na guerra dos Malês/ela se destacou" (TRINDADE, 1981, p. 32).

E, assim como Solano, também ainda com um pouco dessa "vaidade malê", Aniceto de Menezes e Silva Jr. (1912-1993), carioca, compositor de música popular conhecido como "Aniceto do Império", afirmava em sua composição "Raízes da África" (Lp. Copacabana 12.119 MIS 026): "Assumano. Alabá, Abaca, Tio Sani/E Abebé me batizaram na lei de Mussurumi/Como vêem tenho o corpo cruzado e fechado/Carrego exé na língua, não morro envenenado/Viajei semana e meia daqui pro Rio Jordão/Lugar em que fui batizado/com uma vela em cada mão".

E é o mesmo Aniceto (*apud* VARGENS; LOPES, 1982, p. 75) que faz este relato, falando o português rebuscado, que era uma de suas características:

> Assumano eu não conheci,[37] assim como Abaca e Abedé. João Alabá morava na Rua Barão de São Félix. Em sua casa havia uma cadeira de espaldar. Certa vez sobre ela sentei, levado por meu pai, Aniceto de Menezes e Silva. Estava com uma dor de cabeça renitente e João Alabá escreveu uns rabiscos em minha testa sete vezes da direita para a esquerda e após a última vez acabara a dor de cabeça. Tio Sani morava na Rua dos Andradas e morreu em Turiaçu,[38] do lado da Conselheiro Galvão. Foi lá que o conheci. Ele era muito respeitado e trabalhava, assim como os mussurumins, com os astros – o sol, a lua. Alguns deles eram fortes sob a luz do sol e fracos sob a luz da lua e outros, pelo contrário, eram valentes à noite e lerdos durante o dia.

---

[37] Referência a Henrique Assumano Mina do Brasil (*c.* 1880-1933), célebre alufá residente na hoje desaparecida rua Visconde de Itaúna.

[38] Antiga estação ferroviária na região de Madureira, na Zona Norte carioca.

Aniceto não foi exceção entre os antigos sambistas. Segundo o jornalista e escritor Jota Efegê (1980, p. 122), também o consagrado Sinhô (José Barbosa da Silva) frequentava o alufá Henrique *Assumano* Mina do Brasil – a quem levava seus sambas para serem "rezados" e assim obterem sucesso. E o nome "Assumano" parece ser uma forma abrasileirada do *Ussumane* registrado na antiga Guiné Portuguesa (Carreira; Quintino, 1964, p. 211), que, por sua vez, deriva do árabe *Usman* ou *Utmâm*, como o do herói Usman Dan Fodio, citado páginas atrás.

Segundo o mesmo Jota Efegê (1982, p. 177), José Gomes da Costa, o "Zé Espinguela", personagem legendário do samba carioca, era também conhecido como "Pai Alufá".

Mas a presença de reminiscências de um "culto malê" no Rio, ao contrário da Bahia, sempre foi apenas objeto de referências orais. Até que uma nova perspectiva se abriu, com a descoberta, em novembro de 1983, de "misteriosos manuscritos árabes" atrás da parede demolida de uma loja comercial na rua Buenos Aires, no Centro. "Foi na tarde seguinte ao feriado de Finados" – dizia uma reportagem do jornal *O Globo*, na página 7 de sua edição de 30 de novembro – "que os dois operários da Plast Rei, José Pereira e Osias Gomes, descobriram os pergaminhos incrustados na parede da loja. Estavam raspando a tinta quando, de repente, viram um pequeno rolo de barbante. Desenrolaram os fios e encontraram um pacote de pano do tamanho de um retrato 3 x 4. Rasgaram o tecido". Dentro dos pacotes havia dois manuscritos, grafados com tinta vermelha, talvez sangue, em pedaços de pergaminho, e reproduzindo o que pareciam ser caracteres árabes. Solicitado a traduzir os manuscritos, um funcionário do Consulado do Líbano se assustou, dizendo, segundo a reportagem de *O Globo*, tratar-se de "macumba muçulmana".

Chamado também a opinar sobre o achado, o diplomata egípcio Abdel Washab Saleh Chawki foi ainda mais conclusivo. Disse constarem os manuscritos de "símbolos de rituais malignos" com "preces para que um homem abandonasse a esposa" e pragas "para que ele passasse fome e ficasse pobre" se não procedesse assim. Tal conteúdo foi também confirmado pelo professor do Setor de Estudos Árabes da

Faculdade de Letras da Universidade Federal do Rio de Janeiro (UFRJ) João Baptista M. Vargens.

Igualmente convidada a dar sua opinião sobre o achado, Carmem Teixeira da Conceição, a Tia Carmem do Xibuca, negra baiana nascida em 1877, remanescente da "Pequena África"[39] carioca do início do século, íntima do alufá Assumano, manifestou sua familiaridade com aquele tipo de manuscrito, dizendo ser algo muito comum nas práticas religiosas dos malês. Na oportunidade, também entrevistada por *O Globo* (edição de 4 de dezembro de 1983, p. 27), Tia Carmem afirmava: "Eles trabalhavam muito com carneiros em seus sacrifícios e transformavam seus pêlos em tapetes, sobre os quais dormiam. [...] O Culto era dominado pelos astros, notadamente a Lua, que para eles tinha grande significado. Usavam rosários de ossos e tábuas".

Indagada sobre se Henrique Assumano, em seu culto, trabalhava para obter efeitos malignos, Tia Carmem retrucou: "Ele era um homem de bem. Não bebia, e nunca soube que usasse o seu culto para trabalhos maléficos. Mas existiam outros capazes disso. Havia o Abu do Santo Cristo que, dizia-se, tratava dessa parte".

Registre-se que entre os habitantes da "Pequena África" da antiga Praça Onze, no Rio, havia pelo menos um *Abul:* Leopoldino da Costa Jumbeba, marido de Isabel, filha mais velha de Hilária Batista de Almeida, a legendária "Tia Ciata" (MOURA, 1983, p. 95).

A propósito de Tia Ciata – cujo cognome, sob a forma *"Siata"*, é conhecido entre povos islamizados da antiga Guiné Portuguesa como corruptela do nome árabe *Aycha* ou *Aichât* (CARREIRA; QUINTINO, 1964, p. 209) e que tinha entre seus familiares vários com nomes ou cognomes de origem nitidamente islâmica, como Abul e Fatumã –, vale transcrever este trecho de Roberto Moura (1983, p. 86) sobre a presença do Islã negro-africano na "Pequena África" carioca:

---

[39] A expressão "Pequena África", ao que consta, aparece impressa pela primeira vez neste livro de Roberto Moura. Ela vem de uma afirmação do artista Heitor dos Prazeres sob o aspecto da Praça Onze nos carnavais; "Parecia uma África em miniatura". E passou a denominar a base territorial da comunidade baiana na cidade do Rio, estendida da antiga Praça Onze até as proximidades da atual Praça Mauá.

No meio negro carioca, onde a colônia baiana era uma elite a partir de suas organizações religiosas e festeiras, é de grande importância a presença de negros malês ou muçulmanos e hauçás, africanos que migrariam para o Rio de Janeiro fugindo das perseguições que passam a sofrer depois de liderarem as insurreições baianas na primeira metade do século XIX. Ao lado dos nagôs, em maior número, o negro islâmico[40] se organizaria em grupos de culto, que sairiam às ruas celebrando as iniciações nos subúrbios distantes com suas roupas brancas e gorros vermelhos. Suas casas pelas ruas São Diogo, Barão de São Félix, Hospício, Núncio e da América, no coração da Pequena África, revelam a dedicação às coisas do culto, uma nação que vai desaparecendo...

Finalizando, examinemos este outro trecho, em que Moura (1983, p. 87), depois de analisar as informações de João do Rio sobre os "alufás" da terra carioca, e a sincretização de suas práticas com as dos nagôs, reporta-se a Tia Carmem – memória viva da "Pequena África" – para falar de Assumano:

Ainda hoje, D. Carmem se benze quando fala em Assumano Mina do Brasil, "da costa da África", que morava num sobrado da Praça Onze, 191. Trabalhava com os astros e era comum passar dias em jejum. Era conhecido dos baianos ligados ao terreiro de João Alabá,[41] e se freqüentavam. Sua mulher Gracinda, dona do bar Gruta Baiana na rua Visconde do Rio Branco, vivia em casa separada da sua, na antiga rua Júlio do Carmo, já que os preceitos impediam que Assumano tivesse mulher durante a maior parte dos dias.

Mas os vestígios da cultura malê não se resumem a esses poucos e "misteriosos manuscritos" e a essas lembranças quase apagadas na memória dos mais velhos. A esses traços podem se somar, por exemplo, o hábito de portar orações escritas encerradas em breves e escapulários

---

[40] O autor parece supor que os nagôs envolvidos não eram islamizados, o que é discutível.

[41] Importante líder religioso, provavelmente africano e forro, atuante em Salvador entre 1875 e 1897 e falecido no Rio de Janeiro em 1926. Praticava, ao que consta, rituais do culto malê ou muçurumim e gozava de grande prestígio junto à comunidade baiana, inclusive como mentor espiritual da Tia Ciata.

para evitar o mal; o uso de anéis de metal branco (alumínio etc.), que, inclusive, eram um distintivo dos revoltosos de 1835; certas crenças ligadas à água ("água não se nega a ninguém") e ao vento ("cuidado que pode *dar um vento*"...); o turbante e as chinelas de ponta virada do traje de "baiana de beca"; talvez outras manifestações da iconografia popular em que a Lua crescente aparece com frequência; talvez alguns rituais do chamado "candomblé"; o "arroz de hauçá" da culinária baiana; as expressões "fula" e "mandinga" etc.

São de suma importância, então, novas contribuições para o estudo do Islã negro-africano e da história do negro no Brasil. O islamismo até aqui chegado foi inquestionavelmente um importante fator de aglutinação na luta pela abolição da escravatura e continua sendo, na memória dos afrodescendentes, um grande motivo de orgulho e autoafirmação. Mas não é o único – o que procuraremos mostrar na segunda parte deste trabalho.

OS BANTOS

A ingratidão e a perfídia, essas torpes faculdades
tão comuns nas inteligências rudimentares,
formam o traço característico do Negro.

(CAPELLO; IVENS, [s.d.], I, p. 84)

Houve um tempo em que os brancos eram peixes que viviam
dentro d'água. Um dia um negro foi pescar e pescou um peixe que,
ao sair da água, se transformou em homem branco. Ele foi criado
e educado pelo negro, com quem aprendeu muita coisa. Mas
quando se sentiu senhor de todos os conhecimentos e ofícios que
o negro lhe havia ensinado, tomou o poder e desde então nunca
mais deixou de maltratar seu benfeitor.

Mito dos Macondes de Moçambique
(CORRÊA; HOMEM, 1977, p. 119)

Os "ancestrais esquecidos"

A denominação "Banto" designa o grande conjunto de povos agrupados por afinidades linguísticas e culturais, localizados nos atuais territórios da África Central, Centro-Ocidental, Austral e parte da África Oriental.

Segundo algumas fontes, até meados do século XVIII a maior parte dos territórios ocupados por falantes de línguas do grupo Banto teria sido menos afetada que a África Ocidental pela crescente onda do comércio intercontinental, que transformava radicalmente o continente africano, desde a chegada dos portugueses, três séculos antes. E a partir do incremento do tráfico de escravos para o Brasil e demais países das Américas, quase metade dos africanos que cruzaram o Atlântico eram bantos da África Central, e, para o Brasil, os que vieram da porção Centro-Ocidental do continente africano constituíram a maioria. Por isso, segundo o historiador e antropólogo belga Jan Vansina (2010, p. 7), poderiam ser referidos como os "ancestrais esquecidos".

Na África do Sul, o termo "*Bantu*" é usado para designar todas as populações negras, sem distinção de etnias, exceto os povos *Coissã*, outrora designados "bosquímanos" e "hotentotes".

Equívocos e preconceitos

A negação da importância cultural do segmento banto na formação do povo brasileiro, como vimos na nota introdutória desta obra, repercutiu no inconsciente nacional, principalmente porque as ideias sobre essa suposta inferioridade foram formuladas, a partir do século XIX, por escritores de grande prestígio. Foi o caso de Sílvio Romero, que, em sua *História da literatura brasileira* (1953, t. I, p. 132), afirmava: "Resta-me falar dos povos negros que entraram em nossa formação. Eram quase todos do grupo *bantu*. São gentes ainda no período do fetichismo, brutais, submissas e robustas, as mais próprias para os árduos trabalhos de nossa lavoura rudimentar".

Alguns anos depois, o maranhense Nina Rodrigues, em *Os africanos no Brasil* (1977, p. 20), fazia coro ao festejado sergipano:

No entanto, por mais avultada que tivesse sido a importação de negros da África Austral, do vasto grupo étnico dos negros de língua *tu* ou banto – e o seu número foi colossal –, a verdade é que nenhuma vantagem numérica conseguiu levar à dos negros sudaneses, aos quais, além disso, cabe inconteste a primazia em todos os feitos em que, da parte do negro, houve na nossa história uma afirmação da sua ação ou dos seus sentimentos de raça.

Da mesma forma, Afrânio Peixoto conceituava, no seu *Breviário da Bahia* (1980, p. 281): "A preferência de todo o Brasil, exceto a Bahia, por Angola, é que embora mais feios, menos cultos, eram mais dóceis e obedientes ao trabalho. 'Muito afeiçoáveis ao cativeiro, ótimos criados, mas muito estúpidos', diz Taunay".

E Oliveira Vianna, no livro *Raça* e *assimilação* (1959), depois de afirmar que "os negros puros, vivendo nas florestas do Congo ou da Angola, nunca criaram civilização alguma" (p. 202), falava, citando um certo Keane, de um "triunfo dos Bantus" sobre as "populações de puro-sangue negro" – pigmeus, bosquímanos e hotentotes, talvez; da "assinalada superioridade intelectual do negróide [*sic*] Bantu sobre o elemento negro puro" (p. 204), afirmando que os bantos constituíam "uma raça mestiça".

A inferiorização dos bantos, em relação aos povos da África Ocidental, apregoada que foi pelos eruditos do racismo científico, ecoou fundo na alma popular. Assim, até mesmo negros, em geral já nascidos no Brasil, durante e após o período escravista alardeavam o fato, como podemos ler nestas falas, colocadas em 1904 pelo jornalista e escritor Paulo Barreto, o João do Rio (1951, p. 13-14, 27), na boca de um suposto entrevistado, o negro Antônio, "que estudou em Lagos":

> – O eubá [iorubá] para os africanos é como o inglês para os povos civilizados.[42] Quem fala o *eubá* pode atravessar a África e viver entre os pretos do Rio, Só os *cambindas* ignoram o *eubá*, mas esses ignoram até a própria língua, que é muito difícil. Quando os *cambindas* falam, misturam todas as línguas... [...]

---

[42] Kabinda, subgrupo dos congos ou bacongos.

– Por negro *cambinda* é que se compreende que africano foi escravo de branco. Cambinda é burro e sem-vergonha!

Em 1922 o estereótipo ainda persistia, como se pode ler nestas linhas de *Fatos da vida do Brasil*, do escritor Braz do Amaral (1941, p. 126):

> Os angolas [ambundos, jingas, luandas] eram insolentes, loquazes, imaginosos e indolentes, sem persistência para o trabalho, férteis em recursos e manhas, mas sem sinceridade nas coisas, muito fáceis de conduzir pelo temor dos castigos, e ainda mais pela alegria duma festa, mas também voltaram as costas ao receio, desde que não estivesse iminente; pouco cuidadosos da responsabilidade do que se lhes confiava, entusiasmando-se por qualquer assunto e dele chacoteando pouco depois, mostravam ter grande predileção pelo que é reluzente e ornamental, como todos os povos de imaginação viva e ligeira.

Na sequência dos estudos sobre o negro no Brasil, talvez o primeiro escritor a notar a importância dos bantos para a cultura brasileira tenha sido Artur Ramos, que, no dizer de Edison Carneiro (1981, p. 128), foi "o grande reabilitador da escola baiana de Nina Rodrigues". Entretanto, mesmo depois de Ramos, vemos Manuel Diegues Jr., no livro *Etnias e culturas no Brasil* (1975, p. 113), insistir no velho ponto de vista: "Já os bantos, *embora de expressão cultural inferior*, deixaram vários traços característicos de sua influência..." (o grifo é nosso).

Origens e localização

Assim como dividiam esquematicamente os negros africanos em "bantos e sudaneses", os antigos manuais de história do Brasil tinham por norma, também, ensinar ou insinuar que o nome "Banto" designava uma "raça" da África Austral, estigmatizando esse segmento como "inferior".

Na atualidade, o termo "raça", por sua impropriedade, deu lugar ao vocábulo "etnia" (ou à expressão "grupo étnico") para designar a coletividade de indivíduos humanos com características biológicas semelhantes e que compartilham a mesma cultura e a mesma língua.

Assim, os bantos constituem muito mais do que uma etnia ou grupo étnico, devendo, isso sim, ser vistos como um grande conjunto de povos falantes de línguas que têm uma origem comum, como os povos latinos, anglo-saxões, célticos etc.

O nome genérico *Banto* foi dado pelo linguista alemão Wilhelm H. Bleek na década de 1860 a um grupo de cerca de 2 mil línguas africanas que estudou (BALANDIER, 1968, p. 64). Analisando essas línguas, Bleek chegou à conclusão de que a palavra "*muNTU*" existia em quase todas elas, com pequenas variações, significando a mesma coisa (gente, indivíduo, pessoa). A partir daí, o cientista descobriu que, nessas línguas, as palavras são agrupadas por classes ou categorias; e essas distinções são expressas pelo uso de prefixos. Como exemplo, partindo do radical "*ntu*", pessoa, formaremos outras palavras: "*MUntu*", pessoas (esse prefixo, de acordo com a língua, pode também apresentar as variantes *Um, Am, Mo, M, Ki, Tchi, N, Ka* etc.). A enunciação do grupo étnico a que o indivíduo banto pertence é feita pelo acréscimo dos prefixos *Ba, Wa, Ua, Ova, A, Va, Ama, I, Ki, Tchi, Exi, Baxi, Bena, Akua* etc.); a do território que ele ocupa ou de onde é originário, pelos prefixos *Bu, U, Le* etc.; e a língua que ele fala, por prefixos como *Ki, Tchi, Chi, Shi, Si, Se, U, A, Li, Di, Lu* etc. Dessa forma, um indivíduo *Nkongo* (congo), por exemplo, pertence ao povo *Bakongo* (Congo) e fala o idioma *Kikongo* (Quicongo).

O tempo infinitivo dos verbos também é indicado por prefixos, como *Ku* e *Oku*, por exemplo: *KUfa*, morrer (quimbundo); *OKUenda*, morrer (umbundo); *KUvala*, nascer (quimbundo) etc. Posteriormente, outros estudos concluiriam que nas línguas bantas, a conjugação dos verbos também se fazia pelo uso de prefixos, além de outras particularidades. Observemos, ainda, que algumas línguas do grupo banto são mencionadas, por estrangeiros e talvez por comodidade, apenas pelo radical, sem o prefixo. Assim: Zulu em vez de *ISIzulu*; Suaíli no lugar de *Kiswahili* etc.

Outras características das línguas bantas são as seguintes: nelas, todos os vocábulos terminal com uma vogal; substantivos, adjetivos e verbos em geral decompõem-se em prefixo, radical e sufixo; na ordenação das palavras, o sujeito vem antes do verbo e o complemento vem após o substantivo; e o verbo vem antes do objeto direto etc., tal qual na língua portuguesa (GRANDE..., 1970, p. 736).

De posse, então, dessas informações, vemos que *Banto* é uma designação apenas linguística. Entretanto, a denominação se estendeu, e hoje, sob a designação "bantos", abrange quase todos os povos ou grupos étnicos negro-africanos do centro, do sul e do leste do continente identificados por uso de línguas aparentadas e modos de vida determinados por atividades afins.

Os especialistas classificaram as línguas bantas de diversas formas. Mais recentemente, entretanto, Obenga (1985, p. 22), com base em M. A. Bryan e George P. Murdock, estabeleceu uma classificação das línguas dos grupos e subgrupos bantos, através da qual poderemos chegar àqueles comprovada ou presumivelmente traficados para o Brasil, como os seguintes:

Bantos do Noroeste
1. Bubi (Bube), Tanga, Banoo (Noko), Poko (Puku), Yasa, Kombe (Kumbe), Benga
2. Duala, Mboko (Bamboko), Bobea (Wovea), Kpe (Mokpe, Kwili), Su (Isuwu), Kole, Bodiman, Oli (Wuri), Pongo, Mungo, Limba
3. Basa, Koko, Lombi, Bangkon (Bankon, Abo), Mbene (Yabasi, Mbang, Dibum, Ndogpenda, Nyamtam, Dibeng, Ndokama, Ndogbele, Bakem), Banen (Ndogbiakat, Ndogtuna, Ndogbang, Ndogbanol, Logananga, Eling, ltundu), Bonek, Mandi, Yambeta, Nyokon
4. Mbo, Balong, Bonkeng, Bafo, Balongo, Babong, Baneka, Kaa (Bakaka), Mwahet (Manehas), Muamenam, Koose (Kossi), Swase (Swose, Sossi), Long (Elong), Nenu (Ninong)
5. Lundu, Ngoro (Ngolo), Kundu, Batanga, Bima, Ekumbe (Kombe), Mbonge, Barue (Lue, Balue)
6. Duma, Tsaangi, Nzebi (Bandzabi), Mbete, Mbamba (Kota), Ndumu (Ndumbo)
7. Lumbu, Sira (Shira), Sangu (Shango), Punu, Bwisi, Yaka
8. Myene, Mpongwe, Rongo (Orungu), Galwa (Galoa), Adyumba (Jumba), Nkomi, Enenga (Ininga)
9. Tsogo (Shogo), Kande (Okande, Kanda)

10. Teke, Tio (Bali), Lali, Fumu (Ifumu), Tende, Boon (Boma), Mfinu (Fununga), Kukwa (Koukouya), Njinju (Ndzindzihu, Ndizkou), Wumu, Ntere, Nunu, Tegue (Tege), Tsayi

Bantos do Equador

1. Ngala, Boloki, Ngiri, Loi (Baloi), Bangi (Bobangi, Boubangui), Poto, Mbudza, Buja, Ngombe (Benge, Mbati, Binza, Bwa ou Babwa, Kango, Yewu), Mbati ou Isongo (República Centro-Africana, região de Lobaye)
2. Pande, Ngondi (Ngundi), Bogongo, Mbomotaba, Bongili, Ndanda, Lobala, Bomboli
3. Mbosi (Mbochi), Olee, Ngae, Tsambitso, Mbondzi (Boundji), Obaa ou Ngolo, Eboyi, Koyo, Ngare, Mboko, Akua (Makoua), Kuba (Likuba), Kwala (Likwala)
4. Maka, Mvumbo (Ngumba), So, Ndzem (Dzimu, Zimu), Esel, Badjue, Konambem (Konabembe), Bekwil (Bakwele, Kwele), Mbimu, Medjime (Medzime), Bangantu, Mpomo (Bombo), Bidjuki, Mpiemo, Biakumbo, Bikum, Kpabili, Bethen, Azom (Besom), Kwakum, Kaka, Pol, Kako, Pomo, Bomwali (Bumali), Lino
5. Fang, Eton, Ewondo (Yaunde), Mvele ou Yezum (Avek, Lepek, Mengang, Yasem, Yangagfek), Bakja, Bebele, Gbigbil (Bobili), Eki (Mvang), Bulu, Bene (Bane), Ntum, Make
6. Lega (Rega), Nyanga, Kanu, Bembe, Tumbwe, Songola, Dinja, Gengele, Bangubangu, Buyu, Zimba, Holoholo, Kalanga, Genya (Eya), Lengola, Mituku, Zyoba, Vira, Masanze
7. Bira, Bila, Kumu (Komo), Bili (Oeri, Pere), Bugombe, Amba, Hyanzi, Suwa
8. Kele (Lokele), Mbesa, Lombo (Olombo), So (Soko, Eso), Poke (Topoke)

Bantos Mongo – Nkundo – Tetela

1. Mogo (Lomongo), Nkundo (Lonkundu, Lolo), Wangata, Mpama, Panga, Titu, Buli ou Oli, Bukala, Yailima ou Yajima, Ekonda, Bakutu, Bolongo
2. Ngando (Ngandu).

3. Lalia
4. Mbole, Kembo, Yamba, Yaisu, Foma ou Fuma, loja, Nkembe
5. Ntomba, Nkole, Imoma, Mpongo
6. Bolia, Boloki, Sakani
7. Omobo (Rombo)
8. Djia
9. Sakata
10. Tetela (Sungu), Kusu, Nkutu (Nkutshu), Vela (Boyela), Kela (Lemba), Hamba, Ngongo, Kongola-Meno, Kalo, Elembe, Saka, Mbuli

Bantos do centro

Grupo Kongo
1. Kongo de Mazinga-Mukimbuku (dialeto central, segundo Laman)
2. Mboma
3. Sundi
4. Ndibu
5. Solongo
6. Mpangu
7. Mbamba
8. Mpese
9. Ntandu
10. Lula
11. Mbata
12. Zombo
13. Soso
14. Nkanu
15. Mbeko
16. Vili (Fiote, Loango)
17. Mboka
18. Ndingi
19. Ngoyo (Woyo)
20. Yombe
21. Kunyi (influenciados pelos teke)
22. Bembe (Beembe)

23. Bwende
24. Yaka
25. Gangala (Hangala)
26. Dondo (Doondo)
27. Kamba (Kaamba)
28. Lari

Grupo Kimbundu
1. Kimbundu (Mbundu)
2. Ngola, Ndongo, Mbaka, Njinga, Mbangala, Ndembu
3. Sarna (Kisama)
4. Bolo (Libolo)
5. Holo (Holu), Tembo, Shinji

Grupo Kwango
1. Kwese
2. Luwa, Nzofo, Sonde
3. Mbala, Huana, Humbu
4. Ngongo, Songo
5. Pende
6. Suku, Samba, Yaka, Lula

Grupo Kasai
1. Kuba, Mbala, Nkutshu, Luku, Mbengi, Ndengese
2. Lele
3. Wongo
4. Yans (Yanzi), Dzing, Mbuum, Yeei (Yey)

Grupo Chokwe-Lunda
1. Chokwe (Cokwe, Tshiok), Nungo (Minungu), Ruund (Lunda)
2. Luimbi (Lwimbi, Luimbe), Mbwela, Ngangwela, Lucazi (Luchazi)
3. Lwena (Lovale, Lubale, Luvale)
4. Mbunda
5. Nyengo
6. Lunda, Ndembo (Ndembu)
7. Songo

Grupo Bemba
1. Tabwa (Rungu), Shila (Bwile, Bile, Bwila)
2. Bemba (Wemba), Ngoma, Lomotua (Lomotwa), Nwesi, Lembue (Mambwe), Lungu
3. Bisa (Wisa)
4. Lala, Ambo
5. Lamba, Seba (Sewa), Wulima, Luano
6. Aushi (Ushi, Usi)

Grupo Maravi (Marave, Malawi)
1. Nsenga, Kunda, Nyungwe, Sena, Tonga, Rue, Podzo
2. Maravi (Marave, Malawi), Nyanja, Nyasa, Manganja, Cewa (Chewa, Sheva), Nsenga
3. Tumbuka, Kamanga (Henga), Sisya, Kandawire, Fulilwa, Nthali, Hewe, Phoka, Yombe, Wenya, Fungwe, Nyika, Tambo, Lambia.

Grupo Yao-Makwa
1. Yao (Ayo, Wajao)
2. Mwera (Mwela)
3. Makonde (Chinimakonde)
4. Ndonde (Kimakwanda)
5. Mabiha (Mavia, Maviha, Mawia)
6. Makua (Makoa, Makwa), Medo, Lomwe (Lolo, Nguru, Cilowe)
7. Ngulu (Nguru, Mihavane, Mihavani)
8. Cuabo (Chuabo, Chwabo, Cuambo, Lolo)

Bantos da costa nordeste

Grupo Shambaa-Zigula
1. Shambaa (Shambala, Sambaa, Sambara), Bondei, Athu (Asu, Chasu, Pare), Tubeta (Taveta)
2. Zigula (Zigua), Zaramo, Doe (Dohe), Ngulu (Ruguru), Kami, Kutu, Vidunda, Sagala (Itumba, Kondoa, Ziraha, Kwenyi, Nkwifiy, Nkunda)

Grupo Nyika-Taita

1 Nyika (Nika)
2. Giryama
3 Kauma
4. Conyi (Chonyi)
5. Duruma
6. Rabai
7. Jibana
8. Kambe
9. Ribe
10. Taita (Teita), Digo, Pokomo

Grupo Suaíli (Swahili)

1. Unguja (Zanzibar)
2. Mrima (dialeto da costa Mrima, utilizado de Vanga até próximo a Kilwa)
3. Mgao (língua da costa Mgao, de Kilwa e para mais além, em direção ao sul)
4. Hadimu e Tumbatu (ilha de Zanzibar, fora da cidade)
5. Pemba (dialeto da ilha de Pemba)
6. Mvita (dialeto de Mombaça: de Malandi ao norte de Mombaça a Gasi, mais ao sul)
7. Vumba (dialeto de Vanga e da ilha de Wasini). É um subdialeto do Kimwita.
8. Amu (dialeto da cidade de Amu ou Lamu, na ilha do mesmo nome)
9. Pate (dialeto de Pate, na ilha de Patta)
10. Shela (dialeto de Shela, ao sul de Lamu)
11. Siu (dialeto de Siu, entre Pate e Faza)
12. Tikuu (falar de Rasini e do norte de Lamu)
13. Banadir (dialeto da costa de Banadir)
14. Ngazija (língua de Comores, muito semelhante ao Bajuni)
15. Ngovi ou Ngozi (o mais antigo falar suaíli da costa)

Bantos das Terras Altas do Quênia

1. Kikuyu (Gikuyu)
2. Kamba

3. Meru (Mero)
4. Tharaka
5. Dhaiso
6. Sonjo
7. Chagga (Chaga), Moci (Moshi), Shira, Rwo
8. Kahe
9. Gweno
10. Rusha
11. Taita, Giryama, Pokomo, Shambaa, Pare Gá (mencionados)

Bantos interlacustres

1. Toro (Torro)
2. Nkole (Nkore)
3. Ganda
4. Nyoro
5. Soga
6. Luhya
7. Haya (Ruhaya) e Nyambo (Runyambo)
8. Dizndza (Zinza)
9. Rwanda (Kiga, Lera, Nduga, Ndara, Ganza, Ndorwa, Shobyo, Tshogo)
10. Rundi
11. Jita (Kwaya)
12. Kerebe (Kerwe), Kara
13. Ziba
14. Hororo
15. Gwere
16. Gisu
17. Gusii, Lugoli, Kuria, Sweta, Kiroba, Simbiti, Ngurimi (Ngoreme), Zanaki, Ndali, Sidra, Nata (Ikoma)
18. Nyuli, Samia, Khayo (Hayo), Marachi, Hanga (Wanga), Nyole (Nyore), Taconi (Tadjoni)

Bantos da Tanzânia

Grupo Rift
1. Gogo
2. Nilyamba (Iramba)

3. Rimi (Nyaturu, Turu)
4. Langi (Rangi, Irangi)
5. Mbugwe

Grupo Nyamwezi (centro-oeste)
1. Bende
2. Nyamwezi, Nyanyembe
3. Takama (Garaganza), Mwei (Sumbwa)
4. Konongo
5. Kimbu
6. Sukuma

Grupo Rukwa
1. Fipa, Rungu (Iungu), Mambwe
2. Iwa, Mwanza (Nyamwanga)
3. Lambia (Lambya)
4. Wandia (Wandya)
5. Ndali, Tambo, Malila
6. Pimbwe, Rungwa
7. Safwa, Nyiha (Nyika)

Grupo Rufifi
1. Bena
2. Hehe
3. Matumbi, Ndengereko
4. Mbunga
5. Pogolo (Pogoro)
6. Sango (Sangu, Rori)
7. Ruihi (Rufiji)
8. Kichi

Grupo Nyasa
1. Nyakyusa (Mombe), Kukwe, Selya, Mwamba, Ngonde
2. Kinga
3. Wanji

4. Kisi, Mpoto
5. Matengo

Bantos do Médio Zambeze
1. Ila, Lundwe
2. Lente, Soli
3. Subia (Soubya), Leya
4. Tonga, Toka, We
5. Totela
6. Lozi (Barrotes, Rozi), Luyi (Louyi), Kwandi, Mbowe, Kwangwa
7. Mashi, Makoma, Mishulundu, Ndundulu, Nyengo, Abunda, Shanjo, Simaa, Yei
8. Mpukushu
9. Lukolwe, Mbwela (Mbwera)
10. Mashasha (Bamasasa)
11. Nkoya, Lushange

Bantos do sudoeste
1. Kuanyama (Ovambo)
2. Ndonga (Ambo)
3. Herero (Damara), Mbandieru, Shimba (Himba)
4. Mbundu (Ovimbundu)
5. Ndombe
6. Nyaneka, Humbe, Mwila (Huila)

Bantos Xona (sul do Zimbábue e Moçambique)
1. Korekore, Tavara, Shangwe, Gova, Budya, Tande, Nyongwe, Pfunde
2. Zezuru, Gova, Mbire, Kwavhikwakwa, Tsunga, Harava, Nohwe, Njanja, Zimba, Nobvu
3. Karanga, Govera, Ngova, Duma, Jena, Mhari (Mari), Nyubi
4. Manyika, Hungwe, Unyama, Karombe, Bunji (Tomboji), Nyamuka, Domba, Nyatwe, Gota, Here, Bvumba, Jindwi, Boca, Teve
5. Ndau, Tonga, Garwe, Danda, Shanga
6. Kalanga (Kalana), Rozwi, Nyai, Nambzya, Lilima (Humbe), Peri, Talahundra

Bantos Tonga (Moçambique Meridional)
1. Ronga (Baronga), Konde
2. Tsonga (Tonga), Gwamba, Jonga, HIanganu, Ngwalungu, Bila (Vila)
3. Hiengwe, Makwakwe, Khambana, Tswa, Dzibi, Dzonga
4. Chopi (Tschoopi), Lenge, Tonga

Bantos Nguni (os mais meridionais dos idiomas e falares bantos)
1. Zulu, laIa, Qwabe
2. Ndebele, Laka, Maume, Motetlane, Seleka, Manala
3. Ngoni (Nguni), Gomani, Chiwere, Magwangara, Mombera, Mpezeni
4. Xhosa (Xosa, outrora chamado "Kaffir", cafte), Tembu, Momvana, Mpondo, Mpondomse (Mpondomisi), Gcaleka, Ndlambe, Gaika, Xesibe
5. Swazi (Swati, Tekela), Bhaca, HIubi, Phuthi

Bantos Soto (Sotho)
1. Sotho (Suthu)
2. Tswana, Ngwato, Tawana, Kgatka, Khatla, Kwena, Nguaketse, Hurutshe, Rolong (Barolong), Thlaro, Thlaping, Kgalagadi
3. Pedi, Masemula, Kgaga, Koni, Tsweni, Ganawa, Pulana, Phala-Borwa, Khutswe, Lobedu (Lovedu), Dogwa (Tlokwa)
4. Venda, Phani, Tavhatsindi, Lemba (Baremba)

Segundo Obenga (1985, p. 30), todas essas línguas hoje faladas no centro, no centro-oeste, no leste e no sul do continente africano guardam, entre si, profundas afinidades de ordem genética, já que todas elas derivam de um protobanto, o *Ur-Bantu*, conforme defendido pelo linguista alemão Carl Meinhof.

Na classificação aqui apresentada, o grupo que mais de perto interessa ao nosso trabalho é o dos "Bantos do centro". E isso por causa da profunda influência que línguas desse grupo, como o Quimbundo e o Quicongo, exerceram na formação do português que hoje se fala no Brasil.

Os povos congos ou bacongos (*ba-Kongo*), cuja língua comum é o Quicongo em suas várias formas dialetais, habitam os dois modernos países denominados "Congo", o Enclave de Cabinda e o norte de Angola; e talvez tenham chegado a esses locais vindos da foz do rio Cuango. De lá, teriam tomado vários caminhos, com os sundis indo até o lago Stanley e os vilis (*Vili*), cabindas ou fiotes (*mfioti*), atravessando a embocadura do rio Congo e se estabelecendo ao longo da costa. A maioria dos bacongos, entretanto, instala-se ao sul do Baixo Congo, onde os portugueses vão encontrá-los no final do século XV (DESCHAMPS, 1976, p. 86).

Já os ambundos, cuja língua é o Quimbundo, distribuem-se hoje, em Angola, ao norte do rio Cuanza; e os ovimbundos, cuja língua é o Umbundo, habitam ao sul do mesmo rio. Os ovimbundos têm como divindade suprema Suku; e os ambundos, assim como os congos ou bacongos, têm como deus criador Nzambi (*Nzambi*).

Segundo a *African Encyclopedia* (verbete "*Mbundu*"), tanto ambundos quanto ovimbundos – caçadores, fazendeiros e mercadores – teriam vindo da África Central e Centro-Oriental para seus sítios atuais, seguindo uma rotina na vida dos povos de fala banta, toda ela marcada por uma série quase interminável de migrações, as quais, em movimentos sempre para sul e para leste, só se interromperam nos contatos e conflitos com os bôeres, nos séculos XVII e XVIII (FERKISS, 1967, p. 34). E várias hipóteses procuram explicar sua origem e seus repetidos deslocamentos em busca de terras férteis.

O estabelecimento dos povos bantos em seus territórios na África Austral, a porção mais meridional do continente, deu-se, em sucessivas migrações, ao longo dos séculos, a partir da região dos montes Adamaua, na atual República de Camarões. Chegando ao sul, eles encontraram os povos coissãs (*Khoisan*), habitantes originais, com os quais foram compartilhando bens, costumes, linguagens, cultura enfim.

Como eram detentores de técnicas mais avançadas, os bantos acabaram impondo seu domínio sobre os coissãs, que foram sendo conquistados e absorvidos ou forçados a se mudar para outras terras menos férteis. Acima de tudo, os dominantes impuseram seu sistema de organização social, baseado na família estendida (além do núcleo "pai-mãe-filhos") e nas relações de lealdade e dependência entre os clãs, e centrado na pessoa de um chefe.

A pecuária bovina foi fundamental ao desenvolvimento desses povos, pois o gado, além de lhes garantir alimento, vestes e abrigo, representava também uma forma de capital, essencial no dote da moça que se casava. Com o casamento, a noiva passava a integrar a família do noivo, inclusive indo morar com os novos parentes. E o gado da família do agora marido passava à propriedade da família da mulher com quem se casara, razão pela qual, para um grupo familiar, ter muitas filhas era, pelo menos em perspectiva, um indício de riqueza.

Uma das primeiras civilizações bantas do sul africano foi a do povo de Gokomere, na região do Grande Zimbábue, adiante estudado. A partir do ano 500 EC, esse povo desenvolveu técnicas de mineração de ouro, além de produzir objetos de cerâmica, joias, tecidos, esculturas de pedra-sabão etc. E entre os anos 1000 e 1500, no litoral do oceano Índico, outros contingentes bantos fundaram importantes povoados, da atual Tanzânia até Moçambique (MURPHY, 2014, p. 648-649).

Na costa e nos sertões do leste

As primeiras relações entre os habitantes da África e os árabes se deram, até mesmo por contingências geográficas e muito tempo antes do advento do Islã, na costa oriental do continente africano, como já vimos. Mas essa parte da África já era habitada por povos bantos ou pré-bantos desde cerca de 300 AEC. Vindos do Ocidente, esses povos desenvolveram no novo hábitat suas técnicas de pesca, agricultura e metalurgia. E, embora não tivessem uma unidade étnica e sim afinidades linguísticas, foram agrupados pelos árabes, com quem passaram a comerciar, sob uma única designação: *suaílis* – palavra que literalmente significa "habitantes da costa, do litoral".

Através do contato com os árabes, esses suaílis tornaram-se excelentes comerciantes. Tanto que, no século XII, Quíloa, sua principal cidade, tornava-se o mais importante centro de comércio de riquezas, como ouro, cobre, estanho e ferro – comércio esse que desde o século VIII tinha sido privilégio exclusivo dos árabes de Mogadíscio, na Somália atual. Graças a essa prosperidade, Quíloa criava uma moeda e desenvolvia uma avançada concepção urbanística que compreendia até edifícios de cinco andares, conforme relatos de escritores chineses do século XV.[43] "Segundo fontes portuguesas" – escreve Victor M. Matveiev (1979, p. 67-69) – "as ruas de Kilwa eram estreitas, ladeadas de casas de adobe cobertas com folhas de palmeiras. Os edifícios da cidade tinham portas de madeira e talvez outros detalhes do mesmo material, enfeitados com ricos entalhes. Trabalhos desse tipo foram encontrados em vários pontos do litoral, especialmente Begamoyo e Zanzibar".

"O aspecto das cidades" – prossegue Matveiev – "impressionou vivamente os portugueses, assim como a riqueza dos habitantes e a elegância de seu vestuário, de seda ou algodão, com muitos bordados a ouro. As mulheres usavam braceletes e correntes de ouro e prata nos pulsos e tornozelos, e de suas orelhas pendiam pedras preciosas".

"O mobiliário das casas" – é ainda Matveiev quem descreve – "era formado por almofadas e esteiras, às vezes tamboretes e camas suntuosas com incrustações de marfim, nacar, prata e ouro. Nas habitações dos ricos havia louça importada, porcelana do Irã, do Iraque e da China, e também do Egito e da Síria".

Mas de onde vinham o ouro e as outras riquezas que permitiam tanta suntuosidade e sem as quais não se faria a glória de Quíloa e outras cidades da costa oriental africana?

Na margem direita do rio Limpopo, no território da atual África do Sul, veem-se ainda hoje as misteriosas ruínas de Mapungubuê, que remontam ao século IX. Um pouco mais ao norte veem-se os restos das cidades de pedra de Inianga, que, segundo Deschamps (1976, p. 107), seriam restos de uma civilização banta que até muito tempo depois ainda mantinha contato permanente com o litoral. Da mesma forma, no território da atual República do Zimbábue, próximo à fronteira de Moçambique, existe ainda hoje um conjunto gigantesco de ruínas

---

[43] Segundo Basil Davidson (1981, p. 99), em 1414, embaixadores suaílis viajavam até Pequim, onde entregavam de presente ao soberano chinês uma girafa, conforme atesta uma gravura chinesa da época. Sabe-se ainda que já em 628, durante a Dinastia Tang, emissários da África Negra chegavam à China (ver CORREIO DA UNESCO, 1984, p. 11).

em pedra que se estende por cerca de 30 hectares. Testemunho de uma civilização grandiosa, essas ruínas são o que restou de templos, habitações e fortalezas edificadas a partir do século IX por bantos do povo Xona.

Os xonas são um conjunto de povos bantos localizados ao sul do rio Zambeze, nos atuais territórios de Zimbábue e Moçambique, mencionados em Fagan (1970, p. 124) como "Carangas ou Xonas". Integram uma grande comunidade étnico-linguística que compreende, entre diversos outros, os povos falantes das línguas Karanga e Kalanga ou Kalana.

Os primeiros povoadores xonas, provenientes de terras a norte do curso do rio Zambeze, aparecem no planalto do Zimbábue em meados do século X. Entre os anos 940 e 1200, estabelecem quatro principais centros de produção: no sítio conhecido como Leopard's Kopje (Montanha do Leopardo), a sudeste; em Muzengezi, a norte-nordeste; no Gumanye, a sudeste; e em Harare, no nordeste.

Dedicando-se ao pastoreio de forma cada vez mais exclusiva, essas comunidades vão, pouco a pouco, tendo de estabelecer relações comerciais com povos das regiões situadas a leste; primeiramente para adquirir sal e, depois, tecidos e pérolas trazidos da Ásia até o litoral índico. Os antigos xonas adquiriam esses itens oferecendo em troca ouro e marfim extraídos de suas terras, que eram transportados até a costa por caravanas de mercadores.

Sua atividade pastoril envolvia principalmente gado caprino, em escala cada vez maior, menos para o seu próprio consumo do que como moeda de suas trocas com os grupos planaltinos cultivadores de cereais. Nisso foi que se baseou o crescimento das primeiras organizações políticas dos xonas.

De início, tribos e clãs percorriam o planalto de maneira desordenada. Depois, a exploração das minas, ativada pelo comércio, obrigou-os a se fixar próximo às jazidas e a construir aldeias. Formaram-se, assim, domínios senhoriais, os mais poderosos fazendo crescer sua ascendência sobre outros pela compra de rebanhos ou pela descoberta de melhores jazidas de ouro. Um deles iria ganhar dimensões muito maiores que as dos precedentes e se organizar de modo mais rigoroso.

No século XV, esse reino, surgido bem antes, daria origem, efetivamente, a um Estado constituído sob a liderança de Mutota, um comandante xona do grupo Karanga. Ao longo do século, esse líder, auxiliado pelo filho Mutope, ampliou seus domínios até parte do atual território de Moçambique, chegando ao litoral do oceano Índico.

Ao longo dessa saga, Mutota passa a ser conhecido como o *mwene mutapa*, expressão traduzida de diversas formas e que, transliterada em português como "monomotapa", estendeu-se à denominação do reino, sobrevivendo a Mutota, morto em 1480.

Após a morte do herói fundador, divergências políticas foram desagregando os xonas. Antes, já surgira um novo reino, quando Xanga, chefe do clã Tórua, a quem Mutope encarregara de dirigir a parte meridional do reino, investindo-se do título "xangamir" (de origem árabe, significando "príncipe Xanga"), cria um novo Estado e uma nova dinastia. A partir de então, os sucessores desse príncipe adotaram o título dinástico xangamir e implantaram sua própria unidade política.

Segundo Fagan (1970, p. 128), a fase principal da história dos xonas foi protagonizada pelo povo Rózui, um clã que subira ao poder em virtude de sua supremacia religiosa. Seriam eles os criadores do Estado que passou à história como o Grande Zimbábue. Juntamente ao Congo e ao Loango, esse Estado figurou, até o século XV, como um dos mais importantes da África Central e Austral (Lopes; Macedo, 2017, p. 303-304).

E é essa a correlação de forças encontrada pelos exploradores portugueses em 1505, quando chegam a Sofala, no atual Moçambique. A partir desse longínquo ano, a história de Moçambique é a crônica da luta entre a ambição portuguesa e a determinação das populações nativas em permanecerem donas de seu próprio destino. Assim, Portugal, já tendo levantado uma fortaleza-entreposto na cidade marítima de Sofala e uma feitoria na ilha de Moçambique, começa a penetrar Zambeze adentro a fim de atingir a capital do império do monomotapa Chicuio, cujas legendárias riquezas excitavam a cobiça de D. Manuel I.

Em 1514, o português Antônio Fernandes incursiona até o interior e é bem recebido por Chicuio, apesar da oposição dos árabes, parceiros comerciais dos xonas. A partir de 1530, ano da morte de Chicuio, recrudescem as lutas entre monomotapas e xangamires. Em 1544, com Portugal já ocupando as ilhas Quirimbas e já tendo instalado fortificações até o Cabo Delgado, na Baía de Tungue, o mercador Lourenço Marques instala na margem direita do rio Catembe uma feitoria fortificada, erguendo outra, dois anos depois, no estuário do rio Inhambane (GALVÃO; SELVAGEM, 1953, v. IV, p. 22).

Com o início da atuação internacional da Companhia de Jesus, fundada em 1534 e aprovada pelo Vaticano em 1540, a estratégia de exploração da costa oriental africana pelos portugueses ganha contornos de catequese. Então, em 1558, um príncipe do povo Tonga é batizado em Inhambane e convence o pai a receber os padres Gonçalo da Silveira e André Fernandes, que, em 1560, chegam à capital do reino trazendo oferendas, principalmente para serem entregues ao monomotapa Mupunzagutu.

Em 1561, Mupunzagutu deixa-se estrategicamente batizar pelo padre Silveira, a quem, logo depois, manda executar sob a acusação de espionagem. Esse acontecimento desencadeia uma forte reação dos portugueses, que enviam, em 1572, várias expedições militares, todas derrotadas. Em 1575, entretanto, a paz é selada com um acordo entre os portugueses e o monomotapa, visando liquidar a influência comercial árabe no império. A partir daí e até quase o final do século XVII verifica-se uma forte penetração dos portugueses.

Mas essa entrada é respondida com uma forte reação das populações nativas. Assim é que, de 1585 a 1589, os guerreiros jagas – sobre quem falaremos detalhadamente mais adiante – lutam pela posse da ilha de Moçambique, impondo aos portugueses baixas inumeráveis. Da mesma forma, em 1695, depois de dois anos de guerra, o xangamir Dombo vence os portugueses aliados ao monomotapa[44] e recupera a supremacia da região para os xonas rózuis, que, em 1725, reconstroem no Zimbábue "as casas de pedra".

---

[44] Em 1629, com o Zimbábue já bastante reduzido e enfraquecido, o monomotapa Mavura se convertia ao catolicismo, adotava o nome de Felipe e se declarava vassalo da coroa portuguesa (GRANGUILHOME, 1979, p. 97).

Outros povos e indivíduos destacados pela resistência em Moçambique foram os bororos, em 1753; os rongas, em 1761, os macuas, em 1775, Chambara e outros chefes do Alto Zambeze, de Manica e de Sofala, em 1787; povos de Quitangonha, em 1795 e 1796; rongas e suazis, em Lourenço Marques, atual Maputo, em 1822; bongas, em Massangano, em 1866; os reis vátuas Manicusse, Muzila e Gungunhana, no período de instalação do colonialismo português, até a efetiva tomada do poder pelas forças lusitanas.

Porém, todas essas perdas impostas aos lusitanos pelos povos de Moçambique tiveram sua compensação. "Economicamente" – escrevem Galvão e Selvagem (1953, v. IV, p. 35) –, "o sonho irrealizável das minas de ouro e prata foi compensado por um novo comércio que então se criara – o da escravaria para o Brasil".

Mas o tráfico de escravos para o Brasil foi proibido em 1850, o que mereceu desses mesmos escritores (1953, v. IV, p. 35), vozes do colonialismo, este lamento: "Desfeitas as ilusões do ouro e de prata das minas e estancada a exportação do ouro humano, ficavam as míseras fontes de receita de outrora – algum marfim, ouro em pó, cauril, ambar, arroz de Sofala".

No rio Congo

Ali o mui grande reino está de Congo,
Por nós já convertido à fé de Cristo,
Por onde o Zaire passa, claro e longo,
Rio pelos antigos nunca visto...

Camões, Os lusíadas, v. 13

Na atualidade, o nome "Congo" designa dois países: o chamado Congo-Brazzaville, oficialmente República do Congo, e a República Democrática do Congo (Congo-Quinxassa). A referência pelo nome de suas capitais serve para distinguir melhor os dois países. Separados pelo traçado do rio Congo ou Zaire, eles compartilham histórias comuns até a Era Colonial, quando o Congo-Brazzaville caiu sob domínio francês, e o Congo-Quinxassa, sob tutela dos belgas (LOPES; MACEDO, no prelo).

O rio Congo tem sua nascente no lago Kizale, na região de Shaba (Catanga). De lá, com o nome de Lualaba, descreve um semicírculo em direção a oeste para receber o Ubangui e o Sanga à direita, e o Cassai à esquerda. Passa por Kinshasa – e em todo o antigo Congo Belga tem o nome de Zaire; banha Brazzaville; atravessa os montes de Cristal e, depois de algumas quedas d'água, deságua no Atlântico, próximo ao Enclave de Cabinda, num largo estuário.

Aí, nesse centro-ocidente da África Austral, ou seja, da bacia do Congo até o rio Cuanza, o estabelecimento de povos bantos se deu paulatinamente, talvez a partir do século III AEC. Assim, quando da chegada dos portugueses à região, esses povos já tinham constituído, provavelmente entre os séculos IX e X EC, domínios que evoluíram para Estados poderosos e muito bem organizados, como os dos bacongos (Reinos do Congo, de Luango, do Ngoio e Cacongo), bundos e ovimbundos (Dongo, Matamba e Estados Livres da Quissama) e bassonguês (Baluba). E depois constituíram outros, como o segundo Império Luba, no século XVI, e o Império Lunda, no século XVII.

Sobre os Estados Livres da Quissama (ou Kissama), escreve Pedro Ramos de Almeida (1978, v. I, p. 223): "Ao sul do Cuanza ficava a região de Kissama, onde existiam numerosos pequenos sobados[45] ou Estados independentes. Não pagavam tributo a ninguém. Lutavam contra o Congo, o Dongo (ou Ngola) e os portugueses. Alguns dos principais Estados do Kissama eram Muxima, Kitangombe, Kizva, Ngola, Kikaito e Kafuxe". E sobre as demais unidades políticas mencionadas, vejamos.

Consoante a tradição (KI-ZERBO, [s.d.], v. II, p. 442), nas últimas décadas do século XIV, o chefe Nimi-a-Lukeni, também chamado Mutinu ou Ntinu (rei) Uenê, dissidente do Império Luba de Catanga, descia do norte da região do Maiombe para o curso inferior do rio Congo (Nzaidi ou Zaire), celebrava uma aliança com os bacongos e bundos da região e fundava Mbanza Kongo, sede do seu reino, recebendo o título de "manicongo" (*Muene Kongo*, ou seja, Senhor do Congo).

---

[45] Sobado é a pequena unidade política chefiada por um *soba*, comandante.

Segundo Obenga (1991, p. 126), a formação do Reino do Congo ocorreu com a assimilação das chefaturas meridionais, dos ambundos, existentes já nos séculos III e IV EC, pelas de Kakongo e Ngoyo, localizadas ao norte; pela incorporação dos Estados de Mpangu e Mbata, que se desenvolviam desde o século IV, bem como do Reino de Sundi, limitado ao norte pelo Reino de Makoko, do povo Teke ou Bateke. Esse movimento expansionista é que vai dar origem aos vários subgrupos do povo Bacongo.

Nimi-a-Lukeni, o primeiro manicongo, aparece na tradição oral conguesa principalmente como um herói civilizador. Mais que um conquistador, guerreiro e justiceiro, ele é o ferreiro que deu ao seu povo as armas de guerra e os utensílios agrícolas. E é principalmente o "Ngangula (ferreiro) a Kongo" – o forjador do Estado e da nação do Congo (BALANDIER, 1968, p. 237).

Nimi-a-Lukeni fundou Mbanza-a-Kongo, sua capital, constituindo seu reino tanto por aliança com o chefe local, mencionado como "o Kabunga", e com o rei de Mbata, no Vale do Nkisi, mais a leste, quanto pela conquista de outros territórios. Surgido em data ainda não exatamente determinada, talvez na sequência de um processo iniciado no século IX, mas efetivamente fundado no século XIV, nos séculos seguintes o Congo era o único Estado com hegemonia sobre toda a região entre o planalto de Benguela e os do Bateke, e desde o mar até o Cuango (LOPES; MACEDO, 2017, p. 85).

Bem no início da década de 1480, o explorador português Diogo Cão chegava ao estuário do rio Congo. Numa viagem posterior, ele estabelecera contato com habitantes da região trazendo alguns até seu navio e enviando representantes seus ao encontro do senhor daquelas terras. Mas como esses representantes tardaram muito a voltar, Diogo Cão zarpava de regresso a Portugal, levando consigo, como reféns, os africanos que tinham sido atraídos até seu navio.

Um ano depois, o português retoma com os africanos e recebe de volta seus marinheiros. A partir daí inauguram-se as melhores relações diplomáticas entre o Reino do Congo, na pessoa do manicongo Nzinga Nkuwu, e Portugal, então governado por Dom João II, o "Príncipe Perfeito", no seu nome e no da Santa Sé. A primeira embaixada conguesa, chefiada por um nobre chamado Cassuta, chegou a Portugal ainda sob D. João II, que reinou de 1481 a 1495, e foi recebida com todas as honras cabíveis, inclusive festas, banquetes oficiais e troca de presentes. Em 1491, o manicongo Nkuyu é batizado, recebendo o nome cristão "João", ao mesmo tempo que a capital do reino, Mbanza Kongo, passa a ser chamada "São Salvador". Nesse mesmo ano os portugueses o ajudam a combater uma revolta dos anzicos ou teques, povo localizado no território do atual Congo-Brazzaville.

O fim do século XV assinala o apogeu do Reino do Congo. Por essa época, a capital Mbanza Kongo tinha casas de madeira circulares e retangulares, com telhados de palha e cercas vivas. Ao sul, uma grande praça, onde aconteciam as audiências reais, as festas públicas e os desfiles militares. Ao norte, a floresta sagrada onde se enterravam os reis mortos e se cultuavam os antepassados. No centro, os palácios do rei e da rainha protegidos por um labirinto e uma cerca com mais de um quilômetro de perímetro, às portas da qual montavam guarda, noite e dia, soldados e tocadores de trompa (Ki-Zerbo, [s.d.], v. I, p. 235). E um forte, em plena cidade, abrigava uma guarnição permanente.

A extensão do reino, compreendendo territórios vassalos e tributários, como os reinos de Dongo, Matamba, Luango, Ngoyo e Cacongo, era de cerca de 480 quilômetros de norte a sul e outro tanto de leste a oeste. Ia da parte inferior do rio Congo, ao norte, até o rio Cuanza, ao sul; e do rio Cuango, a leste, até o Oceano Atlântico, subdividindo-se em províncias como Mbamba, Mbata, Mpangu, Nsundi e Sonio. Cada província tinha o seu governador, que de três em três anos era obrigado a comparecer em presença do manicongo para renovar seus votos de lealdade.

A monarquia era eletiva, e a organização social e política se baseava nos clãs, cujos chefes é que escolhiam o manicongo.[46] Durante muito tempo, a hegemonia do reino esteve nas mãos do clã Mpanzu, que depois passou a se alternar no poder com o clã Niaza (Santos, 1972, p. 42). O rei tinha ministros para a guerra, para as

---

[46] Corruptela de *Mwene-e-Kongo*, "Rei do Congo".

relações exteriores etc., um exército numeroso, muito bem organizado, armado e treinado, bem como funcionários encarregados da coleta dos tributos (DAVIDSON, 1978, p. 175-183).

Duarte Pacheco, que visitou o Reino do Congo à época das primeiras incursões portuguesas, deixou dele algumas informações preciosas:

> Nesta terra de Manicongo não há ouro nem sabem que é, mas nela há razoavelmente cobre muito fino e aqui há muitos elefantes e ao elefante chamam Zaão os dentes dos quais resgatamos e assim o cobre por lenço ao qual os negros desta terra chamam "molele"; neste reino do Congo se fazem uns panos de palma de pelo como veludo e deles com lavores como "cotim aveludado", tão formosos que a obra deles se não faz melhor feita em Itália; e em toda a outra Guiné não há terra em que saibam fazer estes panos senão neste reino do Congo; nesta terra se resgatam alguns escravos em pouca quantidade e até agora não sabemos que aqui haja outra mercadoria (*apud* DELGADO, 1946, p. 413).

Sobre as ilhas de Luanda e de Cazanga, então chamadas Ilhas das Cabras, Duarte Pacheco deixou estas importantes informações:

> Estas estão muito perto da terra e são povoadas de negros do senhorio de Manicongo e ainda vai a terra de Congo e nestas ilhas apanham os ditos negros uns búzios pequenos que não são maiores do que pinhões com sua casca a que eles chamam zimbos os quais em terra de Manicongo correm por moeda e cinquenta deles valem uma galinha, e trezentos valem uma cabra, e assim as outras coisas segundo são quando Manicongo quer fazer mercê a alguns seus fidalgos ou pagar algum serviço que lhe fazem manda-lhe dar certo número destes zimbos pelo modo que os nossos príncipes fazem mercê da moeda destes reinos a quem lha merece e muitas às vezes a quem lhe não merece (*apud* DELGADO, 1946).

Mas, apesar das intenções portuguesas, o manicongo Nzinga Nkuyu, batizado por volta de 1490, não permanece fiel ao catolicismo por muito tempo. E a batalha por sua sucessão é exatamente fruto do antagonismo entre a religião tradicional e o cristianismo vindo de Portugal.

Observemos que o quadro sucessório dos monarcas do Reino do Congo têm sido bastante difícil de reproduzir com exatidão, sobretudo pela confusão, em muitos dos informantes, a respeito de nomes, títulos reais e datas. Aqui, numa tentativa digna de crédito, pela atualidade das fontes adiante mencionadas, apresentamos a seguinte sequência de governantes, adotada em Lopes e Macedo (no prelo):

c. **1491-1574:** João I (Nzinga-a-Nkuwu) – Mpangu-a-Nzinga – Afonso I (Mvemba-a-Nzinga) – Pedro I (Nkanga-Mvemba) – Francisco (Mpudi-a-Nzinga) – Diogo (Nkumbi-a-Mpundi) – Afonso II (Mvemba-a-Nzinga) – Bernardo I (Mvemba-a-Nzinga) – Henrique (Mvemba-a-Nzinga) – Álvaro I (Mpangu Nimi-a-Lukeni lwa Mvemba)

c. **1574-1631:** Álvaro II (Mpangu Nimi-a-Lukeni lwa Mvemba) – Bernardo II (Nimi-a-Mpangu Lukeni lwa Mvemba) – Álvaro III (Mvika-a-Mpangu Lukeni lwa Mvemba) – Pedro II Afonso (Nkanga-a-Mvika lwa Ntumba-a-Mvemba) – Garcia I (Mvemba-a-Nkanga Ntinu) – Ambrósio I

c. **1631-1636:** Álvaro IV – Álvaro V – Álvaro VI – Garcia II (Nkanga-a-Lukeni) – Antonio (Vita-a-Nkanga, "Mwana", do clã Nlaza

c. **1636-1709:** Álvaro VII (Mpangu-a-Nzundi) – Pedro III (Nsuku-a-Ntamba) – Álvaro VIII – Afonso III Afonso – Garcia III (Nkanga-a-Mvemba) – Rafael I – Daniel I – João II (Nsuku-a-Ntamba) – André (do clã Nlaza) – Manuel (Nzinga) – Álvaro IX (Nimi-a-Mvemba) – Pedro IV (Nsaku-a-Mvemba) – Pedro – Constantino

Guiados por essa cronologia, vemos que a Nzinga Nkuwu suce-deu Afonso I (Mvemba-a-Nzinga[47]), convertido ao cristianismo, cujo

---

[47] Nesse nome composto, e em outros seguintes, o elemento final designa o clã a que pertencia o soberano.

filho logo se torna o primeiro bispo africano. Sob esse novo manicongo, Portugal aprofundou insidiosamente sua influência no reino. A partir daí, generalizou-se o tráfico escravista, multiplicaram-se as guerras contra os reinos vassalos, acentuou-se a luta de classes e a produtividade decresceu assustadoramente.

Interessado, entretanto, no que acreditava ser uma troca diplomática e comercial, o manicongo escrevia constantemente a Dom Manuel, dito "o Venturoso". E entre 1512 e 1540 teria enviado a Portugal mais de 20 cartas neste teor: "Mui poderoso e mui alto príncipe e Rei meu irmão – beijando as Reais mãos de vossa alteza lhe faço saber (que) a míngua que tenho de algumas cousas para a igreja me fazem importunar vossa alteza, o que porventura não fazia se tivesse um navio, quem tendo(-o) as mandaria trazer à minha custa" (DAVIDSON, 1978, p. 164-165).

Em 1526, segundo a mesma fonte, Mvemba-a-Nzinga assim solicitava por carta a D. Manuel o envio de pessoal da área médica para servir no Congo:

> V.A. nos tem escrito por nos fazer mercê, que todo o que tivermos necessidade lhe enviemos pedir por nossas Cartas, e que em tudo seremos providos. E por, que a paz, a saúde de nossos reinos, depois de Deus está em nossa vida. E pela antiguidade e dias muitos, que em nós há, nos ocorreu de contínuo muitas e diversas enfermidades, que muitas vezes nos pões em tanta fraqueza, que nos chegam ao derradeiro extremo. E por conseguinte a nossos filhos, parentes e naturais, o que causa nesta terra não haver físicos[48] nem cirurgiões, que às tais enfermidades saibam dar verdadeiros remédios, nem boticas, nem mezinhas, com que o melhor possam fazer. E [...] por mercê pedimos a V. A. nos faça mercê de dois físicos, dois boticários e um cirurgião (p. 164).

Segundo Ramos de Almeida (1978, v. I, p. 91), em 1510 o emissário Estevão da Rocha jogava fora, depreciativamente, uma carta endereçada pelo manicongo ao rei de Portugal; e no ano seguinte o

---

[48] "Físico" era a denominação do médico clínico, na corte portuguesa. As cartas eram certamente escritas por padres missionários.

Padre Manuel Gonçalves devolvia, "acompanhada de injúrias", outra missiva que o rei tentava enviar a D. Manuel.

Vê-se, então, que, ao contrário do paternalismo e da evangelização que lhe eram oferecidos, o que o Reino do Congo efetivamente desejava era um intercâmbio, para promover as mudanças que sua sociedade reclamava. Entretanto, o que Portugal mais queria e precisava, agora que se apossara das terras virgens e promissoras do Brasil, bem mais que as riquezas do solo do Congo, era dos braços de seus filhos para trabalhar essas terras.

Procurando agradar aos portugueses, o manicongo Mvemba-a-Nzinga (Afonso I) teria concordado em vender a eles alguns indivíduos não protegidos pelos costumes tradicionais, por serem condenados ou prisioneiros de guerra. Mas os portugueses exigiram mais, inclusive semeando a discórdia entre o reino e seus tributários, incitando-os à guerra para, por meio dela, auferirem as vantagens desejadas.

Em 1555, como veremos adiante, o *ngola*, rei do Dongo, proclama independência em relação ao manicongo. Declarada a guerra, governadores de províncias, incitados pelos portugueses, passam a capturar prisioneiros e vendê-los como escravos por conta própria, permitindo inclusive que os portugueses também o façam. Por outro lado, os mercadores de São Tomé procuram de todas as maneiras impedir o desenvolvimento do reino para que ele seja apenas um manancial fornecedor de escravos, e não uma colônia lusitana.

Então, o Reino do Congo, cuja crônica registra até um atentado ao rei cometido por um frade português em 1540, começa a se desestabilizar (DAVIDSON, 1981, p. 115).

Passadas duas décadas, no início do reinado de Mpangu Nimi-a-Lukeni-lwa-Mvemba (Álvaro I), *c.* 1568, o Reino do Congo foi invadido por guerreiros referidos como "jagas", provenientes do vizinho Reino de Matamba, no atual território de Angola. E o motivo dessa invasão foi a investida, primeiramente insidiosa e depois sangrenta, feita, tempos antes, por forças portuguesas ao Reino de Matamba – aliado do vizinho Dongo – em busca de riquezas, supostamente inesgotáveis. E como nessa época o centro português de operações era a capital (*mbanza*) do Reino do Congo, a invasão dos jagas foi um revide à agressão sofrida pelo povo de Matamba.

A denominação "jaga", muitas vezes usada como um nome étnico, referente a um povo específico, acusado de antropofagia e outras práticas antissociais, designava – hoje sabemos – uma ou várias das "hordas itinerantes" que varreram o centro-oeste africano entre os séculos XVI e XVII, desestabilizando, pela violência, diversas regiões. Essas hordas, em geral integradas por mercenários, de etnias diversas, realizavam ataques de surpresa (LOPES; MACEDO, no prelo).

A invasão ocorreu logo após a coroação do rei. As forças invasoras penetraram através de Mbata, atacaram e devastaram a capital Mbanza Kongo (para os portugueses, São Salvador), tornando inviável o reinado de Álvaro I, que teve de pedir ajuda aos portugueses.

O historiador caribenho Oruno D. Lara relaciona essa operação guerreira a um conjunto de migrações e deslocamentos ocorridos no interior da África, modificando a dinâmica das forças no litoral atlântico, como a migração dos imbangalas, que, partindo de Luanda, fundam o Reino Kasange, em Angola, no fim do século XVI; e a migração dos pendes, que partem do litoral para o leste de Angola, por causa da ocupação portuguesa das salinas de Luanda, que eles exploravam. Em nenhum caso ocorre deslocamento de tribos inteiras, mas apenas de expedições militares com objetivos de destruição bem definidos (LARA, 1979, p. 133). Configurando uma resposta da África ao tráfico negreiro, ela se insere, também, segundo Lara, no contexto das ações dos "angolares" de São Tomé – cativos que, em 1539, provenientes de Angola, fugiram de um navio negreiro que naufragava e se aquilombaram no arquipélago. Impondo seguidas derrotas às forças portuguesas ao longo dos anos, em 1884, expulso o inimigo, fixaram-se em definitivo no solo santomense, quando deixaram seu refúgio e passaram a constituir uma comunidade até hoje existente. Esses resistentes seriam bacongos do subgrupo dos mussorongos, do noroeste de Angola. E seus descendentes, conhecidos até hoje como angolares, também eram, em 1895, uma comunidade de 2 mil pessoas, habitando de Santa Cruz a Vila das Neves, no litoral oeste de São Tomé (LARA, 1979, p. 138).

Diz, ainda, o historiador caribenho:

> Os Jagas aparecem num quarteto discordante: Portugal, Congo, Dongo e São Tomé. São guerreiros bastante organizados no plano político, religioso e militar, muito cruéis, que operam a partir de *quilombos* [...]. A sua invasão desorganiza as estruturas portuguesas do tráfico escravagista [...]. A invasão jaga deve ser relacionada com uma invasão pelos Sumba e a dos Mane da Serra Leoa, nos fins do século XVI e princípios do século XVII. Na Guiné, uma tribo [*sic*] muito belicosa, os Bijagós, que habitavam as ilhas do Rio Grande, efetua pela mesma altura grandes destruições e captura muita gente (LARA, 1979, p. 132).

Em seu excelente trabalho, aqui exaustiva e prazerosamente citado, Lara menciona o aquilombamento como uma estratégia dos "jagas", aproximando-o da histórica experiência brasileira: "O estudo do *kilombo* jaga" – escreveu Lara –, "tal como o descreve Cavazzi,[49] com os seus sete bairros, cuidadosamente orientado e com vários Nganga à cabeça ajuda-nos a compreender a estrutura do *kilombo* brasileiro, que apresenta características análogas" (LARA, 1979, p. 134).

Em outra obra, fazendo eco a escritores colonialistas portugueses, José Gonçalves Salvador (1981, p. 80-81) assim se refere aos Jagas:

> [...] ninguém perturbou tanto os sombrios sertões quanto os "jagas", os quais descendo da África centro-equatorial infestaram as regiões circunvizinhas do Congo e de Angola em fins do século XVI. Os terríveis negros, *acompanhados pelas mulheres e filhos*, por onde passavam reduziam tudo a miserável condição. Como viviam em lutas contínuas, ao invés de comerem os prisioneiros, como era seu costume, ou destruí-los, decidiram vendê-los. Muitos dentre os mesmos "jagas" dispuseram-se a auxiliar as forças portuguesas e também a recrutar escravos para o tráfico.

Por volta de 1570, agora saídos do Congo, ainda sob o controle português, outros grupos, também mencionados como "jagas", teriam chegado a Matamba, onde se misturaram à população local, dando origem,

---

[49] Giovanni Antonio *Cavazzi* da Montecuccolo, missionário italiano, atuante em Angola no século XVII.

segundo algumas versões, ao povo Imbangola ou Imbangala e constituindo os reinos de Huíla (capital Huíla) e Humbi (capital Mutano). E de Matamba, ao sul de Anzico, teriam descido para o país do jaga Caçanje, separado de Benguela pelo Alto Cunene (ALMEIDA, 1978, v. I, p. 172).

Segundo a história colonial lusa, após a grande invasão dos jagas, o rei D. Sebastião de Portugal logo socorreu o soberano conguês Álvaro I, Mpanzu, "mandando-lhe Francisco de Gouveia com 600 soldados, na qualidade de governador do território [...]. Chegando ao Zaire, Gouveia foi ter com o rei em seu refúgio; e com os seus homens, com os portugueses residentes e com os indígenas aliados caiu sobre o invasor, batendo-o em batalhas sucessivas, até o expulsar do Reino" (DELGADO, 1946, p. 261).

Em Portugal, após a morte do rei D. Sebastião, no Marrocos, em 1578, o trono foi ocupado pelo cardeal D. Henrique, irmão de D. Manuel I. Morto D. Henrique, em 1580, sem deixar descendentes diretos, assim como seu antecessor, parentes disputaram o poder; e entre eles estava Filipe II de Espanha. Assim realizou-se a unificação da Península Ibérica, com grande desvantagem para os portugueses.

Dominado pela Espanha, Portugal sairia arruinado dessa quadra histórica, tendo sua marinha destruída e seu império colonial esfacelado. Enquanto isso, os Países Baixos e a Inglaterra, com que a Espanha estivera em luta quase permanente, ocupavam, para não mais devolver, boa parte das possessões portuguesas (PRADO JR., [s.d.], p. 49).

Quanto ao Congo, após a retirada dos jagas e a volta do *Mpanzu* Álvaro I ao poder, o reino passou a render vassalagem a Portugal, pagando-lhe o tributo de um quinto de sua receita de *zimbo* (ou jimbo) extraída das ilhas de Luanda e Cazanga – as Ilhas das Cabras. Por esse tempo, as guerras dos congueses contra o Dongo recrudescem; e sempre com resultados desfavoráveis. Isso porque o Dongo recebia a "ajuda" dos escravagistas portugueses; e também porque grassava no seio do Congo uma série de revoltas. Esclareça-se que forças militares "portuguesas" eram constituídas de uma considerável maioria de soldados escravizados, às vezes na proporção de 100 para cada 1 lusitano, como na Batalha de Massangano, no território da atual Angola, onde as forças de Portugal derrotaram as do Dongo, em 1580.

Em suma: Portugal, estrategicamente, ajudou Álvaro I a combater os jagas. E depois ajudou o Dongo contra o Congo, enfraquecendo o mesmo Álvaro I.

Então, com o reino cada vez mais desestabilizado e combalido, a Álvaro I sucederam: Mpanzu-a-Nimi, Álvaro II (1587-1614), que, tentando conter o tráfico de escravos, fez com que os portugueses deslocassem seu centro de poder para o Dongo, futuro "Reino Português de Angola"; e Lukeni-lwa-Mbemba, Álvaro III (1614-1622), que se associou ao Dongo e ao Reino de Matamba contra os portugueses.

No Cuanza e no Cuango

Nojenta prole da rainha Ginga,
Sabujo ladrador, cara de mico...

Soneto de Bocage para o mestiço brasileiro
Domingos Caldas Barbosa

O Cuanza é um rio de cerca de 1.000 quilômetros de extensão que nasce no centro do território da atual República Popular de Angola, quase dividindo-o ao meio, para depois desaguar no Atlântico, numa embocadura de cerca de 4 quilômetros de largura. E o Cuango, que nasce na região de Minungo, é o rio que separa Angola do Congo-Brazzaville, e deságua no rio Congo.

A história de Angola está intimamente ligada a esses rios (às margens do primeiro, os ambundos – vindos do centro e do centro-oeste africanos, primeiramente para as terras altas de Matamba – estabeleceram-se no século XIV) e está também entrelaçada com a história do Reino do Congo, ao qual os ambundos pagaram tributos até meados do século XVI.

O reino ambundo do Dongo, governado pelo Ngola, tinha por capital Mbanza Kabassa ou Mbaka, no atual distrito do Dondo, e se estendia do rio Dande ao Planalto de Bié; e da região de Cassanje até o sul, aos Estados livres da Quissama, grandes produtores de sal (C.E.A.A., 1975, p. 17).

Segundo a tradição, o fundador do reino teria sido certo Ngola Bumbambula, ou Mussuri, que teria vindo das terras altas de Matamba para o Dongo, ou fugindo dos jagas ou como dissidente deles. Recorrendo, entretanto, ao dicionário, vemos que os nomes "Mussuri" e "Bumbambula" parecem ser corruptelas dos termos quimbundos "*musudi*" e "*ngangula*", que significam igualmente "ferreiro" (MAIA, 1964, p. 66). Então, somos levados a ligar o nome desse fundador ao de Nimi-a-Lukeni, o "Ngangula-a-Kongo", já mencionado páginas atrás.

Em 1520, segundo fontes portuguesas da época, os ambundos eram governados pelo legendário Ngola Liluanji Inene. E é nessa segunda década do século XVI que navegadores lusos chegam ao Dongo-Ngola, alegando atender a uma solicitação do rei.

Visualizando as vantagens bélicas e tecnológicas que poderia obter através de uma aliança com os portugueses, Kiluanji teria concebido uma estratégia. Nela, através do manicongo, Nzinga Mbemba (Afonso I) manifestava a Portugal sua intenção de se cristianizar. E essa intenção era expressa à Coroa lusitana juntamente com o envio, pelo manicongo, de mostras da prata do Dongo. Assim, os portugueses chegam à terra dos ambundos. Então, adentrando o Reino do Ngola, o comandante português Baltazar de Castro foi detido em Mpungo Dongo, em 1521, e lá ficou aprisionado por seis anos.

Em 1534, a Santa Sé, através de Portugal, estabelece na Ilha de São Tomé, no arquipélago de mesmo nome, um bispado com jurisdição total sobre o Reino do Congo. Cerca de cinco anos depois, um navio negreiro proveniente do Dongo naufragava no Atlântico, e seus ocupantes se aquilombavam também naquela ilha, promovendo a partir daí uma série de insurreições, pelo que ficaram conhecidos como os "angolares de São Tomé". Por volta de 1540, o capitão-governador português do arquipélago enviava, por sua conta e risco, negreiros para capturarem escravos na costa do Dongo, já chamado "Reino de Angola". O manicongo Nzinga Mbemba (Afonso I) protestou, primeiramente alegando preferência sobre esse novo concorrente, e também por temer que, assim, os portugueses tomassem a ilha de Luanda, de onde lhe vinha o *jimbo* – a concha que servia de moeda corrente em seus domínios. Estabelecem-se então os quadros de um futuro confronto: de um lado, o Ngola Kiluanji Inene aliando-se comercialmente à burguesia portuguesa de São Tomé; de outro, o manicongo Mpundi-a-Mkumbi (Diogo I) aliado à Coroa portuguesa.

É assim que, em cerca de 1555, o Ngola Kiluanji proclama a independência do Dongo em relação ao Congo (de quem entretanto permanece tributário até 1563), entrando em franca hostilidade a ele e tentando ocupar seu lugar nas ligações com Portugal, de quem esperava ainda obter auxílio técnico e ajuda militar. Para tanto, aconselhado por seus aliados de São Tomé, envia em 1557 uma embaixada a Lisboa. Entretanto, nesse mesmo ano morriam, em Portugal, D. João III, dito "o Piedoso", e, no Dongo, o legendário Ngola Kiluanji Inene, o que mudaria o curso dos acontecimentos. Em 1560, o embaixador português Paulo Dias de Novais chega à barra do Cuanza. E é imediatamente preso por ordem de Ndambi-a-Ngola, ou Ngola Ndambi Inene ia Ndenge, só sendo libertado cinco anos depois. Diante desse episódio, e abalado pela *razzia* dos jagas, que vimos páginas atrás, Portugal resolve deixar as sutilezas diplomáticas de lado e conquistar seus objetivos com o uso da força. Assim é que, conseguindo de seu então aliado, o manicongo Álvaro I, o domínio direto de todas as suas terras e de todos os seus vassalos, a Coroa portuguesa envia à ilha de Luanda – ainda sob o domínio do manicongo –, em 1575, uma expedição capitaneada pelo mesmo Paulo Dias de Novais, que, agora, em vez de embaixador, é chefe militar.

Consuma-se aí a penetração portuguesa, em 1575, com a criação, na ilha de Luanda, do forte e entreposto comercial que deu origem à cidade de mesmo nome, capital da futura República. A partir daí, os lusitanos avançaram militarmente para o interior e ergueram, ao longo dos rios Cuanza e Lucala, diversos postos avançados, mistos de fortificação e entreposto comercial. Diante desse avanço, as diversas unidades políticas locais, aliadas ou não, resistiram firmemente à ocupação. O mencionado entreposto era a pedra fundamental da colônia que, seguindo o modelo brasileiro, Portugal projetava para a África.

Da ilha, Novais chega à terra firme no ano seguinte e funda São Paulo de Luanda. Mas ainda se traveste de diplomata mandando emissários com presentes a Mbanza Kabassa, na atual província do

Dondo, ao encontro de um amistoso soberano, que já não é o que lhe prendera 11 anos antes, e sim o Ngola Kiluanji Kia Ndambi, que assumira o poder exatamente em 1575 e que, ao que consta, foi batizado com o nome de Pedro da Silva (GALVÃO; SELVAGEM, 1952, v. III, p. 39).

Então, aliados aos mercadores de São Tomé – onde, a propósito, em 1574, ocorria uma grande revolta de escravos provenientes do Reino de Angola –, os capitães portugueses empreendem a guerra de conquista e fazem intensificar o tráfico de escravos. Em 1577 submetem o chefe Quiluango e fundam a povoação de Calumbo, onde, no ano seguinte, um grande contingente luso é massacrado.

Nesse ponto, o amistoso e cristianizado D. Pedro da Silva já assumiu de novo sua identidade negra e antilusitana de Ngola Kiluanji Kia Ndambi e por isso comanda a guerra de um quilombo no interior. Chegam reforços portugueses. E, em 1579, a resistência dos bundos é heroica na Quissama, com toda a população inteiramente engajada na luta. 1581: os portugueses, já sob o domínio espanhol, arrasam Hamba e Hanza, e no ano seguinte prendem o chefe Muima Kita Mbonje e ocupam Cambambe, frustrando-se, entretanto, por não encontrarem lá as minas de prata, motivo maior de seus esforços; 1583: Batalha de Tala Dongo e fundação de Massangano; 1585: Batalha de Casicola (Ilamba), com a derrota do bravo comandante Andala Quitunga; 1586: portugueses derrotam o general Ngola Calunga e cortam a cabeça do chefe de Cacobassa; 1589: Novais morre, a 6 de maio; 1590: vitória fragorosa do Ngola Kiluanji Kia Ndambi em Lucala; 1594: os portugueses são novamente derrotados, dessa vez em Cafuxe.

Na sequência de seu estabelecimento no reino do Congo, os portugueses vão, aos poucos, penetrando no território da futura Angola. Primeiro, estabelecem um entreposto na ilha de Luanda, origem da cidade homônima. Desde então, com o reino do Dongo transformado em "Reino Português de Angola" os diversos povos locais, aliados ou não, empreendem forte resistência à ocupação europeia (LOPES; MACEDO, 2017, p. 32).

A história da infância dessa futura Angola ainda é um tanto nebulosa. Roy Glasgow (1982, p. 20-22) também se reporta ao missionário italiano Cavazzi, deixando certas dúvidas, mas traz luzes à questão quando situa no tempo alguns desses governantes. Segundo seu texto, a ordem da sucessão entre os·ambundos até a legendária rainha Nzinga seria a seguinte:

- Ngola Bumbambula, Ngola Mussuri ou Inene Ngola (?)
- rainha Zundu (?)
- rainha Tumbia e seu marido, Ngola Kiluanji Samba ou Kalunga
- Ndombo Ukambo (?)
- Ngola Kiluanji Inene (?-1557)
- Ndambi a Ngola ou Ngola Ndambi Inene Ia Ndenge (1557-1575)
- Ngola Kiluanji Kia Ndambi (1575-?)
- Ngola Kilombo Kia Kasenda (?)
- Jinga Mbandi Kiluanji (?-1617)
- Ngola Mbandi (1617-1623)
- Nzinga Mbandi Ngola Kiluanji, a rainha "Jinga" (1623-1663)

Interessante notar que alguns termos contidos nos nomes desses soberanos são identificados no idioma bundo, falado no nordeste de Angola, como os seguintes: "*Inene*", "grande"; "*Ndenge*", "pequeno"; "*Ndambi*", "pessoa bela, formosa, elegante, perfeita"; "*Mbanji*", "defensor". Observe-se, ainda, que os termos "Kiluanji" e "Mbandi" designam clãs dos ambundos; e que "*Ngola*" significa "poderoso" etc. (Alves, 1951).

Mal iniciado o século XVII – século no qual o Reino de Angola teria fornecido ao Brasil cerca de 44 mil escravos por ano (Calógeras *apud* Glasgow, 1982, p. 51) – o rei de Espanha concede a João Rodrigues Coutinho, governador do Loango, monopólio no tráfico de escravos de Angola, o que é de fato exercido por cerca de 40 anos. Nesse século, os portugueses, malsucedidos no Congo, voltam-se para a bacia do rio Cuanza. Lá, conseguem a deposição da sucessora ao trono do Dongo, um dos principais reinos locais, impondo em seu lugar um "rei" obediente aos seus propósitos.

Em 1607 e 1617, respectivamente, os portugueses fustigam Libolo, terra dos Jagas, e, dessa última vez, descendo, fundam São Filipe de

Benguela. Mas no mesmo ano da fundação, ocorre a morte do Ngola Kiluanji.

Então, assume o poder no Dongo-Ngola o Ngola Mbandi, cuja irmã, a princesa Nzinga, torna-se sua rival e concorrente. "O irmão" – e aqui nos valemos de texto do escritor brasileiro Câmara Cascudo (1965, p. 26) – "herda o reino e Jinga vive à parte, amando o filho, único, vigiando seus pastores, guardada pelos guerreiros familiares. Ngola Bandi quer as terras da irmã e, para que não haja sucessão, manda matar o jovem sobrinho. Jinga recebe o cadáver. Abraça-o, muda, sinistra, e jura morte-por-morte. Vive num recanto escondido, Gabazo, longe do irmão truculento. Está reunindo um pequeno exército, na forma medieval dos vassalos contribuintes, pagos na solução divisória do saque, comum e próximo. Assalta fronteiras de Ngola Bandi, apoderando-se de gados, mulheres, rapazes, semeando prestígio ameaçador".

Corria o ano de 1618 e os conquistadores lusitanos se viam às voltas com as rivalidades, as dissenções e a indisciplina que grassavam no seu meio. Aproveitando-se disso, o jaga Gaita, general do Ngola Mbandi, fustiga os portugueses em Ango Akikoito. E a princesa Nzinga começa a se revelar a grande figura histórica que seria logo depois.

Nzinga Mbandi Ngola Kiluanji – a legendária "rainha Jinga" até hoje presente na tradição afro-brasileira dos reisados e congadas – nasceu no Dongo-Matamba, em 1582. E, embora adversária política do irmão rei, em 1622 atende a um pedido seu, tornando-se sua embaixadora em Luanda, junto ao governador-geral de Angola, Congo e Benguela, o português João Correia de Souza, para negociar a paz. Para granjear a confiança lusa, Nzinga deixa-se batizar, recebendo o nome de Ana de Souza, e, com sua eloquência, fluência de raciocínio e propriedade de linguagem, impressiona de tal forma os portugueses que eles, depois de pensarem que se trata de algo sobrenatural, entendem que estão diante de "uma pessoa excepcional com uma mente brilhante, uma revelação verdadeiramente talentosa de superioridade intelectual africana" (GLASGOW, 1982, p. 84).

Mas, voltando de sua missão diplomática, a ainda princesa desperta a inveja do irmão e rival, que, então, manifesta aos portugueses o desejo de ser também batizado. Só que os portugueses mandam até Mbaka um padre negro e outro mestiço, o que desencadeia a fúria do Ngola Mbandi e faz recomeçarem as hostilidades. Mas o Ngola morre envenenado – dizem que a mando de Nzinga – na Ilha Kindonga, no Cuanza, e então Nzinga se torna a rainha do Dongo e de Matamba, em 1623.

A partir do reino de Matamba, por ela conquistado, a rainha constrói sua legenda de resistência. Segundo o contemporâneo historiador e antropólogo belga Jan Vansina, o jaga Kasanji fundou uma base no Vale do Congo, a partir do qual edificou o Estado Imbangala, na década de 1630; e Nzinga conquistou o Reino de Matamba, que "transformou em um formidável centro de oposição ao regime português" (VANSINA, 2010, p. 662). Veja-se que o Dongo foi um reino ambundo; e o Matamba foi um reino bacongo, que se tornou congo-ambundo após ser conquistado pela rainha Jinga, cuja trajetória pode ser assim resumida: em 1628, Nzinga transfere sua base de operações para Quina Grande dos Ganguelas, onde sofre sério revés, juntamente aos chefes Golagumba Quiambolo e Jaga Cassanje, no ano seguinte, num embate em que suas irmãs Cambe e Fungi são presas e mandadas para Luanda. Mas conseguiu reconstituir o Reino de Matamba. Passados cinco anos, formam-se duas coligações para lutar contra os portugueses: uma compreende os sobados de Kijilo, Sambangombe, Kalumbo, Molumbo e Akamakoto; outra, os de Angombe, Akabonda e Kikuangua.

Com o domínio espanhol em Portugal e no Brasil, desde 1580, os holandeses haviam perdido um de seus negócios mais lucrativos – a exportação de açúcar do Brasil para o mercado europeu. E, agora, para reverter o quadro, organizam um grande empreendimento, com finalidades tanto comerciais quanto militares – a Companhia das Índias Ocidentais –, com o qual vão tentar, principalmente, destruir o domínio espanhol na América e conquistar o Brasil e seu açúcar.

Em 1637, com os holandeses já estabelecidos no Nordeste brasileiro, chega ao Brasil o conde Maurício de Nassau, que percebe, logo, a necessidade de incrementar cada vez mais a importação de mão de obra escrava, a fim de melhor explorar a atividade açucareira, para que daqui se possa tirar cada vez mais açúcar. Como o Reino de Angola era o grande fornecedor de cativos para os engenhos brasileiros, as forças militares da Companhia partiram para conquistá-lo.

Numa rápida sequência, os holandeses tomam aos portugueses Mpinda, São Tomé, Luanda e Benguela. E aí, buscando tirar proveito do momento histórico, a rainha Nzinga (que formara uma coligação guerreira reunindo ao seu Reino de Ndongo-Matamba o Congo, os Estados Livres da Quissama, o de Cassanje e o dos Dembos) se alia aos holandeses.

Na segunda metade da década de 1640, o domínio da coligação é total. No rio Luacala, os portugueses são derrotados fragorosamente. Da mesma forma em Conta Cabalanga. Então, parte do Rio de Janeiro Salvador Correia de Sá, que, depois de encarniçados combates, vence a coligação em Massangano, expulsa os holandeses e inaugura o período de dominação brasileira em Angola. A partir daí, a burguesia lusitana do Brasil toma o lugar dos portugueses de Lisboa, e o tráfico de escravo experimenta um grande e terrível incremento. Em seu retiro de Matamba, a rainha Nzinga ainda assina um tratado de paz com os portugueses, para finalmente falecer seis anos depois, aos 81 anos de idade.

Em 1671, o Ndongo é oficialmente denominado "Reino Português de Angola". Mas a resistência continua por mais 300 anos, vindo até 1975, quando Angola afinal se torna independente. E a cronologia dessa luta, apenas até a abolição do tráfico de escravos entre Angola e o Brasil, pode ser assim resumida:

1676/1738 –	Revoltas populares nos Estados livres da Quissama
1679 –	Resistência dos jagas no Libolo
1681 –	Batalha de Matamba. Morre o comandante português Lopes de Sequeira
1692/1872 –	Os dembos resistem a nordeste de Luanda
1692/1902 –	Revoltas no Planalto de Bié
1693 –	Movimentos quilombolas na Ilha de São Tomé
1694 –	D. Pedro II, rei de Portugal, concede privilégios

	à Companhia de Cacheu e Cabo Verde. As ilhas de São Tomé e Príncipe tornam-se grandes centros distribuidores de escravos
1703 –	Tratado de Methuen. Portugal e Brasil caem sob o domínio econômico da Inglaterra
1764/1772 –	O governador português Francisco de Souza Coutinho tènta conter o tráfico de escravos e desenvolver Angola, mas não consegue
1774/1776 –	Expedições portuguesas contra a Bailundo e o Ndulu
1839 –	Entra em vigor a lei de 1836 que proíbe o tráfico
1845 –	A Inglaterra decreta o Bill Aberdeen, lei que submete os brasileiros suspeitos de tráfico à jurisdição dos tribunais ingleses, sendo punidos como piratas
1850 –	O tráfico de escravos africanos para o Brasil é proibido por lei, persistindo apenas o movimento entre as províncias

Lubas, lundas e outros bantos

Assim como bacongos e ambundos, que muito contribuíram para a formação da nação brasileira, outros povos bantos conheceram também períodos de prosperidade. É o caso, por exemplo, dos lubas ou balubas, localizados a partir da província de Catanga (Shaba), na atual República Democrática do Congo (Congo-Kinshasa); e que têm as origens de sua nação nos primórdios do século VIII, quando já haviam constituído importantes Estados, dos quais o mais importante foi Luba Lomani.

Do começo do século XVI ao fim do século XIX, os Estados balubas dominavam a grande área que se estende do rio Casai ao lago Tanganica. Segundo a tradição, o grande ancestral baluba foi Kongalo, de etnia Bassongué, que, por volta de 1420, teria estabelecido a capital de seu reino em Muibele, próximo ao lago Boya. Seu sucessor foi o sobrinho Kalala, que o destronou e, no poder, conquistou várias aldeias vizinhas.

Prósperos comerciantes de marfim e metais, os antigos balubas legaram à posteridade joias de cobre e cruzetas desse mesmo metal, usados como moeda. E no século XVIII o Luba Lomani foi importante centro no comércio português de escravos.

Com uma história intimamente ligada à dos balubas, os lundas às vezes são até confundidos com eles. Diz a tradição que entre os séculos XIII e XIV alguns membros da elite dirigente baluba chegaram a uma aldeia a oeste de Luba Lomani e a dominaram, lá se estabelecendo. Nesse momento histórico, o chefe local havia deserdado seus dois príncipes, entregando o poder a uma filha. Então, um príncipe luba, Muaku, toma como esposa essa jovem rainha e se torna rei através do casamento. Nasce, assim, o Reino da Lunda.

Reunidos num dos mais célebres Estados da África Central, anteriores à chegada dos portugueses, os lundas tinham um rei intitulado Mwata Yamwo, detentor de poder tanto religioso quanto político-administrativo, que governava seu Estado através de um conselho constituído pelos governadores das províncias. Esse Estado, grande centro exportador de marfim, metais e escravos, expandiu-se por partes da atual província de Catanga, noroeste de Zâmbia e leste de Angola. Tanto que suas tradições são encontradas hoje por uma vasta área, como entre os bembas do nordeste de Zâmbia, que, segundo a tradição, seriam também descendentes dos mesmos ancestrais dos balubas e dos lundas.

Em 1585, Ilunga Mbili funda o segundo Reino Luba. No período de 1590 a 1610, o poder do reino é exercido pela rainha Luedji, e de 1660 a 1675, por seu filho Yamwo Namedji.

Em 1665, sobe ao poder entre os lundas Ilunga Kibinda, um baluba. Por volta de 1735, Kumvimbu Ngombé organiza os balubas e estende seu reino para leste e oeste. Em cerca de 1740 a região do Luapula é colonizada pelos lundas do comandante guerreiro Kanyembo, cujo filho Nganda Vilonda é nomeado cazembe (rei).

Outro poderoso Estado banto foi o dos cubas ou bacubas (buxongos), que resplandeceu até quase o século XX com organização bastante semelhante à do Reino do Congo. Seu rei Chamba Bolongongo (1600-1620) organizou a máquina estatal, incrementou as artes e os ofícios, incentivando a tecelagem, os bordados, a escultura e a cestaria, introduziu novas culturas agrícolas, como fumo, dendê e mandioca, e tentou, utopicamente, abolir a guerra através da proibição da lança e do arco. Um dos últimos importantes chefes do Estado bacuba foi Kata Mbula, que governou de 1800 a 1810 (CAREY, 1981, p. 108-112).

Por sua vez, os mongos – famosos por seus trabalhos em ferro e sua exuberante literatura oral – também conheceram um brilhante apogeu. E assim como eles, os lozi ou barotse, do oeste de Zâmbia, cujo período de maior fausto ocorreu no século XVII, os tongas, admirados também por sua literatura e sua música, e os zulus – no Brasil conhecidos por "cafres" –, que alcançaram grande notabilidade, sobretudo como guerreiros.

Na passagem do século XVIII para o XIX, entre o povo Ngúni da atual África do Sul, emergia a liderança de um chefe chamado Chaka. Sob seu comando, os ngunis foram transformados em uma legendária "máquina de guerra", conquistando outros povos, expandindo seu território e se afirmando como grande potência. Mas o espírito de luta difundiu-se até mesmo entre os próprios guerreiros, de forma que parte deles, rebelados contra o chefe, ficaram conhecidos como angônis (*Ngoni*), enquanto os fiéis tornaram-se conhecidos como "zulus". Esse nome tem origem em uma expressão de louvor ao poder do rei (*inkosi*), elogiado como "altíssimo", "da altura do céu". Tanto que na língua Xhosa, um dos idiomas locais, o termo "*zulu*" tem o significado de "céu", "azul" (FISCHER *et al.*, 1985, p. 592; DOKE, 2005, p. 730). Na atualidade o território zulu localiza-se na província de Natal ou *KwaZulu*, a antiga "Zululândia", na República da África do Sul, sendo seu idioma o Zulu (*isi-Zulu*), aparentado com a língua Xhosa.

Sob o comando de Chaka, os zulus se tornaram uma grande potência militar: os guerreiros foram organizados em regimentos, inclusive femininos, e aprenderam modernas estratégias de luta.

Chaka, nascido em 1787 e morto em 1823, criou um dos mais bem equipados exércitos de sua época, com serviços de intendência (abastecimento), correios e espionagem; modificou o armamento desse exército, substituindo as lanças de arremessar, de cabo comprido – que quase sempre se perdiam –, por outras de cabo curto e lâmina larga, para serem usadas em combates corpo a corpo; acabou também com as sandálias, que dificultavam os movimentos da tropa, botando os guerreiros descalços; e modificou totalmente a estratégia de ataque e defesa.

Graças a seu grande comandante, os zulus conquistaram outros povos, expandiram seu território e se tornaram uma grande potência.

"Além de inovar o estilo e os métodos de guerrear" – escreveu o zulu Mazisi Kunene (1985, p. 19) –, "Chaka implantou um tipo de liderança que buscava restabelecer a lei social, enfraquecida por ego-ístas lideranças políticas. Segundo a tradição zulu, essa lei social se materializava nos códigos sagrados dos ancestrais".

"A liderança de Chaka" – segundo o escritor zulu – "baseava-se na ideia de serviço, segundo a qual o chefe assume os mesmos riscos que o resto da população. Desde então, a abnegação no serviço à comuni-dade constituiu-se num dos princípios fundamentais do Estado zulu, instituindo-se o mérito como critério para a seleção dos dirigentes em todos os níveis."

Durante todo o período de ascensão e apogeu do Reino Zulu, das conquistas de Chaka até o fim do reinado do *inkosi* Dingane, entre os anos 1815 e 1835, aproximadamente, toda a África Austral é sacudida por uma grande convulsão social. Referido como *Mfekane*, *Difaqane* ou *Lifaqane* – expressões traduzidas como "movimento tu-multuoso de populações" (M'Bokolo, 2011, p. 81) ou "esmagamento", "fragmentação" –, esse conjunto de eventos modificou radicalmente a geografia e a estrutura política da região, dando nascimento a novas unidades políticas.

Em 1828, morto Chaka, sobressaíam os nomes dos novos lí-deres, Dingane, Mpande e Cetshwayo, em luta não só contra os ini-migos locais, mas principalmente contra os interesses colonialistas ingleses. Em 1879, forças britânicas – depois de fragorosamente der-rotadas por Cetshwayo na batalha de Isandhlwana – retornaram e tomaram Ulundi, a capital, incendiaram a cidade e capturaram o chefe. Mas só conseguiram o domínio total em 1907. A partir daí, o estado Zulu foi fragmentado em pequenas unidades, chefiadas por tí-teres dos ingleses, inclusive por um aventureiro escocês (M'Bokolo,

2011, p. 305). A partir daí, os objetivos britânicos foram alcançados e consolidados.

Aqui, num parêntese necessário, estabelecemos um paralelo entre o *Mfecane*, eclodido no ambiente dos zulus, e as invasões dos jagas, no século XVII. Embora as motivações tenham sido diferentes, os efeitos dos embates guerreiros, a conquista de terras e o embaralhamento de povos dando surgimento a novas fronteiras e outras populações aproximam esses dois conjuntos de eventos. Foram eventos civilizatórios, como outros que marcaram a história do continente africano. Da mesma forma que outros povos e nações bantos se destacaram nos mais diversos campos da experiência humana.

O saber e o espírito entre os bantos

Na comparação entre bantos e sudaneses, alguns estudos antigos tendem a desvalorizar as manifestações religiosas dos primeiros, o mesmo ocorrendo com as exteriorizações de seu senso artístico. E assim o fizeram escritores colonialistas, em textos como o seguinte, de Galvão e Selvagem (1952, v. III, p. 218-219), sobre os bantos de Angola:

> A vida espiritual dos negros é uma tragédia contínua, representada entre o nascimento e a morte. O temor do sobrenatural, com todas as representações que a sua imaginação pode admitir, é o facto dominante da sua espiritualidade religiosa. A sua religião é um complexo mal articulado de crenças em que intervêm, ao mesmo tempo, o reconhecimento da existência de um Criador Supremo, as forças ou espírito malfazejos e os agentes animados ou inanimados que decidem, favorecem ou impedem as obras do mal e as obras do bem. Como Criador Supremo acreditam em *N'Gana Zambi*, um deus superior, distante e vago, que parece independente ou indiferente entre os conceitos do Bem e do Mal: um Criador que se reconhece, que se ama e se respeita – mas que não se teme. De *Zambi* não vem nem o Bem nem o Mal. Vem a vida dos seres e a criação das coisas. É um autor, um pouco indiferente à sua obra. O Bem e o Mal são obra de agentes, nem sempre determinados, mas constantemente activos – os feitiços que seguem a vida e a morte, o prazer e a dor, a fortuna e a desgraça, que se aliam a uns

e outros, que se deixam subornar com sacrifícios e ritos e que espreitam todos os actos e manifestações dos seres. E a vida dos negros decorre entre a esperança de merecer os favores de uns e o pavor de sofrer a perseguição de outros.

Na década de 1940, entretanto, o missionário belga Pe. Placide Tempels, estudando os lubas (*baluba*) do atual Congo-Kinshasa, afirmava, em *La philosophie bantoue* (Présence Africaine, Paris, 1949), uma obra que se tornaria célebre, a existência de uma filosofia fundamentada numa metafísica dinâmica e numa espécie de vitalismo que fornecem a chave da concepção do mundo entre os povos bantos (BALANDIER, 1968, p. 64). Nela, a noção de *força* toma o lugar da noção de *ser*, e, assim, toda a cultura banta é orientada no sentido do aumento dessa força e da luta contra a sua perda ou diminuição. Exemplificando a prática dessa filosofia, Jacques Maquet (1966, p. 153-155) assim resume o universo filosófico do povo estudado pelo Padre Tempels:

- Para os Lubas a realidade última das coisas, representando também o seu valor supremo, é a *vida*, a *força vital*.

- O princípio fundamental segundo o qual *todo ser* é *força* é a chave que dá acesso à representação do mundo dos lubas. Todos os seres (espíritos dos ancestrais, pessoas vivas, animais e plantas) são sempre entendidos como forças, e não como entidades estáticas.

- Esta concepção da existência rege todo o domínio da ação humana. Em qualquer circunstância devemos procurar *acrescentar*, evitando o único mal que existe: *diminuir*. Assim as invocações dos grandes ancestrais têm por objetivo aumentar a energia vital, já que entrando em comunhão com eles, cuja vitalidade será maior quanto maior for sua descendência, a pessoa fica mais forte.

- Busca-se a intervenção dos adivinhos e dos sacerdotes (que têm o poder de captar e dirigir as forças que escapam às pessoas comuns) porque eles conhecem as palavras que reforçam a vida.

- Quando a pessoa está doente, ela espera dos remédios não um efeito terapêutico localizado mas o reforço mesmo do ser. Por isto é que, entre os Lubas e outros povos africanos se dá muito valor ao vigor sexual do homem e à fecundidade da mulher, como testemunham os rituais e a estatuária. E isto porque a procriação é evidentemente a manifestação palpável do desenvolvimento da vida.

- *A morte é um estado de diminuição do ser.* Mas os descendentes vivos de um defunto podem, através de oferendas, transmitir a ele ainda um pouco de vida. Quando os vivos são negligentes, os mortos chamam a atenção deles, mandando doenças ou provocando outros aborrecimentos. O morto que não deixa descendentes está condenado à degradação final, espécie de segunda morte, desta vez definitiva.

- *Um indivíduo se define por seu nome:* ele é seu nome. E este nome é algo interior que não se perde nunca e que é diferente do segundo nome dado por ocasião de um acréscimo de força como por exemplo o nome de circuncisão, o nome de chefe recebido quando da investidura ou o nome sacerdotal recebido quando da possessão por um espírito. O nome interior é indicativo da individualidade dentro da linhagem. Porque ninguém é um ser isolado. *Toda pessoa constitui um elo na cadeia das forças vitais, um elo vivo, ativo e passivo, ligado em cima aos elos de sua linhagem ascendente e sustentando abaixo de si, a linhagem de sua descendência.*

Sobre a religiosidade dos lubas, outro testemunho valioso nos é trazido pelo Pe. Théodore Theuws. Segundo ele, integrados no jogo das forças concretas, os lubas estão permanentemente se defendendo contra as forças destrutivas, colocando a seu serviço a energia dos objetos, dos animais, dos vivos e dos mortos, a fim de se preservarem e crescerem como pessoas (THEUWS, 1958, p. 25). Para os lubas, segundo o Pe. Theuws, a fonte de toda força e de toda a vida é Deus, ou seja, *Syakapanga*, o Pai-Criador, ou ainda *Mwine bumi bwandi*, aquele que detém a vida em si mesma, pois não a recebeu de ninguém; aquele que "forjou as coisas com a palavra saída de sua boca; aquele que não é parte das forças da natureza e sim o Criador que as domina", já que os lubas não são panteístas (THEUWS, 1958, p. 25).

Ainda segundo o Pe. Theuws, para os lubas, Deus é também *Syayuka* – o detentor de todo o saber; é *Mwine Matamda*, o senhor de todas as terras; é *Syandya manwa*, o pai de toda a destreza, de toda a habilidade artesanal; é *Mwala*, o distribuidor dos dons; e é *Mwinya o tota*, o Sol que reanima (THEUWS, 1958, p. 28).

Observemos que esses epítetos, ocorrentes em denominações de outras divindades africanas, muitas vezes levam à falsa impressão de que se referem a "deuses" diversos, quando, ao contrário, são formas de referência ao mesmo Ser Supremo, criador e incriado.

Vejamos agora que inclusive o escritor português Silva Cunha (1958, p. 83-84) faz eco aos padres Tempels e Theuws quando escreve:

> Na ontologia negra [...] o *ser* é a força, e, como há seres divinos e terrestres, humanos, animais, vegetais e minerais, distinguem-se várias categorias de forças, todas diferentes. Entre estas estão as forças dos espíritos dos mortos. Todos os seres, segundo a sua potência vital própria, se integram numa hierarquia.
>
> Acima de toda a força está Deus, que tem a força por si mesmo e que está na origem de toda a energia vital. Depois vêm os primeiros pais dos homens, os fundadores dos diferentes clãs. São eles os mais próximos intermediários entre os homens e Deus.
>
> Depois vêm os mortos da tribo, por ordem de primogenitura. São eles os elos da cadeia que transmite o *élan* vital dos primeiros antepassados para os vivos. Estes, por sua vez, estão hierarquizados, consoante a sua maior ou menor proximidade em parentesco dos antepassados e, conseqüentemente, segundo a sua potência vital. A seguir às forças humanas vêm então as outras forças, animais, vegetais e minerais, hierarquizadas conforme a sua energia.
>
> Todas as forças estão relacionadas, exercendo interações que obedecem a leis determinadas. Assim:
>
> 1. O homem (vivo ou morto) pode diretamente reforçar ou diminuir um outro homem no seu ser. A resistência contra esta ação

só pode conseguir-se por meio do reforço da força própria, recorrendo a uma outra influência vital.

2. A força vital humana pode influenciar diretamente seres-forças inferiores (animais, vegetais ou minerais).

3. Um ser racional (espírito ou ente vivo) pode influenciar um outro ser racional atuando sobre uma força inferior (animal, vegetal ou mineral). A resistência a esta ação também só se conseguirá pelo reforço da energia vital, recorrendo a outras forças.

Para se proteger contra a perda ou diminuição de energia vital por ação direta ou indireta de outros seres, o Preto tem que recorrer, portanto, às forças que possam reforçar a sua própria força – ou às divindades, ou aos espíritos dos antepassados – fá-lo por intermédio do culto ou ritual destinado a propiciar Deus ou os deuses e os espíritos, ou por intermédio da magia, que Tempels diz dever ser considerada como o conhecimento da interação das forças naturais, tais como foram criadas por Deus e, por ele, postas à disposição dos homens.

A noção de força vital fica ainda mais clara na observação, feita pelo Pe. Mongameli Mabona (1964, p. 157-161), a partir dos ngunis, povo banto da África do Sul, sobre a importância, entre os africanos, da palavra como símbolo criador, como energia geradora e criadora de dimensões e realidades novas e através da qual se estabelecem pactos e alianças. Exemplificando, diz ele que na língua dos ngunis os termos "*igama*" (nome) e "*ilizwi*" (som, voz, fala) significam antes de tudo "força".

Arrematando, lembra o Pe. Mabona que em Ngúni – que é a sua língua materna – não existe nenhuma palavra ou expressão que designe "parentesco" no sentido de relação entre membros de uma comunidade, a não ser "*ubudlelane*" (comer juntos). Assim – diz ele –, embora sua forma e seu sentido se diferenciem muito do que em geral se entende por sacrifício ou culto, entre os ngunis as festas e cerimônias destinadas a manter ou restabelecer as relações comunitárias (reuniões em que os membros da comunidade "comem juntos") se revestem de um caráter altamente simbólico.

Da mesma forma, escrevendo sobre comunidades bantas moçambicanas, Corrêa e Homem (1977, p. 67) observam:

Muitos dialetos [*sic*] bantus guardam ao nível da linguagem, até hoje, o sintoma mais evidente do sentimento coletivo vivenciado pelos homens no interior dessas comunidades, ao fazerem coincidir num único verbo significados tão diferenciados para nós quanto *dever* e *poder, querer* e *precisar.* As línguas falam o que os homens realizam no seu dia-a-dia. Sendo o elo básico de comunicação entre os indivíduos, elas refletem o mais profundo sentimento que eles nutrem uns pelos outros. E, na verdade, em tais comunidades [tidas como] "selvagens", "primitivas", *pode-se aquilo que se deve, ninguém quer mais do que precisa*, pois não agir assim causaria uma ruptura fatal na continuidade das relações entre os homens (grifos do original).

Buscando outros exemplos dessa importante constatação, verificamos que: no idioma Quimbundo o verbo *"ku-binga"* significa tanto "dever" quanto "precisar"; em Suaíli, *"kuhi-taji"* quer dizer não só "precisar" como também "querer"; e em Umbundo o verbo *"laka"* tem o significado tanto de "querer" como de "precisar". Assim, para os quimbundos, *só se precisa do que se deve precisar*; entre os povos que falam o Suaíli, *só se deseja (quer) aquilo de que se precisa*; e, entre os umbundos, *só se deseja o que se deve desejar.*

Tudo isso vem demonstrar uma regra geral da tradição africana segundo a qual "o mal é o que prejudica o outro, o que ameaça a paz e a sobrevivência do grupo", regra essa que, entretanto, não é absoluta, já que as ações proibidas só o são para certas pessoas. Assim, entre alguns povos, é proibido matar ou roubar os membros da sociedade a que se pertence, mas "tirar a vida ou os bens a um estrangeiro desconhecido em geral não é proibido" (BALANDIER, 1968, p. 330).

A noção de força vital entre os bantos chega até os seres inanimados. Pode-se transmitir essa força, por exemplo, a um barco ou uma canoa. E é isso exatamente que fazem os bengas do Gabão quando batizam seus barcos recém-construídos, antes de lançá-los ao mar. Para eles, uma canoa nova é um ser vivo ainda desconhecido do oceano. Então, ela é batizada numa cerimônia na qual são feitas oferendas aos espíritos dos antepassados e às entidades protetoras do mar, dos pescadores e das embarcações. A partir daí, e com a força do nome que recebeu, ela se torna também uma entidade marinha. Assim, o mar deve respeito a ela, tanto quanto os homens devem respeito ao oceano e a toda a natureza. E, assim respeitada, ela dificilmente sofrerá algum dano ou, mesmo, será roubada. Porque "a memória do mar é imensa". E ele sabe o que pertence a cada pessoa e a cada família da aldeia, de geração a geração (ALLAINMAT-MAHINE, 1985, p. 109).

Fora de dúvida, então, hoje, a existência de uma filosofia banta, e de uma *personalidade africana* perfeitamente definida, bem como de um conjunto de saberes ancestrais compartilhados por toda a tradição negro-africana. A propósito, o sociólogo togolês Amewusika Kwadzo Táy (1984, p. 13-14) escreve:

> Desde a publicação, em 1945, de *La Philosophie bantoue*, de Placide Tempels, o conceito da personalidade africana [condição humana], tal como elaborado por filósofos africanos, compõe-se de quatro elementos: o corpo (invólucro corporal); o princípio biológico (órgãos internos, sistemas automáticos e psicossomáticos); o princípio de vida e o espírito propriamente dito, substância imortal. A personalidade [pessoa] assim concebida situa-se num campo psicológico dinâmico definido por três eixos principais de relacionamentos; a personalidade está no ponto em que os três eixos se cruzam. Há o eixo vertical, que liga a pessoa ao seu ancestral fundador, Deus e outras Existências invisíveis; há o eixo horizontal, o da ordem social, que mantém a pessoa em ligação com a comunidade cultural; e há o eixo da existência própria da Pessoa, da existência biolinear (cf. Ibrahim Sow, *Psychiatrie dynamique africaine*). O equilíbrio da personalidade, e portanto sua saúde mental, dependem do equilíbrio desse universo psicológico.

Analisando a concepção africana do Homem a partir do vitalismo expresso na filosofia banta e tal como definida por Vincent Mulago, o professor gambiano Sulayman S. Nyang (1982, p. 30) diz: "Esta concepção do homem, assim definida por Mulago, está muito próxima das formulações do padre Tempels em seu livro *Filosofia banto*. [...] Mulago faz a mesma análise: 'Para o banto, a vida é a existência da comunidade; é a participação na vida sagrada (e toda vida é sagrada) dos ancestrais; é uma extensão da vida dos antepassados e uma preparação de sua própria vida para que ela se perpetue nos seus descendentes".

Segundo Nyang, a reflexão de Mulago é geralmente aceita pelos que estudam a religião tradicional africana como a crença padrão entre os povos do continente. Mas vale a pena observar o que ele acrescenta a essa concepção da visão banta do homem: "A concepção banta da vida pode ser vista de duas formas: primeiro, como uma comunidade de sangue (primeiro fator decisivo); segundo, como uma comunidade de propriedade (fator concomitante que torna a vida possível)".

Explicada a estruturação filosófica do pensamento banto, vemos, então, que, se alguma notável diferença houvesse entre suas concepções e as dos povos oeste-africanos, dos quais também vieram trabalhadores escravizados para o Brasil, ela residiria na importância que os povos bantos atribuem mais especificamente à ancestralidade. Isso porque, na religiosidade dos bantos, os espíritos dos ancestrais são os principais intermediários entre a Divindade Suprema e os humanos. Assim, são eles que levam as oferendas dos fiéis e intercedem em seu favor junto a Nzambi, Suku, Kalunga etc. "Placide Temples" – escreve Redinha (1975, p. 364-365) –, "na sua obra *La philosophie bantoue*, expressou largamente que os Bantos possuem uma ontologia própria. Colocam Deus no vértice das forças como espírito criador, dotado de poder por si mesmo, sendo por sua vez o homem um elemento participante de sua força, segundo uma hierarquização em que tomam o primeiro lugar os antepassados fundadores de clã ou de tribos, em segundo os defuntos venerados, e finalmente os vivos."

E embora, na pirâmide das forças que constituem o universo, os ancestrais estejam mais longe da Divindade Suprema que os espí-ritos da natureza, seu culto entre os bantos supera em importância e em eficácia, por exemplo, o culto aos orixás da tradição ioruba-na, irradiada a partir dos atuais Nigéria e Benin. E embora, ainda, aqueles espíritos sejam hierarquicamente mais importantes que os ancestrais, estes podem ser também associados a forças da natureza, como é o caso, entre os bacongos, dos *Nkisi*, que às vezes estabelecem com os homens pactos bilaterais, com obrigações de ambas as partes

(Thomas; Luneau, 1981, v. I, p. 78). Assim, se algo como a ordem moral é coisa de que a divindade suprema não se ocupa, por estar muito acima ou muito além, os ancestrais são os guardiães dela e se incumbem de castigar os descendentes que não a respeitem (Balandier, 1968, p. 330). Os ancestrais atingem às vezes um tal grau de sacralização que acabam por ser considerados como divindades secundárias ou mesmo divindades de primeira ordem, como é o caso de Unkulunkulu, o ancestral primordial dos zulus, cujo culto obscureceu quase que totalmente o do Deus Supremo Ndyambi-Karunga (Thomas; Luneau, 1981, v. I, p. 78).

Entre os bantos, então, a onipresença dos ancestrais é flagrante: "Nenhum trabalho nos campos, nenhum casamento, nenhuma cerimônia de puberdade podem ter lugar sem que estejam em ligação com os mortos" (Thomas; Luneau, 1981, v. I, p. 78). Assim, eles não só continuam a fazer parte da comunidade dos vivos, como também evidenciam sua importância. Porque "os mortos, ao passarem pela agonia individual da morte, adquiriram um conhecimento mais profundo do mistério e do processo de participação vital do universo" (Nyang, 1982, p. 30).

Estudando o conceito de Deus entre os bantos em geral, o etnólogo português Silva Rego constatou a prática de um monoteísmo todo peculiar. Os bantos, segundo ele, creem num Deus Supremo e o respeitam, mas não o cultuam e só se dirigem a Ele em casos de extremo desespero. E isso porque entendem que o melhor modo de lhe render culto é venerando seus grandes mortos, ou seja, os espíritos dos ancestrais (Rego, 1960, p. 144). Como endosso, vejamos este trecho de Merriam (1963, p. 30-31): "Quase todos os bantus do Congo têm uma crença num ser superior que é freqüentemente tido como o criador do universo, mas que preferiu retirar-se do mundo depois de terminada a criação. Provavelmente de maior importância sob o ponto de vista funcional direto são os espíritos dos antepassados que acredita-se terem um interesse ativo".

Agora, examinemos esta informação de Fagan (1970, p. 125-126), sobre a religião dos xonas (naxonas), construtores do célebre Império do Monomotapa, focalizado páginas atrás:

Em todas as áreas onde se falam línguas bantas há semelhanças básicas quer na estrutura gramatical quer no vocabulário. Do mesmo modo, existem evidentes semelhanças entre as práticas religiosas das tribos de língua banta mesmo vivendo em lugares tão afastados como o Transval e o Tanganica [atual Tanzânia]. As crenças religiosas xonas são, como as das outras religiões africanas, estreitamente ligadas à identificação com os espíritos dos antepassados, meio de comunicação com um ser supremo. O ser supremo é o criador do Universo e do Homem. O ser divino tem, entre os Xonas, nomes diversos, sendo o mais comum o de *Muári*, [...] Nenhum ser vivo pode se comunicar com *Muári* senão através de intermediários. Os Xonas crêem que o espírito do homem pode falar depois da morte com o criador, razão pela qual se desenvolveu um sistema de culto dos espíritos. Quando alguém deseja pedir um favor a *Muári* ou solicitar a sua proteção, roga-o através dos espíritos dos seus próprios antepassados. Tais espíritos familiares são denominados *vadzimu* (sig. *mudzimu)* e, sempre que um parente direto morre, o seu espírito vai juntar-se aos fantasmas ancestrais da família.

Acentuando que Muári, a divindade suprema dos xonas, é o mesmo para toda a nação, sendo venerado, por conseguinte, também no nível tribal, prossegue Fagan:

Os espíritos da tribo, ou "*mondoro*", são os meios através dos quais a comunidade ou seus representantes podem suplicar *Muári* em períodos de crise política ou quando falham as colheitas. A maior parte da vida religiosa dos povos xona está ligada à adoração e à glorificação de *Muári* através dos "*mondoro*". Acreditam que, tanto os *vadzimu* como os "*mondoro*", se manifestam através de um médium, a que chamam *sviquiro*. O hospedeiro do espírito pode ser um membro da família a que pertencem os *vadzimu*, ou, no caso da tribo, como um todo, qualquer membro da comunidade.

Como em toda a tradição africana, os xonas têm o maior respeito pelos seus velhos, grandes detentores e preservadores dos saberes ancestrais. E aqui Fagan explica por que:

O culto de *Muári* é essencialmente uma religião do povo. Uma vez que os vivos só podem se comunicar com *Muári* por meio do espírito dos antepassados, os Xonas manifestam grande respeito e preocupação com os anciãos da tribo e os membros mais idosos da família. Sem dúvida que este respeito pelos velhos é uma precaução para garantir a amizade dos futuros *vadzimu*, quando os anciãos morrerem e se juntarem às fileiras dos espíritos. E, como a comunidade só pode contactar com *Muári* através dos hospedeiros de tais *vadzimu*, é natural que os métodos através dos quais os espíritos tribais podem ser invocados sejam encarados com um respeito extraordinário.

Sobre a evocação do nome do remoto antepassado Nimi-a-Lukeni, pelos bacongos, ainda nos tempos atuais, o etnólogo português José Redinha (1975, p. 364) escreveu:

> O respeito religioso pelos antigos chefes do território, mais exatamente pelos seus espíritos, abrange, inclusive, os seus ocupantes remotos, mesmo que tenham sido inimigos, os quais são reverenciados no oratório conguês, no intuito de lhes apaziguarem qualquer ressentimento que poderia redundar em males de variada ordem, mas muito em especial atingiriam o solo e as suas produções.
> O culto dos mortos é que verdadeiramente domina a vida religiosa conguesa. Crêem que os espíritos dos defuntos dominam os vivos e influem em todos os sectores da vida, ora benéfica ora maleficamente, aspecto este último que recomenda, umas vezes sacrifício de acção de graças, por outras preces de aplacação, e também rogos de ajuda, contra forças contrárias desencadeadas.

Na tradição africana em geral, e para o Banto, no caso desta obra, o ancestral é importante porque deixa uma herança espiritual sobre a Terra, depois de ter contribuído para a evolução da comunidade ao longo da sua existência, e por isso é venerado. Ele atesta o poder do indivíduo e é tomado como exemplo não apenas para que suas ações sejam imitadas, mas também para que cada um de seus descendentes assuma com igual consciência suas responsabilidades. Por força de seu legado espiritual, o ancestral assegura tanto a estabilidade e a solidariedade do grupo no tempo quanto sua coesão no espaço. Assim, o culto aos ancestrais (tanto biológicos quanto míticos ou simbólicos) tem uma repercussão inestimável na estatuária e na escultura da tradição negro-africana, que são as manifestações mais características da arte negra como um todo (e da arte banta em especial), distinguindo-a da arte europeia, por exemplo.

Para a cultura ocidental clássica, baseada em regras estabelecidas pelos gregos e romanos na Antiguidade, a finalidade da arte era reproduzir ou imitar a natureza. Então, essa arte, na escultura e na pintura, representava as figuras dentro das três dimensões que o olho humano percebe (altura, largura e profundidade) e só reconhecia efetivamente como manifestação artística a obra que estivesse dentro desses padrões de proporção e perspectiva. Daí a generalização da ideia de que a escultura tradicional negra seria "primitiva", e isso com base no falso conceito de que toda a manifestação artística da humanidade teria começado assim "tosca", "malfeita", "desproporcional", e depois teria ido "melhorando, melhorando", até atingir a "perfeição" da arte grega e latina. Mas esse entendimento não mais se justifica.

As formas da arte negro-africana tradicional – expôs o senegalês Alioune Sène (1969, p. 61) – são múltiplas e variadas, mas obedecem a certas constantes que afirmam sua autenticidade. Um de seus elementos é a *assimetria*, pela qual se demonstra que nada do que existe no mundo pode ser fixo ou estático. Cada objeto, mesmo inerte, é animado por um movimento cósmico que se exerce segundo um ritmo que o artista procura expressar.

Outro elemento da arte negra tradicional, segundo A. Sène, é a *desproporção*, que explica como a arte é uma linguagem que cria signos, símbolos de algo que o artista quer comunicar ao expectador. A arte é sempre conhecimento, e não um plágio, da natureza. E, nela, a forma do objeto varia segundo as exigências do espírito. Isso explica o porquê de certas máscaras ou estátuas serem realistas, e outras, abstratas.

O que ocorre, então, é que o escultor tradicional negro africano, quando cria sua obra, não quer copiar a natureza, e sim dizer o que pensa sobre ela; ele não quer reproduzir as coisas, e sim dar sua opinião, seu conceito sobre o que elas representam. Ele procura, em seu trabalho, simbolizar, expressar um ponto de vista; não copiar o que vê, e sim captar o que vai por dentro daquilo que está vendo. Por isso é que ele se preocupa mais com os detalhes do que com o conjunto. Por isso é que, ao fazer, por exemplo, a estátua de uma pessoa, a cabeça é sempre grande, desproporcional em relação ao resto. Porque a cabeça é a parte mais importante do corpo: é onde mora a inteligência, o saber, a personalidade, a vida, enfim. Assim, quando a estatuária africana representa características ou manifestações sexuais, por exemplo (seios, órgãos genitais, mulheres grávidas etc.), ela não está pretendendo ser "erótica", "pornográfica" ou qualquer coisa desse teor, porque aí a sexualidade está associada à fertilidade, à fecundidade, à sobrevivência social, econômica, biológica e espiritual do grupo; e nunca apenas ao prazer.

Entre os bantos – como ressalta Théophile Obenga (1984, p. 83) –, afinal, tudo é "arte": arte de falar, de cantar, de cozinhar bem; arte de cumprir bem os rituais, as cerimônias, as festas; arte de tocar bem o tambor, de esculpir bem as imagens dos ancestrais; arte de saber se pentear, maquilar, vestir, andar, rir etc. E é o mesmo Obenga que vê em todos os povos bantos, com algumas pequenas diferenças, concepções estéticas semelhantes, nas quais a ideia de beleza está indissoluvelmente ligada às de bem, vida e verdade. Desse modo, em toda a África banta, é belo o que é bom, vivo e verdadeiro, e que carrega dentro de si uma tradição de ancestralidade, que a cria e a diviniza (OBENGA, 1984, p. 78).

Daí a importância da pessoa idosa. O velho "tem a solidez, a pátina, a elegância, a força moral, a majestade" das estátuas dos ancestrais; seus cabelos brancos, "obra do tempo humano e social, fazem do Velho uma obra da arte, uma estátua histórica viva" (OBENGA, 1984, p. 87). Porque, dentro do universo artístico banto, as máscaras e as estátuas dedicadas aos ancestrais representam um papel muito importante.

A figura do ancestral é um símbolo que evoca seus atos. Não se trata de fetichismo nem de idolatria, pois não se adora um pedaço de madeira ou de metal. A máscara ou estátua é o signo que manifesta a presença espiritual do ancestral entre os vivos (SÈNE, 1969, p. 63).

Mas nem só de máscaras vive a arte dos bantos. Já no século XV exploradores portugueses tomavam conhecimento dos belos tecidos de casca de árvore e fibra de palmeira, "com uma fineza comparável ao veludo", que eram fabricados no velho Reino do Congo. Porque foi primeiramente pela extrema habilidade de sua tecelagem e pela qualidade de sua cestaria que os bacongos atraíram a atenção dos cronistas sobre sua produção e sua arte. E apesar das "peripécias da história" (Balandier, 1968, p. 238), essa arte, fruto de uma civilização que resplandeceu por cerca de três séculos, não sucumbiu. Assim, até hoje, na vida tradicional dos bacongos, os trançados são de largo emprego, sendo utilizados na confecção de esteiras para dormir, na decoração de casas etc. A tecelagem recorre a fibras vegetais, principalmente de palmeira, e faz nascer peças que lembram brocados, veludos, tafetás etc. E com técnicas bem mais avançadas, hoje os bacongos forjam o ferro, trabalham o cobre e fundem o chumbo, produzindo anéis, pulseiras, argolas e manilhas que servem ora como adereço, ora como emblema clânico, ora como símbolo de importância social.

Entretanto, os prejuízos causados à arte dos bantos de Angola pelo colonialismo foram incalculáveis e irreparáveis. Sobre isso, encontramos em L. L. Fituni (1985, p. 54) a seguinte denúncia:

> A colonização portuguesa mudou de forma substancial os trilhos ao desenvolvimento da arte africana tradicional em Angola. Durante quase cinco séculos o imperialismo português foi executando a sua "missão civilizadora". E como resultado tem-se o quase completo desaparecimento de diversas direções na arte nacional, devido, em primeiro lugar, às tentativas dos colonizadores de "desviar do paganismo os nativos". Os quinhentos anos de esmagamento da arte nacional e a imposição do "sistema de valores" europeu não podiam passar sem deixar as suas marcas. Como resultado, na Angola de hoje, especialmente nas regiões ocidentais, determinados tipos de arte, tais como, o fabrico de máscaras rituais ou a dança ritual, estão desenvolvidos em relativamente menor grau do que noutros países da África Tropical. Importa portanto notar que lá, no nordeste e no leste (regiões que os portugueses apenas no século XX começaram ativamente a colonizar), ambos os tipos citados de arte popular conservaram-se em toda a sua dimensão.

Nos dois países chamados "Congo", essas "peripécias da história" também ocorreram, com violência. Entretanto, na atual República do Congo (Congo-Brazaville), de colonização francesa, elas não sufocaram, de forma tão arrasadora, as manifestações artísticas. Escrevendo sobre a região, em 1960, o já citado Alan Merriam (1963, p. 31) afirmava:

O Congo, rico na sua vida estética, é uma das grandes áreas artísticas da África e na verdade do mundo inteiro. As artes plásticas são representadas por toda sorte de objetos: máscaras, estatuetas, postes esculpidos, bastões e outros símbolos de ofício. Quanto a esse aspecto pode-se dividir o país em duas regiões: a meridional e a setentrional, segundo certas características estilísticas. As artes gráficas são praticadas em menor proporção embora encontradas em certas zonas sob a forma de pinturas domésticas. A pintura de quadros em telas, à imitação da Europa, tem produzido alguns resultados esplêndidos. A música é caracterizada pela ênfase dada às técnicas e dispositivos rítmicos bem como na grande diversidade de instrumentos e estilos. Em algumas tribos, como por exemplo a dos Ekonda que vivem ao redor do lago Tumba, a música alcança alturas de extraordinária complexidade. A dança e o drama são usados com grande efeito e o folclore é um sistema altamente complicado.

Os bacongos do subgrupo Vili ou Fiote que habitam o litoral do Congo-Brazzaville, de Angola e do Enclave de Cabinda, e que pelo nome "cabindas" são conhecidos, configuram exemplos muito vivos de arte e sagacidade. Segundo Redinha (1975, p. 30-33), eles são "muito aptos para o negócio", têm "vivo espírito filosófico e proverbialista" e "propensão para os serviços domésticos e não para os trabalhos agrícolas", "comprazem-se com as discussões das costumagens jurídicas", "possuem sensibilidade exagerada e são muito inteligentes".

O antropólogo e historiador brasileiro Câmara Cascudo (1965, p. 128), discorrendo sobre os cabindas, fala dos *Mabaia Manzungu* – tampas de panela de madeira com cenas entalhadas que contêm ensinamentos, avisos, conselhos, normas morais e jurídicas etc. "Um desses textos" – escreve Cascudo – "é obra-prima, de significação evidente, imediata, comovedora. Um rapaz, com um braço cortado, está sendo conduzido no conforto de uma maxila, suspensa aos ombros de dois servos. Um homem, com a perna amputada, arrasta-se pesadamente pelo solo. Devia realizar-se o contrário no plano de transporte, mas ao lado da maxila, em relevo, há o sinal da realeza. O moço sem braço é um príncipe. O velho sem perna é um plebeu."

E Cascudo conclui: "Utilizar a tampa desse prosaico utensílio com finalidades de sugestão psicológica, ensinando, na superfície de um disco de madeira, uma inteira aula régia de justiça formal, altera a sentença do julgamento crítico sobre a inteligência reflectiva dêsses Cabindas, analfabetos e poderosos de intuição comunicante".

Assim como os bacongos, artistas igualmente respeitados encontram-se entre os bacubas, que, conforme Maquet (1966, p. 122), são hábeis fabricantes de taças "cefalomórficas" (em forma de cabeça), caixinhas de joias, apoios para cabeça, cachimbos, cadeiras e tecidos de ráfia bordada também. Nesses trabalhos, segundo Maquet, a ornamentação antropomórfica é superabundante e de execução muito cuidadosa, pelo que eles se constituem em objetos de luxo cuja posse confere prestígio social.

Por volta de 1950 – informa ainda Maquet –, M. R. Verly recolheu em antigos cemitérios bacongos do norte de Angola uma boa quantidade de esculturas em pedra-sabão presumivelmente bem antigas, já que os últimos artesãos congos nessa técnica teriam morrido por volta de 1910. Estudando essas descobertas, M. Verly constatou que estátuas da mesma natureza, mencionadas num documento de 1514, tinham sido levadas, no final do século XVII, para Roma, por um missionário italiano, e ainda estão lá, o que atesta a antiguidade da técnica entre aqueles povos bantos.

Também entre os bacongos, assim como entre os balubas e bassonguês – quem informa é ainda Maquet (1966, p. 127) –, são admiráveis os bastões rica e refinadamente ornados, os enxós finamente trabalhados, os machados de lâmina larga com cabos forjados artística e delicadamente. Segundo Maquet, o tratamento ornamental desses objetos é de tal maneira rebuscado que chega a atrapalhar o seu uso normal, sendo, portanto, objetos destinados a representar apenas e nada mais que o poder, na sua expressão mais prestigiosa, funcionando como símbolos de uma sociedade onde o poder do chefe é glorificado, enaltecido, para mostrar de modo esplendoroso e incontestável que seu detentor é muito superior aos outros homens do seu povo.

E o que teria possibilitado o florescimento dessas extraordinárias manifestações artísticas? Evidente que só em sociedades de base econômica estável o artesão pode se tornar artista especializado na fabricação de objetos não só de arte, como também de luxo. Assim, tanto quanto entre os bacongos, balubas e bassonguês, também entre os bacubas isso ocorreu.

As estátuas dos reis bacubas, entalhadas em madeira, e de altura que varia entre 30 e 75 centímetros, representam os monarcas sempre sentados, de pernas cruzadas, todos portando o gorro que simboliza a condição e a dignidade de sua realeza. Cada rei, entretanto, é identificado através de um símbolo evocativo de seu ato ou característica mais notável. Assim, Bope Pelenge (*c.* 1800), por ter sido ferreiro, é representado à frente de uma bigorna; Mikope Mbula (1810-1840), por ter abolido a proibição do casamento entre nobres e escravos, é representado com um jovem escravo diante de seu trono; Chamba Bolongongo (1600-1620), por ter – para acabar com os jogos de azar –introduzido o jogo inofensivo do *Zelá*, é retratado tendo diante de si um tabuleiro desse jogo, hoje popularíssimo entre os bacubas.

"Esta estatuária dinástica" – diz Maquet (1966, p. 130) – "nos faz penetrar na história: nomes e fatos singulares do passado emergem. Mesmo entre os povos que não conhecem a escrita, o poder, quando se amplifica até a realeza, deixa de ser anônimo. As tradições orais, as representações plásticas conservam a lembrança das passadas grandezas que glorificam o poder atual e o legitimam."

Então, ao contrário do que preconizava a maior parte dos antigos escritos, os bantos também foram agentes civilizadores, também têm sua filosofia, e – sempre sob a égide dos ancestrais divinizados (OBENGA, 1984, p. 75) – honram e prestigiam a arte e o saber de seus escultores, seus músicos, seus contadores de histórias, seus dançarinos, seus sacerdotes e seus chefes.

Trabalho e técnicas[50]

Como outros povos em todos os tempos e lugares, os antigos povos bantos, em suas atividades de trabalho, adaptavam-se ao meio

---

[50] Texto traduzido e adaptado de Lema Gwete (1991, p. 67-68).

ambiente servindo-se dos sistemas de tecnologia de que dispunham, adaptando-os a cada caso, de acordo com suas respectivas condições socioeconômicas e suas visões de mundo.

Assim agiam os povos das florestas, combinando técnicas de produção espontâneas, de acordo com os recursos naturais existentes, nas atividades agrícolas: de caça, pesca etc., às vezes dando predominância a uma delas. Da mesma forma agiam os agricultores das savanas, cujas técnicas podem ter contribuído para a formação de alguns espaços arborizados. Igualmente, os ribeirinhos, dependentes dos rios ricos em peixes e dos espaços florestais às suas margens. E essas eram também as características do trabalho entre os nômades pastores, cujo ambiente natural era o dos planaltos ou das colinas sucessivas. Sua rotina original, de transumância (sempre indo com o gado em busca de melhores passagens), foi aos poucos se transformando em vida sedentária, o que logo deu causa a problemas de espaço, tanto para o gado quanto para os humanos.

Não obstante, os diversos povos bantos desenvolveram importantes técnicas de trabalho, dominando tecnologias em áreas como as seguintes: artes do corpo; técnicas de conservação; metalurgia; ourivesaria; escultura; cerâmica; tecelagem; cestaria etc., além de arquitetura.

Nesta última especialidade, é notória a descrição da Mbanza Kongo, a capital do Reino do Congo, no século XV, cujo aspecto era o de uma cidade com casas de madeira, circulares e retangulares, com telhado de palha e cercas vivas. No centro ficavam os palácios do rei e da rainha, protegidos por um labirinto e por um muro de mais de 1 quilômetro de perímetro (Lopes; Macedo, 2017, p. 37).

África-Brasil-África

Na falta de Angola, o Brasil se perderá sem outra guerra.
(Conselho Ultramarino, 1642)

Sem negros não há Pernambuco e
sem Angola não há negros.
(Pe. Antônio Vieira, 1648)

*Não se pode fazer uma estimativa do
tráfico negreiro pois é difícil contabilizar o desespero dos homens.*
(Joseph Ki-Zerbo)

A primeira operação de transporte massivo de escravos africanos para a Europa teria ocorrido em 1444, ano em que a Companhia de Lagos, recém-criada, fazia chegar a Portugal 235 cativos capturados no Golfo de Arguim, na atual Mauritânia. No século seguinte, entre as décadas de 1570 e 1590, segundo algumas estatísticas, teriam saído de Angola mais de 50 mil escravos em direção a Portugal, Brasil e América hispânica (LOPES; MACEDO, 2017, p. 111).

No litoral do centro-oeste africano, os embarques concentraram-se entre o Cabo Lopo Gonçalves, no Luango, e o rio Coporolo, ao sul de Benguela; e na costa oriental, principalmente entre o Zambeze e o Limpopo, no atual território de Moçambique (GERBEAU, 1979, p. 247). A técnica mais comumente utilizada pelos mercadores para se abastecerem de escravos era fomentar a guerra entre povos ou grupos tribais vizinhos. Foi assim que bacongos venderam prisioneiros de guerra ambundos como escravos e vice-versa, beneficiando nessas transações portugueses de todos os extratos sociais e de todas as profissões: "alfaiates, sapateiros, pedreiros, oleiros, padres e professores", diz Kazadi wa Mukuna ([s.d.], p. 45), todos participavam do tráfico.

A instalação no Brasil, em 1532, por Martim Afonso de Souza, na atual Baixada Santista, do primeiro engenho produtor de açúcar foi o fato gerador do incremento da utilização massiva de mão-de-obra escrava. Pedro Ramos de Almeida (1978, v. I, p. 129) refere 1538 como o ano do primeiro embarque de escravos africanos para o Brasil; e atribui ao negreiro o nome de Leonardo Lopes Bixorda. Esse primeiro contingente de cativos pode ter sido integrado no todo ou em parte por bantos, pois, no Congo, ao tempo da investidura do rei Nzinga Mbemba, Afonso I, entronizado em 1508, o tráfico já era intenso. Percebendo, entretanto, que o tráfico arruinava o Congo (ninguém queria exercer outra atividade senão a de comerciante de escravos) e não tendo forças para aboli-lo, Nzinga Mbemba (1508-1543) induz os traficantes a irem caçar suas presas em outras terras (MUKUNA, [s.d.],

p. 46). Porém, o efeito lhe foi contrário, pois os povos acossados pelos caçadores de escravos passaram a hostilizar seu reino e até o invadiram, em hordas como as dos jagas. E é assim que se inicia a derrocada do legendário e faustoso Reino do Congo.

Mas a crônica das primeiras investidas escravistas registra, igualmente, sérios revezes para os portugueses: D. Francisco de Almeida morto na atual África do Sul, Lopes Ferreira trucidado no Congo por "negros panzelungos" e Fernão Darvelos assassinado no rio Longa, no Dongo (ALMEIDA, 1978, v. I, p. 91, 99 e 138), são apenas alguns casos de portugueses que, juntamente a centenas de comandados, sucumbiram na primeira metade do século XVI diante da resistência banta à escravidão.

Em cerca de 1550 desembarcam em Salvador, Bahia, os primeiros escravos destinados ao trabalho nos engenhos de cana do Nordeste. E com o desenvolvimento da lavoura açucareira, a partir da década de 1570, o Nordeste passa a receber cada vez mais escravos, oriundos principalmente do Reino do Congo, do Dongo e de Benguela.

Por essa época, Portugal está em guerra com forças do Marrocos, cada lado com seus respectivos aliados. Em 1758, trava-se a batalha de Alcácer-Quibir, na qual morre o mitológico rei lusitano Dom Sebastião, neto de Dom Manuel, o "Venturoso". O trono de Portugal é ocupado, então, por D. Henrique I, que, assim como seu antecessor, também morre sem deixar descendentes diretos. Vago o trono, outros netos de D. Manuel disputam o poder, saindo-se vitorioso Filipe II de Espanha, que unifica a Península Ibérica, sob seu comando.

Entretanto, apesar de reunidas as duas coroas sob o domínio do mesmo monarca, Portugal passa a ser governado por um vice-rei, nomeado por uma Espanha então em guerra permanente com Holanda e Inglaterra, pelo controle do comércio internacional. Então, os lusitanos, perdida grande parte de seus domínios na Ásia e na África, apegam-se decididamente ao Brasil e a Angola, seu grande celeiro de mão de obra escrava.

O chamado Domínio Filipino, com os reis Filipe II III e IV, estende-se de 1580 a 1640, quando D. João IV, da dinastia de Bragança, restabelece o domínio português, libertando seu país do jugo espanhol.

Alguns anos antes, repetindo uma prática também ocorrida na Bahia, escravos de um grande engenho pernambucano revoltam-se, dominam patrões e feitores, e ocupam a sede da fazenda. Conscientes, entretanto, de que se permanecessem no local ou por perto não teriam como resistir às represálias e às expedições de captura, esses escravos sobem a Serra da Barriga, embrenham-se na floresta e lá, na localidade conhecida como Palmares, lançam as bases do núcleo por muitos considerado o primeiro Estado livre da história do Brasil.

No fim do século XVI, o número de escravos e libertos reunidos em Palmares – e que por necessidade de sobrevivência vinham constantemente saquear os engenhos vizinhos – já causava apreensão (FREITAS, 1973, p. 36). Tanto que, por essa época, o jesuíta Pero Lopes alertava as autoridades coloniais para o perigo que esses refugiados representavam, a exemplo do que já ocorrera na Ilha de São Tomé, onde os "angolares", quilombolas de lá, comandados pelo chefe Amador, tinham levado a efeito em 1596 um movimento de sérias consequências (ALMEIDA, 1978, v. I, p. 217).

Conforme Oruno D. Lara (1979, p. 140-141), no Brasil, o primeiro quilombo remontaria ao início do tráfico, tendo sido destruído por "Luis Brito de Almeida" – possivelmente, o governador-geral de então, Luís Brito e Almeida, mandante da operação – próximo à Bahia, mas dando ensejo ao surgimento de outros, entre os quais um cujos habitantes, em 1661, fecharam a estrada entre Bahia e Alagoas, na localidade de "ltapicum" (Itapicuru?). Lara refere também quilombos destruídos perto do Rio de Janeiro em 1650 pelo "Capitão Marcel Jordão da Silva", possivelmente Manuel Jordão, como citado em outras fontes.

Em 1602, o governador-geral Dom Diogo Botelho, chegando ao país, em vez de ir para a Bahia, sede do Governo, permanece em Pernambuco cerca de um ano. E essa permanência gera a primeira e frustrada expedição oficial de combate a Palmares, cuja população, por volta de 1630, já teria cerca de 3 mil pessoas. Lá, segundo Décio Freitas, essas pessoas desenvolviam uma agricultura avançada, plantando cana, feijão, milho, mandioca, batata e legumes; aproveitavam os palmeirais da região, fabricando artefatos de palha, manteiga e vinho; criavam galinhas e porcos; e trabalhavam o ferro. Entretanto, volta e meia populações inteiras tinham de abandonar suas aldeias, pressionadas por expedições de caça e repressão.

Em fevereiro de 1630, com o número de engenhos de açúcar nordestinos já mais que duplicados em relação ao século anterior, os holandeses desembarcam em Pernambuco, e três anos depois começam a chegar a Angola. Desencadeada a guerra dos luso-brasileiros contra a Holanda de um lado, e, de outro, contra os espanhóis, que já lutavam contra os batavos, grande parte dos negros dos engenhos pernambucanos se aproveita da confusão reinante e foge para Palmares, engrossando as fileiras quilombolas. Os portugueses, então, prometem alforria e outras vantagens aos negros que queiram lutar ao seu lado. O militar negro Henrique Dias aceita essa oferta e se põe a serviço de Matias de Albuquerque.

Chegando ao Brasil em 1637, o príncipe Maurício de Nassau defronta-se com um sério problema, pois, embora forças holandesas tenham tomado Pernambuco aos portugueses, os palmarinos vêm reagindo aos ataques contra seus redutos usando táticas de guerrilha, com as quais causam muitas perdas a seus opositores. Quando, então, os quilombolas fecham por várias semanas o caminho que liga Recife ao sul da capitania de Pernambuco, Nassau envia a Palmares, em 1644 e 1645, duas expedições, integradas cada uma por mais de mil homens. Mas elas retornam sem maiores resultados.

As guerras holandesas em Pernambuco desorganizaram o sistema colonial. "Seis anos de contínua guerra" – escreveu o historiador alemão Hermann Watjen (*apud* CONDE, 1971-1972, p. 119) – "haviam espalhado aos quatro cantos os escravos que trabalhavam na agricultura. Uns haviam sido aprisionados pelos holandeses e estavam agora a serviço de seus novos senhores; outros tinham sido levados no arrastão pelas tropas portuguesas em retirada para o sul; a maior parte, porém, se achava refugiada nas matas onde, entregue à rapinagem, se congregava em bandos, que iam constantemente crescendo e, por vezes, infligiam sensíveis perdas às tropas enviadas em sua perseguição."

Nassau, então, resolve fazer do Recife não apenas um grande centro importador de mão de obra escrava, mas também um importante núcleo de onde se distribuiriam cativos angolanos para outros países sul-americanos, ficando Angola e todo o tráfico negreiro sob o controle direto de Recife, e não de Amsterdã. Para o príncipe de Nassau – disse Gilberto Freyre (1975, p. 302) –, "Pernambuco tinha direitos adquiridos sobre Angola, São Tomé e Ano Bom: as forças holando-brasilianas é que haviam tomado aos espanhóis essas colônias africanas".

Quando da Restauração portuguesa, em 1640, o Brasil começa a buscar escravos em Moçambique. E um ano depois, a 24 de agosto, uma expedição holandesa organizada em Recife ataca Luanda. "O Governador Pedro César de Menezes" – escreveu Pedro Ramos de Almeida (1978, v. I, p. 285) – "ordena a evacuação da cidade. Os holandeses autorizam o regresso dos mercadores de escravos, mas poucos aceitam." Os jagas e a rainha Jinga, vendo ali o momento de derrotarem definitivamente os portugueses, aliam-se às forças batavas na coligação já referida. E o Reino de Benguela, até então independente, cai também nas mãos dos holandeses.

Em 1643 o nobre conguês Conde do Sonho (ou Soyo) vem ao Recife e oferece duzentos escravos a Nassau. Dois anos depois, uma expedição portuguesa oriunda da Bahia, é destroçada pelos Jagas entre Quicombo e Massangano. No mesmo ano, outra força armada, comandada por Francisco de Souto Maior, governador da capitania do Rio de Janeiro entre 1644 e 1645, chega a Angola e luta contra a coligação da rainha Jinga.

Por essa época, entre os cerca de 30 a 40 dos navios que frequentam o porto de Luanda, só dois ou três são portugueses: o restante são navios brasileiros (ALMEIDA, 1978, v. I, p. 296). E a esse cenário junta-se, em 1648, Salvador Correia de Sá, ex-governador da capitania do Rio de Janeiro, que vem, no comando de 1.500 homens, embarcados em 15 navios, para reconquistar Angola e assegurar a importação de cativos para os engenhos do Brasil.

Cerca de 16 anos mais tarde, os holandeses são definitivamente expulsos do Brasil, ao fim da chamada "Insurreição Pernambucana", que, segundo algumas avaliações, nada mais teria sido que uma revolta dos senhores de engenho portugueses contra a cobrança repentina, e a juros altíssimos, dos empréstimos concedidos pelos holandeses através da Companhia das Índias Ocidentais à época de Maurício de Nassau, que a essa altura já havia regressado à Europa.

Por esse tempo, o militar negro Henrique Dias empreende, também sem sucesso, uma expedição contra a confederação de Palmares, que já tinha estendido seu território por uma vasta área, abrangendo as povoações de Macaco, com cerca de 8 mil habitantes; Amaro, com perto de 5 mil; Subupira; Dambrabanga; Andalaquituxe; Alto Magano; Curiva; bem como os aldeamentos dos chefes Acotirene, Osenga e Zumbi.

Em Palmares viviam também mestiços, índios e, segundo algumas fontes, até mesmo brancos, que para lá iam inclusive pela alegada fartura reinante, em contraste com as povoações vizinhas, onde, nos tempos de paz, os palmarinos vinham vender o excedente de sua produção.

Durante todo o século XVII, Palmares rechaçou cerca de 35 expedições inimigas, como as de Bartolomeu Bezerra, entre 1602 e 1608; as dos holandeses Rodolfo Baro, em 1644, e Jan Blaer, em 1645; duas comandadas por portugueses, em 1654 e 1655; e a do negro Gonçalo Rebelo, em 1663 (LARA, 1979, p. 141; FREITAS, 1973, p. 37-80).

Em 1658, o militar e senhor de engenho português João Fernandes Vieira, (nascido Francisco de Ornellas e mencionado como "homem de cor"), assume o governo geral de Angola, procurando derrotar a concorrência holandesa e inglesa no tráfico de escravos para o Brasil. Seis anos mais tarde, e com o mesmo propósito, assume o governo André Vidal de Negreiros. Enquanto isso ocorria, no Brasil, os quilombolas palmarinos prosseguiam, rechaçando ataques das forças de repressão e atacando propriedades vizinhas, numa guerra constante, que já durava quase um século.

Entre os palmarinos havia um grande chefe e chefes menores em cada povoação. O primeiro grande chefe que a história registra é Ganga Zumba, tido como nascido lá mesmo em Palmares, e que em 1678 celebrou um acordo de paz pelo qual se mudava, com grande parte de sua gente, para terras barganhadas com as autoridades coloniais na localidade de Cucaú. E quando as hostilidades pareciam terminadas, emergia a liderança dissidente do maior chefe da história de Palmares: Zumbi. Os palmarinos tinham, então, dois chefes inimigos entre si: Ganga Zumba, em Cucaú, e Zumbi, na Serra da Barriga.

Em Cucaú, muitos partidários de Ganga Zumba, sentindo-se ludibriados pelo acordo feito com as autoridades coloniais, passavam-se para o lado de Zumbi, o que acabou resultando na morte de Ganga e no enfraquecimento que pôs fim ao aldeamento de Cucaú. Os portugueses e as forças ao seu redor, entretanto, não davam tréguas a Palmares. Então, sob a promessa de importantes recompensas, em dinheiro, cativos e terras, além de perdão para delitos anteriormente cometidos e poderes amplos e ilimitados, Domingos Jorge Velho – um paulista que, por viver na selva, só se comunicava na "língua geral" dos indígenas (FREITAS, 1973, p. 139) – chefiava, a partir de 1692, as últimas expedições contra Palmares.

Cerca de 2 mil pessoas teriam participado de última expedição, além de 7 mil soldados enviados pelo Governo. Depois de dois anos de luta, de janeiro de 1694 a novembro de 1695, Zumbi, segundo a versão mais divulgada, teria sido traído e morto por um de seus chefes.

O mais importante, porém, a registrar na história de Palmares é que foi, sem dúvida, uma confederação constituída em moldes organizacionais bantos e certamente liderada por negros bantos e descendentes. O étimo "quilombo", para início de conversa, é originário do quimbundo *kilombo*, significando "união", ou "reunião de acampamentos". A expressão "Ganga Zumba" (*Nganga Nzumba*), na mesma língua, pode ser traduzida como "chefe religioso imortal" ou "dono da imortalidade". Zumbi, por sua vez, é aportuguesamento do quimbundo "*Nzumbi*" (espírito), também ligado à ideia de imortalidade do anterior. Da mesma forma, quase todos os nomes dos chefes palmarinos encontram correspondentes no léxico dos idiomas Quimbundo ou Quicongo.

Relevante, também, é lembrar que a história e a organização de Palmares são bastante semelhantes às dos *angolares* de São Tomé, como já foi referido neste trabalho. E que, além disso, floresceram no Brasil, à sombra da opressão colonial e imperial, outros importantes quilombos, como o do rio das Mortes, na região das Minas Gerais, destruído em 1751; o da Carlota, em Mato Grosso, extinto na segunda metade do século XVII; o do Malunguinho, nas matas do Catucá, próximo a Recife, até 1836; o de Manuel Congo, em Paty do Alferes, no estado do Rio de Janeiro; e do Cumba, Maranhão, até 1839 (GRANDE..., 1970, p. 5627-5628).

Clóvis Moura (1981), inclusive, fornece uma lista dos principais quilombos brasileiros, que vai aqui reproduzida:

Principais quilombos brasileiros

Sergipe
Quilombo de Capela
Quilombo de Itabaiana
Quilombo de Divina Pastora
Quilombo de Itaporanga
Quilombo do Rosário
Quilombo do Engenho Brejo
Quilombo de Laranjeiras
Quilombo de Vila Nova

Bahia
Quilombo do Urubu
Quilombo de Jacuípe
Quilombo de Jaguaribe
Quilombo de Maragogipe
Quilombo de Muritiba
Quilombos dos Campos de Cachoeira
Quilombos de Orobó, Tupim e Andaraí
Quilombos de Xiquexique
Quilombo do Buraco do Tatu
Quilombo de Cachoeira
Quilombo de Nossa Senhora dos Mares
Quilombo do Cabula

São Paulo
Quilombo do Jabaquara
Quilombo de Moji-Guaçu
Quilombo de Atibaia
Quilombo de Santos
Quilombo de Campinas

Quilombo de Piracicaba
Quilombo de Morro de Araraquara
Quilombo de Aldeia Pinheiros
Quilombo de Jundiaí
Quilombo de Itapetininga
Quilombo da Fazenda Monjolinho (São Carlos)

Maranhão
Quilombo da Lagoa Amarela (do Preto Cosme)
Quilombo do Turiaçu
Quilombo de Maracaçumé
Quilombo de São Benedito do Céu

Minas Gerais
Quilombo do Ambrósio (Quilombo Grande)
Quilombo do Campo Grande
Quilombo do Bambuí
Quilombo do Andaial
Quilombo do Sapucaí
Quilombo do Careca
Quilombo do Morro de Angola
Quilombo do Parnaíba
Quilombo do Ibituruna

Amapá
Oiapoque – Calçoene
Mazagão
Alenquer (Rio Curuá)

Pará
Óbidos (Rio Trombetas/Cuminá)
Alcobaça (hoje Tucurui)
Cametá (Rio Tocantins)
Caxiú (Rio Moju/Capim)
Mocajuba (litoral atlântico do Pará)
Gurupi (divisa entre Pará e Maranhão)

Maranhão
Turiaçu (Rio Turiaçu)

Mas lembremo-nos de que esses são apenas os quilombos levantados pelo historiador Clóvis Moura. Temos indícios de outros, inclusive na cidade do Rio de Janeiro, em antigas localidades rurais, onde persistem logradouros e outros pontos geográficos com nomes como "Caminho do Quilombo", "Estrada do Quilombo", "Ponta do Quilombo", "Morro do Quilombo". E o trabalho de mapeamento dos núcleos remanescentes, pelo Governo Federal, interrompido em 2019, caso tenha prosseguimento, talvez ainda revele outros mais.

Observemos que cerca de dois anos antes da morte de Zumbi dos Palmares ocorrem, no Brasil, as primeiras descobertas de minas de ouro, do qual 725 quilos chegam a Portugal em 1699; e mais 1.785 quilos dois anos depois (ALMEIDA, 1978, v. I, p. 361, 364). Essa abundância estimulará, no século XVIII, o deslocamento do principal eixo escravista para a região do Golfo da Guiné, onde se supunha que os nativos fossem mais experientes no trabalho de mineração, determinando, também, no Brasil, a mudança dos principais pontos de desembarque de escravos para locais como o litoral sul do atual estado do Rio de Janeiro e a costa norte do atual estado de São Paulo. Além disso, a atividade nas jazidas de ouro trazia outra realidade: como o tempo de vida útil do escravo no trabalho de mineração era reduzido à metade em relação à lavoura de cana, onde se descansava na entressafra, por essa época o Brasil passava a precisar de cada vez mais escravos.

O advento do Ciclo do Ouro, então, promoverá o deslocamento do centro de decisões do Brasil colônia do Nordeste do país para o Centro-Sul. E a mudança determinará uma sequência de eventos, tais como: a transferência da Casa da Moeda para o Rio, em 1702; a criação, em 1709, da capitania de "São Paulo e Minas de Ouro"; a autonomia de parte dela, em 1720, constituindo-se em "capitania de Minas Gerais"; e, por fim, a mudança da capital do Vice-Reino do Brasil para o Rio de Janeiro, em 1763.

Com Kazadi wa Mukuna ([s.d.], p. 34) vemos também o seguinte: "A participação dos bantos ou, melhor ainda, de seus senhores brancos na indústria do açúcar, cultura do fumo, mineração do ouro, cultura do algodão, do arroz e do café, determinou como um todo o itinerário de suas migrações internas, levando à sua concentração loco-regional após a emancipação".

Esses vetores tiveram importantes consequências, tais como: o povoamento do interior nordestino graças à pecuária, de meados do século XVII a meados do século XVIII; o início da colonização do Rio Grande do Sul, em 1737; a extensão da indústria e da cultura da cana para o Vale do Paraíba e a descoberta de terras próprias para o cultivo do café em São Paulo, no século XIX. Essas ocorrências determinaram deslocamentos e fixação de grandes contingentes de trabalhadores bantos por toda a extensão do território brasileiro. E o etnomusicólogo congolês Kazadi wa Mukuna, em seu livro já aqui citado, fornece uma eloquente exemplificação dessa presença, quando conta uma experiência pessoal vivida na região do rio Paraíba do Sul, no Sudeste brasileiro, assim descrita:

> Aparecida, uma das menores cidades do Vale do Paraíba aparenta ser, para nós, de grande importância, especialmente do ponto de vista cultural. Durante uma visita, na data do o aniversário do aparecimento da imagem de Nossa Senhora Aparecida, em 12/10/74, além da música e do estilo de dança apresentados pela "Congada de São Benedito" e pelo grupo "Moçambique" de Guaratinguetá, fiquei particularmente espantado com a semelhança física dos negros que vieram das cidades circunvizinhas participar da comemoração desta ocasião, com a dos membros das tribos bakongo e bazombo do Zaire. Os fatos mais convincentes da concentração banta no Vale foram encontrados no local do mercado. Ali, uma velha negra fumava um cigarro com o lado aceso na boca. Esta prática, lugar comum entre as mulheres das citadas tribos do Zaire, prevaleceu até durante os anos próximos da independência (Mukuna, [s.d.], p. 58-60).

Ao tempo dos mencionados deslocamentos de bantos escravizados em solo brasileiro, entre os séculos XVII e XIX, na África, repetiam-se intermináveis revoltas antiescravistas dos que lá permaneciam, revoltas essas que o poder colonial tentava conter, quase sempre com o envio de servidores radicados no Brasil. Tal foi o caso de Rodrigo

César de Menezes, ex-governador da capitania de São Paulo, que, em 1732, tomava posse como governador de Angola para defender os interesses escravistas brasileiros. Vejamos ainda que, entre 1700 e 1850, dois terços dos escravos entrados no Brasil via Recife e Rio de Janeiro eram provenientes de Luanda e Benguela (GOULART, [s.d.], p. 89).

Outro dado fundamental na odisseia dos "ancestrais esquecidos" (expressão de Jan Vansina, mencionada páginas atrás) é o apoio de lideranças católicas à prática escravista, inclusive participando do tráfico negreiro. Relatos da época comprovam esse envolvimento, assim descrito pelo historiador Robert Edgard Conrad e outros autores: "De acordo com uma testemunha, normalmente os escravos eram batizados no porto de embarque, e ao mesmo tempo uma pequena cruz era gravada em cada lado do peito com um ferro quente" (CONRAD, 1985, p. 51). E isso parece confirmar Pedro Ramos de Almeida, que, citando Boxer, escreve que "os escravos, batizados em grupo, antes do embarque no navio negreiro ouviam de um intérprete as seguintes palavras: 'Considerai-vos agora filhos de Deus. Ides partir para o país dos portugueses, onde aprendereis as coisas da fé. Deixai de pensar na vossa terra de origem. Não comais nem cães, nem ratos, nem cavalos. Sede felizes'" (ALMEIDA, 1978, v. I, p. 258).

Essas recomendações eram dirigidas aos escravizados pelo bispo de Luanda, que, sentado em sua cadeira de mármore, "lançava a sua bênção" – assim escreveram os escritores colonialistas portugueses Galvão e Selvagem (1952, v. III, p. 83) – "aos rebanhos de gente negra que embarcava para o Brasil".

Aliás, essa cadeira onde se sentava, paramentado, o bispo de Luanda mereceu do escritor carioca Luiz Edmundo ([s.d.], p. 510) o seguinte comentário:

> A famosa cadeira onde o bispo de Loanda se sentava para abençoar a mercadoria viva, afim de que essa chegasse ao seu destino o menos avariada possível, era toda de mármore, certamente offerta piedosa de algum negreiro avisado, que, com o vulto e a qualidade da matéria offertada, contava valorizar o gesto magnânimo do sacerdote de Deus, tão mal ouvido dos céus, na hora de conservar, com a vida do negro, o lucro do negreiro.

Essas relações entre a Igreja Católica e os traficantes de escravos foram, na realidade, quase sempre bastante amistosas. A propósito, Viana Filho (1976, p. 11) escreveu:

> A ninguém repugnava comerciar em escravos. No tempo não era cousa que se fizesse furtivamente, coberto de vergonha, fugindo às criticas da população. [...] Por isso, marcando-os na sociedade, tiveram mesmo os traficantes a sua Irmandade, espécie de sindicato sob a invocação de um Santo, e que funcionava na pequena igreja de Santo Antônio da Barra, erigida numa das eminências da cidade, dominando a Bahia de Todos os Santos e o Atlântico, e donde S. José, padroeiro da devoção dos traficantes, deveria velar pela sorte das embarcações que rumavam em busca de negros a serem escravizados e cristianizados pelo batismo...

Feito esse registro sobre o envolvimento de lideranças católicas com o tráfico negreiro, procuremos saber mais sobre os bantos, que, já no século XVII, constituíam uma massa numerosa e influente no seio da população do Brasil colonial.

René Ribeiro (1978, p. 20-21) afirma, com base em Gonzalo Aguirre Beltrán, que os escravos embarcados nas feitorias de Luango e Cabinda pertenciam aos seguintes povos: *"Ba-lumbo, Ba-vili, Ka-kongo, Ba-Mbamba, Bashi-longo, Musorongo, Ba-Mpomba, Mbuila, Ba-Mbata, Ba-Mfumungu* e *Mondonga".* Vemos aí nomes já familiares ao nosso trabalho, como *Ka-kongo* (Cacongo), *Mbuíla* (Ambuíla) etc. E prosseguindo com o escritor pernambucano vamos ver, agora, que de São Paulo de Luanda teriam vindo para o Brasil escravos dos grupos *"Ki-Mbundu"* (Quimbundo ou Bundo), *"Cabanga, Cabeza, Cangungo, Cazongo, Coanza, Hanga, Manga, Ocarimba, Quisama* e *Quitama".* De Benguela teriam chegado os *"U-Mbundu"* (umbundos ou ovimbundos). E, de Moçambique, contingentes dos grupos *"Ba-Ronga, Ba-Tonga, Ba-Shope, Ba-Senga, Ba-Ngoni* (Nguni), *Macua* e *Ajaua".*

No Brasil, o estudo dos diferentes povos africanos sempre foi uma tarefa difícil, mormente pela grafia dos nomes étnicos, em geral reproduzida de autores estrangeiros. Entretanto, reunindo informações de diversos autores mencionados nas Referências deste trabalho, e principalmente de Théophile Obenga (1985), pudemos montar o seguinte quadro tentativo sobre os povos bantos dos quais, comprovada ou presumivelmente, provieram indivíduos escravizados para trabalhar no Brasil.

Quadro 1
Povos bantos teoricamente atingidos pelo tráfico negreiro

Povo	Localização
1) Tráfico Atlântico	
DUALA	Litoral da atual República dos Camarões
BASSA	Idem
FANG (PAHUIN)	Rep. do Gabão
MONGO (MONGOCUNGO)	Floresta da Rep. Democrática do Congo (ex-Zaire)
LUBA	Leste, nordeste, oeste e sul da região de Shaba (Catanga), na Rep. Democrática do Congo
CUBA	Centro-sul da Rep. Democrática do Congo
TEQUE (BATEQUE ou ZINCO)	Planalto do centro-norte do Congo-Brazzaville
VAREGA (REGA, LEGA)	Fronteira leste da Rep. Democrática do Congo, próximo ao Lago Tanganica
BACONGO	Enclave de Cabinda, nordeste de Angola (entre o Atlântico e o Cuango), litoral congolês
AMBUNDO (BUNDO)	Entre o Atlântico e o Cuango e, além deste, para leste e sul, além do baixo e do médio Cuanza

Povo	Localização
OVIMBUNDO (UMBUNDO)	Metade oeste de Angola, além do litoral até as terras altas
GANGUELA	Fronteira leste de Angola, do Zambeze ao Cuando; Alto Cubango; oeste da Zâmbia
LUNDA-QUIOCO (CHOKWE)	Desde o ângulo superior direito do quadrante Nordeste do território angolano até a fronteira sul, na altura em que o Cubango a atravessa; Casai e arredores
NHANECA-HUMBE	Angola, no alto e no médio Cunene
HERERO	Ângulo sudoeste de Angola; norte da Namíbia; sudoeste da África do Sul
OVAMBO (AMBO)	Ao longo e ao meio da fronteira sul de Angola; norte da Namíbia; sudoeste da África do Sul
XINDONGA	Sudoeste de Angola, entre o Cubango e o Cuando
DAMARA	Namíbia, a sudoeste dos ovambos
CAVANGO (OCAVANGO)	Namíbia, a sudoeste dos ovambos; Namíbia, a leste dos ovambos; e no sudoeste da África do Sul

2) Tráfico Índico ou da contracosta

Povo	Localização
TONGA	Ao sul do rio Save, entre o Limpopo e Inhambane, no litoral de Moçambique; no Zimbábue, no vale do Zambeze; na Zâmbia
CHOPE	Idem
RONGA (LANDIM)	Entre os rios Save e Komati; na bacia do Limpopo, em Moçambique, e em algumas regiões do Zimbábue

Povo	Localização
SENGA	Entre o Save e o Zambeze (Moçambique)
NGUNI (ANGONI)	África do Sul e Zimbábue; região de Tete (Moçambique), junto às fronteiras com Zâmbia e Malaui
NHUNGUE	No Zambeze, próximo a Tete (Moçambique)
XONA	Ao sul do Zambeze, em Moçambique, e no Zimbábue
MACUA	Moçambique, entre os rios Rovuma e Zambeze, e principalmente na bacia do Lúrio
AJAUA (IAO)	Entre os rios Rovuma e Lúrio e no lago Niassa
SUTO (SOTHO)	No Zimbábue e na África do Sul

Nesta tentativa de classificação, partimos da localização dos povos litorâneos e vizinhos, para começar a estabelecer a procedência dos escravos vindos para o Brasil. Consultando os mapas, vemos, por exemplo, que, da atual República dos Camarões até Benguela, os povos bantos mais provavelmente escravizados foram: os fangs e seus aparentados mbulus e betis; os bacongos; com todos os seus subgrupos; os ovimbundos; os ambundos e os hereros. Também através dos mapas vamos deduzir que, na costa oriental, o predomínio da ação escravista teria mais provavelmente recaído sobre os xonas, chopes, tongas e macuas.

Comparando as denominações de todos esses grupos étnicos com as usadas por autores que buscaram informar a respeito, de Debret a Edison Carneiro, de Rugendas a Renato Mendonça, podemos também chegar perto de algumas conclusões. Por exemplo, os "quiloas" e os "monjolos" ou "mongolos" de que nos fala Rugendas ([s.d.], p. l00, 104) seriam provavelmente macuas embarcados em Quíloa, os primeiros; e talvez mongos, os segundos. Os "gabões" de Koster (1942, p. 507) seriam fangs ou mponguês. Os "rebolos" de Debret ([s.d.], p. 227) seriam certamente libolos, grupo próximo dos ambundos, os "anjicos" seriam anzicos e daí por diante.

Reis, guerreiros e foliões

O negro aproveitou as instituições aqui encontradas e por elas canalizou o seu inconsciente ancestral: nos autos europeus e ameríndios do ciclo das janeiras, nas festas populares, na música e na dança, no carnaval...

Arthur Ramos

Meu avô lá no Congo
Foi rei bantu
E aqui
Eu sou rei do maracatu

Canção de Luiz Gonzaga e Zé Dantas, 1950

No livro *Made in Africa*, o autor Câmara Cascudo manifesta opinião segundo a qual, embora os povos oeste-africanos ("sudaneses") tivessem constituído Estados monárquicos da mais alta grandeza – haja vista a legenda dos *tunka* do Antigo Gana, dos *mansa* do Antigo Mali, dos *askia* do Império Songai de Gao, dos obás de Benin, dos alafim de Oyó, dos *oni* de Ilé-Ifé, para citar apenas os exemplos mais conhecidos –, tanto na África quanto no Brasil, é entre os bantos e sua descendência que "a imagem ostensiva de majestade, severa, imperiosa, Rei coroado, supremo título subjugador"(Cascudo, 1965, p. 22) aflora grandiloquente. E quando se quer falar em "rei negro", nas manifestações bantas recriadas em terra brasileira, fala-se principalmente em *Rei do Congo*, projeção simbólica dos grandes *Muene-e-Kongo*, os manicongos, com quem os portugueses trocaram credenciais diplomáticas e presentes, de igual para igual, em suas primeiras expedições à África Negra. Assim é que um sem-número de manifestações da arte afro-brasileira conserva a lembrança das grandezas passadas do Antigo Congo e de seus reis.

É ainda Câmara Cascudo que, no *Dicionário do folclore brasileiro* (1980, p. 242), define as congadas (ou congados, ou, ainda, congos) como autos cujos elementos formadores foram: préstitos e embaixadas; reminiscências de bailados representativos de lutas guerreiras; a evocação, já mencionada neste trabalho, da legendária figura da grande rainha do Dongo-Matamba, Nzinga Mbandi; e principalmente as cerimônias, que já em 1674 se realizavam no Brasil, de coroação dos "Reis do Congo" eleitos pelos negros de variadas etnias que integravam as irmandades afrocatólicas de Nossa Senhora do Rosário.

Embora fosse quase impossível controlar o enorme contingente de escravizados que viviam nas ruas trabalhando *de ganho* ou *de aluguel*, essas instituições e essas cerimônias, que ocorriam também em Portugal, tinham a óbvia intenção de manter os negros sob controle. E eram, conforme vemos em algumas descrições, como a de Henry Koster (1942, p. 355), ridicularizadas pela elite dominante e pela população branca em geral. Mas os negros, especialmente os bantos, souberam, como bem observa José Ramos Tinhorão (1972, p. 60), "usar com sabedoria, em proveito de sua continuidade histórica, a estrutura que os brancos lhes ofereceram". Tanto que, abolida em meados do século XIX a estratégia escravista de eleição do "Rei do Congo", as celebrações que a cercavam, por iniciativa dos próprios negros, permaneceram, transformando-se em autos ou danças dramáticas.

Conforme observa Oneyda Alvarenga (1960, p. 90), essas festas de coroação, com música e dança, seriam não só uma recriação das celebrações que marcavam a eleição dos reis na África, como também uma sobrevivência do costume dos reis bantos de, com séquito aparatoso, fazer suas excursões e "embaixadas" entoando cânticos e executando danças festivas. E essa observação efetivamente procede. Relatando, com base em textos da época, a recepção dos bundos a Paulo Dias de Novais, em Luanda, no ano 1575, Ralph Delgado (1946, p. 282) escreve:

> Trouxeram, então, o embaixador, *com a sua companhia*. Reverendo e *apessoado* [...], rodeado de uma barulheira infernal, em que sobressaíam os instrumentos da terra (cabaça com seixas, buzina

de dente de elefante, uma *engoma*, espécie de alcântara, uma *gunga, com dois chocalhos juntos*, uma viola, parecida com uma esparrela, e uma campainha com dobre fúnebre), o *mogunge, vendo de longe o governador,* "começou a fazer grande *sequirila*, vindo sempre tangendo as palmas e os instrumentos, fazendo também seu efeito, que não havía quem se entendesse com tanto chocalho e buzina […] (grifos nossos).

Descrevendo, também com base em relatos da época, a "coroação de um rei negro", em 1748, no Rio de Janeiro, Mello Moraes Filho (1946, p. 384) contava:

> Em breve a vozeira confusa que se escutava lá fora, calava-se; os sinos repicavam mais vibrantes e rápidos, produzindo esta mudança do efeito o rolar surdo das caixas de guerra, o som de rapa das *macumbas* em grande número, a queda sonoramente uniforme dos chocalhos enfeitados da bárbara marcha precedendo o préstito. De braços erguidos, pulando e revirando as mãos, vestidos de penas e estôfos coloridos, quatro *muanas* (negrinhos), serviam de batedores ágeis fazendo negaças, cantando, gritando... Atrás da música caminhavam majestosamente o *Neuvangue* (rei), a *Nembanda* (rainha), os *Manajundos* (príncipes), o *Endoque* (feiticeiro), os *Uantuafunos* (escravos, vassalos e vassalas do rei [do quimbundo *mutafunu*, escravo]), luzido e vigoroso grupo daquelas festas tradicionais e genuinamente africanas celebradas no Rio de Janeiro no século passado.

Vê-se, então, que uma congada (também "congado", ou "baile de congos") é uma dança dramática dos bantos afro-brasileiros conforme uma usança imemorial dos bantos africanos. Tanto que Câmara Cascudo, em seu já citado *Dicionário* (1980, p. 244), no verbete citado, escreve:

> Em Minas Gerais e Rio Grande do Sul, em préstitos está a Rainha Ginga, silenciosa e desfilando, soberba, ao lado do Rei de Congo, seu impossível esposo, pois, historicamente, foi inimigo tenaz e tantas vezes derrotado. No Rio Grande do Norte, onde os Congos são vivos há quase século e meio, o Embaixador, desatendido pelo

Rei de Congo (Henrique, Rei Cariongo), entra em peleja, mata o Príncipe Sueno e leva o próprio Rei prisioneiro.

Noticiando uma congada vista em Goiânia por Pereira da Costa e descrita no livro *Folclore pernambucano*, de 1908, Oneyda Alvarenga (1960, p. 93) escreve e transcreve:

> Depois de muitas cantigas em que o português se mistura com palavras africanas, de louvações em que São Lourenço aparece ao lado do deus conguês Zâmbi, começa a Embaixada, que consiste apenas na entrada das embaixadas de diversas nações africanas, como Angola, Cassange, Moçambique e outras, acaso convidadas pelo Rei do Congo para tomarem parte da festa; especialmente a [...] entrada solene da embaixada da rainha Ginga. O Embaixador da Rainha Ginga oferece presentes ao Rei e a representação termina com umas danças para alegrar a embaixada, e a conferência de várias graças burlescas distribuídas pelo Rei do Congo, entre as quais a do govêrno das matas de Tiriri.

Mais adiante (p. 98), a continuadora da obra de Mário de Andrade mostra como seu mestre teria esclarecido a origem de dois dos personagens dos congos:

> Com as suas [de Mário de Andrade] pesquisas, completadas por esclarecimentos de Artur Ramos, ficou demonstrado que o nome do Príncipe Suena deriva de uma confusão estabelecida pelos negros do Brasil em torno do título dignitário *Suana Mulopo*, que designa na região da Lunda, o "herdeiro imediato" das famílias dos reis. Quanto à rainha Ginga, cujo nome aparece numa versão paraibana dos Congos sob a forma de Zinga Nbângi, trata-se de Ginga Bândi, que reinou no século XVII em Angola ou Matamba.

Sobre a rainha Ginga, observe-se que, páginas atrás, dávamos como uma das prováveis etimologias de seu nome a expressão quimbunda "*Ndjenga Mbange*" ("rapariga formosa e corajosa"), o que a forma paraibana "Nbângi", citada por Mário de Andrade, vem de certa forma reforçar, muito embora exista em quicongo o vocábulo "*Jinga*", com o sentido de permanência, sobrevivência, eternidade (Bentley, 1877). Quanto à referência ao "Príncipe Suena", poderia tratar-se aí de uma reminiscência do "Príncipe de Sonho" (ou Soyo), "tio de El-Rei (o Manicongo) e muito idoso" referido por Pigafetta e Duarte Lopez na sua "Relação do Reino de Congo e Serras Circunvizinhas" (COQUERY-VIDROVITCH, 1981, p. 88-93).

Segundo algumas versões, a representação dramática conhecida como "congada" teria origem em autos escritos pelos padres católicos para servirem de instrumento de catequese e controle dos escravos. De fato, a narrativa de algumas peças desse repertório sugere origem europeia, inclusive pela evocação de personagens como Carlos Magno, imperador dos francos. Mas o que parece certo é que a estrutura africana desses folguedos é anterior à sua transformação em autos, tendo os catequistas apenas inserido neles esses textos evocativos da Idade Média europeia. Tanto que, descrevendo o "baile de São Benedito" da cidade paulista de Xiririca, o folclorista Alceu Maynard de Araújo (1967, v. I, p. 216) nos remete, também, à história do Reino do Congo e de seus vizinhos Dongo-Ngola, Dongo-Matamba etc.

"No Baile de São Benedito" – escreve Araújo – "tomam parte vinte e uma figuras. O responsável pela Congada é o Rei Congo, cujo nome é às vezes proferido em língua africana: Guanaiame, Guizunganaime e Gana-Zumbi-Ganaime." Lembremos aqui que no idioma Quimbundo uma das expressões que designam o Deus Supremo é *"Ngana-Nzambi"*, ou seja, "Senhor Deus", expressão que, como a quiconga *"Nzambi-Ampungo"*, que adiante examinaremos, às vezes serve como título e designação dos reis muito poderosos. Mas prossigamos com a descrição do folclorista: "As outras figuras" – escreve ele – "são: um Embaixador, um Príncipe, um Secretário, às vezes chamado por Ganaturiza, um Cacique, oito vassalos e oito conguinhos. Os vassalos e os conguinhos também têm seus nomes na hierarquia que vai do primeiro ao oitavo. O primeiro é Grande Honra, o segundo Quendaiame, o terceiro Bonizame, o quarto Narquim, o quinto Subão, o sexto Canator, o sétimo Cusame e o oitavo Acunda". A seguir, Araújo dá o nome dos oito "conguinhos", listando entre eles um "Ansico da Guiné", um "Zambázio" e um "Londado", o que nos leva a indagar se esse "Ansico" não seria uma referência aos anzicos ou tekes, habitantes das terras altas do centro-norte da atual

República Popular do Congo; e se o nome "Zambázio" não poderia conter uma referência ao rio Zambeze e às terras a ele vizinhas; e se, finalmente, o nome "Londado" não estaria relacionado ao reino dos lundas...

Na sua descrição do "baile de São Benedito", Maynard Araújo menciona outros nomes e expressões, como "Aganiame", "Cumbanda", "Quenda Cusame", "Zambiapongo" (veja-se o *Nzambi-Ampungo* citado anteriormente), "calunga", "ambelo", "Angana", "Gama Zumbiganaiame", que nos remetem de pronto ao Quimbundo e ao Quicongo. Quando, por exemplo, o rei manda o emissário se apressar no envio da mensagem, ele usa a voz imperativa "Cuenda!". E *"kuenda"* em quimbundo significa exatamente "andar".

Mello Moraes Filho, no clássico *Festas e tradições populares do Brasil* (1946, p. 167-168), dedica um capítulo aos *cucumbis* no Rio de Janeiro. E diz que "cucumbis" é a denominação dada na Bahia às "hordas de negros de várias tribos" que se organizavam em "ranchos" de canto e dança, principalmente por ocasião do entrudo e do Natal, e que nas demais províncias recebiam o nome de "congos". Segundo Moraes, o folguedo representava o préstito dos congos indo levar à sua rainha os *mametos* (crianças) recém-circuncisados, e isso após a "refeição lauta do *cucumbe*, comida que usavam os *congos* e *munhambanas* no dia da circuncisão de seus filhos" (p. 169). Essa figura do mameto, "filho do rei", bem como a do *quimboto*, "o feiticeiro", aparece, também, numa evocação feita por Luiz Edmundo ([s.d.], p. 158) das Consagradas no Rio de Janeiro ao tempo do Vice-Reinado.

O cientista francês Marcel Soret (1959, p. 109), dissertando sobre as artes dos bacongos que estudou, refere-se às danças do *tchikumbi*, expressão que corresponde ao quimbundo *"kikumbi"* = puberdade (Maia, 1964). Laman (1964) registra *"kúmbi"* (entre os Vili, *ki-kúmbi*), significando "moça" em algumas regiões, e em outras remetendo à circuncisão e a ritos que precedem o casamento. Assim, essas danças podem estar ligadas a ritos de passagem da puberdade, e provavelmente reside aí a origem dos cucumbis da tradição afro-brasileira.

No estado do Espírito Santo, uma variante do folguedo é o ticumbi, auto que "se resume na luta do rei Congo com o rei Bamba, para decidir quem terá o privilégio de louvar São Benedito" (NERY, 1982, p. 34). As origens da disputa remontariam ao litígio ocorrido no século XVI entre o poder central do Reino do Congo e o da importante província de Mbanda, na Angola atual.

Escrevendo sobre o Reisado, o alagoano Abelardo Duarte (1974, p. 302) lembra que "no reisado há sempre um 'Rei-de-Congo' e esse nome é depreciativo do de Rei Chefe de Estado civilizado". E continua: "Havia em Maceió muitos negros originários do Congo, como de Angola. Eu conheci vários. Parece-me que os negros do Congo tivessem trazido essas festas para aqui".

Estudando, então, os "bailes de congos" em suas diversas formas, vemos que, apesar de sua inserção no contexto segregacionista e controlador das irmandades católicas, a instituição da "Coroação dos reis do Congo" teve o mérito não só de manter viva na tradição dos bantos no Brasil, 500 anos depois, a reminiscência de um passado outrora glorioso, como também o de se constituir no impulso inicial de diversas manifestações artísticas, como o maracatu, folguedo que, na sua origem, ao que consta, era conhecido pelo gentílico africano "cambinda".

No centro-oeste africano, o nome "cabinda" designa, como já vimos, os bacongos do litoral. No Brasil, o termo "cambinda", assim anasalado, designou principalmente os préstitos musicados e dançantes dos negros do nordeste, os quais, segundo alguns autores, mais tarde teriam se transformado nos atuais maracatus. Tanto que as mais antigas dessas agremiações se denominavam "Cambinda Elefante", "Cambinda Estrela", "Cambinda Velha", "Cambinda Nova", "Cambinda Leão Coroado" etc. (GUERRA-PEIXE, 1981, p. 29). Os autores Trigueiro e Benjamin (1978, p. 3), entretanto, nos falam de "cambindas" como um folguedo específico ainda hoje existente na Paraíba, "diferenciado do Maracatu Nação Africana ou de 'Baque Virado', bem como do 'Maracatu rural' ou 'de Orquestra', de Pernambuco", no qual o traço mais caracteristicamente banto é a presença da *calunga*, a boneca preta que – como o *babalotim* do afoxé nagô-baiano – é carregada à frente do cortejo.

"Calunga" é termo derivado do quimbundo e quicongo *kalunga*, que nomeia o mar, a divindade que lhe corresponde e às vezes até mesmo o grande Deus Criador. Por extensão, o termo passou a designar a imagem representativa da divindade, estendendo-se mais ainda para significar qualquer boneco, qualquer objeto de dimensões reduzidas ou mesmo qualquer pessoa de baixa estatura, notadamente as portadoras de deformidade protuberante nas costas, as corcundas.

E assim como as congadas, os cucumbis e os catopés mineiros, tanto o maracatu quanto as cambindas da Paraíba e as *taiêras* (mulheres que carregam talhas) de Alagoas, com seus reis, rainhas, príncipes, embaixadores e damas, desfilando ao som de tambores, chocalhos e gonguês, são reminiscências das solenidades de coroação dos "Reis do Congo" abolidas no Brasil por volta de 1830.

Da mesma forma, no Rio de Janeiro, os ranchos carnavalescos e depois as escolas de samba – frutos híbridos da junção das tradições africanas com as procissões católicas do Brasil colonial –, por suas apresentações em cortejo, por seu primitivo sentido de "embaixadas", pelas figuras do baliza ou mestre-sala e da porta-estandarte ou porta-bandeira, remetem-nos também, hoje mais remotamente, aos séquitos dos reis bantos na África. Em reforço, veja-se esta nota de Oneyda Alvarenga (1960, p. 119) sobre os cucumbis no ambiente carioca: "No Rio de Janeiro os Cucumbis organizavam-se em sociedades carnavalescas que foram, segundo Luciano Gallet, a origem dos cordões e blocos atuais. Melo Morais Filho assinalou, no século XIX, a existência dos seguintes grupos Iniciadores dos Cucumbis, Cucumbis Carnavalescos, Cucumbis Lanceiros Carnavalescos, Triunfo dos Cucumbis".

Veja-se, ainda, esta observação de Redinha (1975, p. 342) sobre manifestações carnavalescas em Luanda, que nos convencem ainda mais do parentesco existente entre todos esses folguedos: "As imitações" – escreve o etnólogo português – "das personagens históricas das antigas cortes dos reis congueses, os trajes de cetins fulgurantes, mantos, capas escarlates, chapéus de plumas, coroas, armas medievais, símbolos, estandartes e arremedos de torneios [...] procuram traduzir figuras dos velhos capitães do mar, e das luzidas embaixadas do Reino, da época da ocupação".

E assim como grande parte das manifestações da arte afro-brasileira conserva a lembrança das passadas grandezas dos antigos reinos bantos e seus soberanos, várias outras constituem-se de bailados guerreiros, reminiscências que certamente são dos muitos combates travados pelos bantos na África e no Brasil, como é o caso do moçambique e dos quilombos. E outras, ainda, que, em terra brasileira, expressando a disposição atlética do banto, reconfiguraram-se como danças acrobáticas ou artes marciais, como é o caso do maculelê e da chamada "capoeira de Angola".

Sobre o moçambique, com Oneyda Alvarenga, Maynard de Araújo e Câmara Cascudo, vemos que se trata de um bailado guerreiro, simulando um combate, à semelhança das lutas representativas nas congadas, diferindo destas pelo fato de não apresentar a embaixada, ou seja, a dança dramática propriamente dita, através da qual se desenvolve o enredo dos bailes de congos. É uma manifestação folclórica de origem negra, desenvolvida sempre em honra e intenção de São Benedito e Nossa Senhora do Rosário, em conjunto ou separadamente.

Maria de Lourdes Borges Ribeiro (1981, p. 3) classifica a manifestação em dois tipos: "a) Moçambique autônomo, com manejo de bastões; b) Moçambique sem manejo de bastões, geralmente integrando determinado modelo de Congada (ou Congado), quando se alia a um ou mais grupos afro-brasileiros (quicumbis, catupés, congos etc.)". E arremata: "A apresentação facultativa de *embaixada* (auto) em ambos os tipos determina o enquadramento da manifestação em dança ou folguedo". Já Araújo (1967, v. I, p. 380-382) informa que o moçambique atual conserva da antiga dança apenas os movimentos fundamentais, já que, para ele, teriam concorrido elementos dos caiapós caboclos e dos fandangos portugueses. E descreve:

> O moçambique antigo era uma dança realizada pela escravaria, patrocinada pelo senhor, pelo fazendeiro, à noite, nos salões, logo depois do jantar, como primeira parte dos festejos; a seguir, após a dança dos moçambiques, o baile em que tôdas as pessoas gradas, os membros da aristocracia rural iriam dançar até amanhecer. Os moçambiqueiros de antanho, todos do sexo masculino, trajavam camisolão branco, comprido, cuja barra ficava sobre os pés. Na cintura uma faixa preta, amarrada; usavam

um gorro vermelho, pés descalços. Sob os camisolões usavam calças comuns. Os paiás [chocalhos] das pernas não eram vistos porque o camisolão o cobria, somente os dos braços eram divisados. O rei usava camisolão de sêda vermelha, na cintura uma faixa branca e em letras doiradas, os seguintes dizeres: "Viva São Benedito!". A única participante feminina era a rainha, em geral uma mucama ricamente enfeitada pela sua "sinhá dona": vestia-se de branco, lindo diadema na cabeça, faixa azul claro na cintura, sapatos brancos, ricos colares e joias, adereços que as fazendeiras ricas lhe davam por empréstimo. [...] Da antiga dança de salão denominada Moçambique, ficaram no atual: o nome, a côr das vestes e um dos implementos usados – o paiá. Este permaneceu. Quando escravos, usavam-no também nos pulsos. Agora, como negros livres, usavam-no à guisa de jarreteira, não mais nos pulsos, pois quem sabe fazem lembrar algemas [...].

Quanto à manifestação conhecida como "quilombos", que apesar de opiniões discordantes, Cascudo (1980, p. 653) considera uma sobrevivência histórica, embora inconsciente, das lutas palmarinas no século XVI. O bailado consta, basicamente, de uma luta entre negros e índios na qual estes vencem aqueles, apossam-se de sua rainha, fazemnos ressuscitar e os vendem simbolicamente ao público assistente. Tratar-se-ia, então, de um insólito folguedo no qual os negros celebram sua própria derrota.

Estranhando essa incoerência, Oneyda Alvarenga e Renato Almeida procuraram explicá-la. E a arguta folclorista foi quem talvez melhor esclareceu a incongruência, levantando a hipótese de que o folguedo, primitivamente, talvez não terminasse com a derrota dos negros. "A modificação final" – escreveu ela – "se teria processado quem sabe em consequência de uma reordenação semierudita e branca, feita nos últimos anos do século passado ou no limiar do atual" (ALVARENGA, 1960, p. 122). Assim, a "ideologia do embranquecimento" teria "reescrito" o auto primitivo para que o negro saísse dele e passasse à posteridade, como o "eterno derrotado", até mesmo na incontestavelmente heroica resistência de Palmares, "sabiamente aproveitada pelo catequista, que além de teatralizá-la não se esqueceu de fixar certos preceitos religiosos como o da ressurreição" (ARAÚJO, 1967, v. I, p. 391).

Mas, enquanto alguns autores discutem a origem banta e mesmo negra dos moçambiques e dos quilombos, quanto ao maculelê não paira a menor dúvida. "Verdadeiro auto de origem africana, transplantado para a zona dos canaviais santamarenses" – escreveu Plínio de Almeida (1966, p. 258) –, o maculelê "foi, no seu início, folguedo rural, desempenhado pelos escravos nos grandes engenhos de Santo Amaro" (no Recôncavo Baiano).

Consoante a tradição, a manifestação existiria pelo menos desde 1757, ano da inauguração, no atual local, da Igreja da Purificação. E sua denominação é provavelmente derivada do quicongo "*makélelè*", barulho, algazarra.

Assim como os quilombos, o maculelê é uma dança guerreira com bastões, batidos uns contra os outros em compasso binário. Os figurantes executam passos de capoeira e samba, e o bailado tem lugar principalmente nas festas de largo, depois de percorridas ruas e praças em marcha gingada, a "marcha de Angola".

Mas o maculelê pode acontecer também em casa de gente abastada que solicite a visita do grupo. Aí, o ritual e a coreografia se modificam, e tem lugar uma dramatização bem próxima da dos quilombos, inclusive com a "ressurreição": "Um dos comparsas, a mando do 'chefe'" – escreveu Plínio de Almeida (1966, p. 262) – "cai na roda, depois de ter bebido, fingidamente, suco de jurema, e dança como dançaria um sujeito embriagado: ginga, troca de pernas, 'faz de conta' que está lerdo, depois sapateia aos pinchos e termina por cair, de fio a pavio, no meio da sala". Aí, o "mestre de função" procede à "ressurreição" do figurante "morto".

O traço mais evidente da origem banta do maculelê, entretanto, são os textos das cantigas. Entre as tradicionais, há pelo menos duas que expressam claramente a procedência, se não do folguedo, pelo menos de seus remotos criadores. Uma diz: "Nós somos pretos da cabinda de Luanda"; e a outra: "Nós somos pretos do soba de Quibala". E Quibala é uma região angolana situada entre Libolo, ao norte, Amboim, a leste e sul, e Gango, a leste, e habitada por povos bundos.

Já a capoeira, outra expressão da arte marcial dos bantos no Brasil, tem sua origem discutida, com muitos autores até mesmo contestando sua africanidade. Para nós, entretanto, apesar de seu nome, de origem tupi, designar ou o cesto de transportar aves que os negros de ganho levavam à cabeça, ou o mato onde se refugiaram os negros fugidos, esse misto de jogo atlético, luta e dança nada mais é que a recriação, em terra brasileira, de danças acrobáticas angolanas, como a *úmudinhu*, dos quilengues, e a *n'golo*, da região de Mucope, na Huíla. Sobre a primeira, Augusto Bastos, que a presenciou no início do século, diz – citado por Redinha (1975, p. 334) – que consistia em "saltos prodigiosos" nos quais os executantes "atiravam as pernas para o ar, e a cabeça para baixo", exatamente como na nossa "capoeira de Angola".

Quanto à *úmudinhu*, a *Grande Enciclopédia Delta-Larousse* (1970, p. 4791), no verbete "*n'golo*", diz tratar-se de dança-luta dos povos pastoris do sul de Angola (também conhecida em Luanda, sob o nome *bassula*), executada nas cerimônias de iniciação das moças pelos rapazes a elas pretendentes, ao som do *hungu* ou *m'bolumbumba*, que é o nosso berimbau de barriga. Ainda sobre ela, um desenho de Albano de Neves e Souza estampado na página 344 do livro de Redinha não deixa a menor dúvida de que se trata da mesma expressão atlético-coreográfica trazida pelos bantos para o Brasil e que ganharia grande voga no Rio de Janeiro até o princípio do século XX e na capital baiana até a atualidade, de lá chegando a diversas partes do mundo.

Mas se existem dúvidas sobre a africanidade da capoeira, o mesmo não se pode dizer de muitos de seus elementos característicos, como a "banda", a ginga e o berimbau.

"O batuque, também chamado 'pernada'" – ensina Edison Carneiro (1957, p. 91) – "é mesmo, essencialmente, uma diversão dos antigos africanos, especialmente os procedentes de Angola. Onde há capoeira, brinquedo e luta de Angola" – frisa o mestre – "há o batuque, que parece uma forma subsidiária da capoeira."

Esse batuque ou pernada, outrora também mencionado no Rio de Janeiro como "batucada", é também um dos muitos movimentos ou golpes da capoeira, recebendo entre os praticantes – os batuqueiros – o nome "banda" ("banda cruzada", "banda amarrada" etc.), conforme popularizado neste refrão de batuque que se tornaria sucesso do carnaval carioca de 1950, depois de apropriado pelos compositores

Sátiro de Melo e José Alcides e interpretado no rádio pelo cantor Blecaute: "Chegou general da banda ê ê/Chegou general da banda ê á". E em quimbundo – registra o *Dicionário* do Padre Silva Maia – o termo correspondente ao português "pernada" é pura e simplesmente o substantivo feminino "*dibanda*".

Quanto ao termo "batuque", "designação genérica das danças africanas", seria uma "fusão deturpada da expressão quimbunda *bu atuka* (onde se salta ou se pinoteia)". Essa a origem etimológica proposta em Ribas (1979, v. I, p. 214). Já o arco musical conhecido no Brasil como gunga, humbo, rucumbo, urucungo, o popular "berimbau de barriga", é reconhecidamente africano, sendo amplamente utilizado entre os bantos e sempre citado pelos autores que nos trouxeram impressões da África Austral, como Ladislau Batalha, Capelo e Ivens, Redinha e outros. Exemplificando, vemos que Batalha, citado por Kay Shaffer ([s.d.], p. 10), escreveu:

> O humbo é o tipo dos instrumentos de corda. Consta geralmente de metade de uma cabaça, oca e bem seca. Furam-na no centro, em dois pontos próximos. À parte, fazem um arco como de flecha, com a competente corda. Amarram a extremidade do arco, com uma cordinha do mato, à cabaça, por via dos dois orifícios; então, encostando o instrumento à pele do peito, que serve neste caso de caixa sonora, fazem vibrar a corda do arco, por meio de uma palhinha.

Mas o berimbau de barriga não é a única nem a mais importante contribuição dos bantos à música do Brasil. Responsáveis, conforme bem lembra Plínio de Almeida (1966, p. 273), pela introdução no Brasil de múltiplos instrumentos de percussão, como a cuíca ou puíta (evolução do *mpwita*, aterrorizante instrumento de guerra dos jagas), o ganzá e o reco-reco, bem como pela criação da maior parte dos folguedos de rua até hoje brincados pelos brasileiros de todos os quadrantes, foram os bantos também que criaram o samba e o amplo leque de manifestações que lhe são afins.

Sob a rubrica "Danças do Tipo Batuque ou Samba", Oneyda Alvarenga (1960, p. 130-170) agrupa: batuque e samba; quimbete (chiba); caxambu; jongo; coco; dança do tambor; lundu e danças afins; baiano ou baião; chula, cachucha; sorongo; sarambeque; tirana; carimbó; comporta (arrepia). Com exceção da tirana e da cachucha, de origem europeia, todas elas trazem, no nome e na coreografia, suas raízes bantas e aparentam ter muito em comum com a massemba ou rebita, expressão coreográfica muito apreciada em Luanda, Malanje e Benguela e que, segundo José Redinha (1975, p. 341), teve seu esplendor no século XX. Trata-se de uma dança de roda, bailada por homens e mulheres ao som de *ngoma, puíta* e *dicanza* (reco-reco) e comandada por um mestre-sala que dirige a marcação, como na quadrilha franco-brasileira. Ao grito de "Fogo-pe!" emitido por ele, os pares executam a *semba*, que é a umbigada, traço presente, no Brasil, de modo claro ou apenas sugerido, em todas as danças "do tipo samba".

A massemba, ensina Redinha, tem sua origem no caduque, dança de Ambaca cuja característica fundamental é também a *semba*. E "do mesmo modo que o *Caduque*" – escreve o etnólogo português (1975, p. 341) –, "por adaptação do ambiente e do instrumental, originou a *Massemba*, também a *semba* angolana, por efeito de transplantação dos antigos escravos, originou o *Samba brasileiro*".

Em 2015, o *Dicionário da história social do samba* (LOPES; SIMA, 2015, p. 247) trouxe nova contribuição para o estabelecimento da etimologia do vocábulo "Samba" na forma seguinte:

> No Brasil colonial e imperial, as várias danças de origem africana, nas quais a umbigada era a principal característica, foram referidas como "batuque" ou "samba", vocábulo de origem certamente banto-africana. Em abono a esta afirmação, informamos que o léxico da língua *Cokwe*, do povo Quioco, de Angola, registra um verbo *samba*, com o sentido de "cabriolar, brincar, divertir-se como cabrito" (cf. BARBOSA, 1989: 480). No idioma quicongo, palavra de grafia semelhante, *sàmba*, designa uma espécie de dança em que um dançarino bate contra o peito de outro (cf. LAMAN, 1964 [1936]: 870). Segundo as primeiras hipóteses, o étimo do termo "samba" seria o verbo quimbundo – *semba*, na acepção de "rejeitar", "separar" (conforme consignado em Lopes, 2012: 226), em referência ao movimento físico produzido na umbigada, que é a característica principal das danças dos povos Bantos, na África e nas Américas. Entretanto, o étimo

preferível talvez seja o verbo quimbundo: *semba*, agradar, encantar, galantear (cf. MAIA, 1964: 21; 223; 319).

Debates etimológicos à parte, o que parece certo é que o Samba primitivo descende de antigas danças de roda de Angola e do Congo; e que o Lundu, aqui registrado por vários viajantes estrangeiros no século XIX, com seus meneios, sapateados e a indispensável umbigada, é seu ancestral mais próximo. E assim como "samba" vem de *"semba"*, o vocábulo "jongo" parece provir de *"ndjongo"*, termo bundo que significa, segundo o *Dicionário* do Pe. Alves, "criação, descendência", e que teria, aqui, tomado o sentido de "reunião de familiares".

Entre as características do jongo estão os enigmas e adivinhas contidos nos seus "pontos", que precisam ser "desamarrados", ou seja, elucidados pela roda de jongueiros. Essa característica aproxima o jongo do *jinongonongo*, que é, segundo Ladislau Batalha, citado por Arthur Ramos (1954, p. 226), a adivinha tradicional (o Padre Silva Maia dá como significando "adivinha" o termo *"nongongo"*), envolvidos na qual "passam os filhos de Angola noites inteiras ao pé do lume, fumando ao ar livre nos seus cachimbos", uns propondo e outros decifrando os enigmas.

Definindo o jongo, Maria de Lourdes Borges Ribeiro (1984, p. 69) diz tratar-se de "uma dança afro-brasileira, de intenção religiosa fetichista" e com coreografia do "tipo geral do batuque angolês", bailada ao som do tambu, do candongueiro (tambores) e de guaiás (chocalhos). Entende a grande estudiosa do jongo que a intenção fetichista não é o móvel principal da dança, que tende com o tempo a perder totalmente seu caráter esotérico e seus contatos com a magia para se converter em simples divertimento. Outra característica digna de nota no jongo é que muitas vezes, ao que consta, seus enigmas foram ou são usados como linguagem cifrada, como código, diante da presença de estranhos. E essa característica o aproxima bastante dos vissungos.

O nome "vissungo" é aportuguesamento do termo umbundo *"ovisungo"*, que se encontra registrado no *Dicionário português-umbundu*, dos padres Gregoire Le Guennec e José Francisco Valente (1972, p. 431) significando tão somente isto: "Música. Arte de combinar os sons de maneira agradável". Cantos de trabalho da zona garimpeira de Minas Gerais, eles foram amplamente estudados por Ayres da Mata Machado Filho, que assim os classificou:

> Pelo geral dividem-se os vissungos em *botado*, que é o solo, tirado pelo *mestre* sem acompanhamento nenhum, e o *dobrado* que é a resposta dos outros em coro, às vezes com acompanhamento de ruídos feitos com os próprios instrumentos usados na tarefa. Alguns são especialmente adequados ao fim e acompanham fases do trabalho nas minas. Outros parecem cantos religiosos adaptados à ocasião, já no exercício consciente de práticas feiticistas, já pelo esquecimento do primitivo significado (MACHADO FILHO, 1985, p. 54).

Sobre o caráter mágico desses cantos de trabalho, Mata Machado (1985, p. 71) se mostra absolutamente convencido, escrevendo sem nenhum disfarce:

> Era comum, nos grandes serviços de mineração em que trabalhava número considerável de negros, haver vários cantadores "mestres", logo rivais. Dividiam-se em grupos, cada um com os seus adeptos, que formavam o "coro". Entregavam-se a desafios. Mas negros havia que, para não se deixarem vencer, estendiam-se no chão, com a boca colada à terra, e tiravam cantos mágicos, fazendo emudecer momentaneamente os cantadores da turma rival. Outras vezes, eram grandes nuvens de maribondos que inopinadamente perseguiam o grupo adversário.

Já em 1928, quando iniciou suas pesquisas, Mata Machado considerava os vissungos uma manifestação infelizmente em extinção:

> Os vissungos estão quase desaparecendo. Estão morrendo os poucos que sabiam. Os moços que aprenderam por necessidade ou por curiosidade vão se esquecendo.
> Sim. Por necessidade. Um deles, o Manuel Pedra, mulato escuro muito inteligente, um *roxo*, como se diz em Minas, contou-nos por que razão tratou de aprender a língua *banguela*. Queria saber o que os outros conversavam, pois só ele não era capaz de compreender o que os negros diziam em sua fala.

Entretanto, com o livro, que inclui 65 partituras de vissungos – das quais 14 foram registradas fonograficamente no disco *O canto dos escravos* (Estúdio Eldorado, n.º 64.82.0347, [s.d.]), o próprio Mata Machado trabalhou para preservar essa memória. Ademais, inspirados no livro, os músicos cariocas Antônio Espírito Santo e Samuel de Jesus criaram o Grupo Vissungo, que, através de espetáculos, registros fonográficos, simpósios etc., juntou forças no sentido de divulgar essa importante expressão da arte banta.

No ambiente dos batuques bantos no Brasil, também digno de destaque é o lundu, nome que designa uma dança semelhante à do jongo e, também, um tipo de canção muito conhecido já no século XVIII. A denominação origina-se, provavelmente, no quicongo "*Lundu*", nome referido como o local de origem do povo Quioco (*Chokwe*), de Angola, na região da Lunda (LOPES, 2012), embora algumas fontes deem como origem o termo "calundu", forma religiosa examinada páginas adiante.

Outra manifestação para cuja origem concorreram fortes elementos bantos é o bumba meu boi. E isso porque, entre quase todos os povos da África Austral, o boi tem uma importância única.

Joaquim Ribeiro (1977, p. 123), citando Dias de Carvalho, refere-se ao costume banto de fincar caveiras e chifres bovinos em troncos de árvores, em reverência às divindades protetoras da agricultura e da caça, como Muata-Calombo na região da Lunda. Essa usança foi recriada no Brasil, observando-se no meio rural brasileiro até hoje.

Sobre o cortejo religioso do boi sagrado (morada de espíritos ancestrais), que certamente tem ligação com o brasileiro bumba meu boi, Redinha (1975, p. 311) informa tratar-se de uma procissão de altos dignitários que ocorre no sudoeste de Angola. Entoando cânticos, o cortejo, integrado por homens e mulheres, vai percorrendo as aldeias. E assim Redinha (1975, p. 385-386) descreve a celebração que lhe é dedicada: "O rito do gado sagrado" – relata o escritor português – "assume a sua mais significativa expressão no cortejo anual do boi Geroa ou Ngeloa. O cortejo transita através de todo o sobado, e é traduzido como tendo por fim celebrar o estado de paz e abundância na terra. É entre os Nhanecas que o costume se mantém. O animal deve ser branco ou preto, e é seu guardião um dignitário designado 'Senhor do Curral'".

"O longo passeio processional" – prossegue Redinha – "efectua-se no final das colheitas, e em coincidência com a lua nova. O boi Geroa, acompanhado duma vaca, percorre durante muitos dias o sobado sob um coro de hinos em louvor dos bovídeos sagrados, com grande acompanhamento de mulheres, exibindo pinturas rituais apropriadas ao acto".

"O boi Geroa" – conclui Redinha – "será aquele que melhor desenhado apresente um triângulo branco na testa, pormenor em que alguns pesquisadores encontram mais uma aproximação entre este culto e o do boi Apis, dos antigos egípcios, do qual o cortejo do sudoeste angolano se apresenta como reminiscência transportada para Angola pelas remotas migrações de pastores camitas e das suas manadas de bois cornilongos, evocadores de figuras dos baixos relevos de templos do Nilo".

Assim, reforçando que esses elementos vieram somar-se à tradição europeia para fazer nascer o auto brasileiro do bumba meu boi e suas variantes regionais, finalizamos observando que, no idioma Quicongo, dialeto Vili, o vocábulo *bumba* designa todo objeto mais ou menos artisticamente moldado, trabalhado (BENTLEY, 1887).

Santos, inquices e antepassados

Em 1491, como já visto, o poderoso rei do Congo, Nkuyu, era batizado, recebendo o nome cristão "João", ao mesmo tempo que a capital de seu reino, Mbanza Kongo, passava a se chamar "São Salvador". A partir daí, as populações dos atuais Congo-Brazaville, República Democrática do Congo e Angola passavam a sofrer uma violenta opressão cristianizadora. E esse é o fato gerador de mais uma preconceituosa opinião contra os bantos: a de que, em relação aos sudaneses, suas manifestações religiosas seriam frágeis, sem estrutura, apoiadas apenas em crendices e superstições, sem bases concretas e, assim, facilmente sufocadas pelo catolicismo romano.

A realidade é que, entre os bantos, como já vimos, famílias, clã e tribo sempre forneceram as bases da religião, inclusive a partir da crença de que as reencarnações se processam, segundo a tradição, dentro do próprio grupo, ou seja, a essência espiritual de todo ser humano é a mesma de um antepassado familiar. Assim, em nossa avaliação, eles, no Brasil, apenas intercambiaram valores culturais, e não "imitaram servilmente", como já se disse, rituais católicos e tradições rituais de outros grupos africanos. O caso é que a maioria já chegou às Américas sob o forte impacto da doutrinação católica a que estavam submetidos desde o século XV. Além disso, havia a brutalidade da tragédia escravista, que fragmentava e desorganizava tribos e etnias, separando clãs e núcleos familiares, tornando impossível a conservação das bases sociais e a sobrevivência de uma religiosidade voltada principalmente para o culto aos espíritos dos ancestrais. E a prova mais eloquente dessa situação foi a avalanche de suicídios de bantos na época colonial, "a fim de que seus espíritos fossem reencarnar na África" (Bastide, 1973, p. 240).

Mas, apesar da intensa opressão cristianizadora que sofreram, os bantos dos reinos do Congo e de Angola empreenderam uma verdadeira guerrilha religiosa contra a Igreja Católica. Suas espetaculares conversões ao catolicismo – a maior parte das vezes como estratégia política – quase sempre foram seguidas de reconversões à religião tradicional. E o surgimento de inúmeros movimentos messiânicos de cunho sincrético muitas vezes serviu apenas para encobrir o anseio de libertação do jugo colonialista. Foram assim os movimentos de Francisco Cazola, em 1632; o de Apolônia Mafuta, em 1704; e, dois anos depois, o de Kimpa Vita, morta em uma das fogueiras do Tribunal da Inquisição, depois de tentar a restauração do antigo Reino do Congo para libertá-lo do jugo europeu (Santos, 1972, p. 41-62), num movimento que é considerado o primeiro exemplo de cristianismo independente na África abaixo do Saara.

Assim, embora imposto de maneira quase sempre violenta, o cristianismo sofreu, na mão dos bantos, na África e no Brasil, fortes transformações. Porque o Banto não adotou passivamente os dogmas do catolicismo; o que fez foi reconfigurar essa forma religiosa, moldando-a ao seu jeito, ao seu modo, dando a ela coloridos e nuances que a transformaram num catolicismo todo peculiar, permeado de práticas da religião tradicional negro-africana e do culto banto aos antepassados. E isso – é claro – da mesma forma que incorporou elementos luso-brasileiros aos seus cultos.

Exemplo notável, já no inicio do século XX, foi o de João de Camargo, que, na cidade paulista de Sorocaba, fundou a Igreja Negra e Misteriosa da Água Vermelha, na qual era praticado um culto e que sobressaíam, em importância, santos católicos negros, como Santa Ifigênia, Santo Elesbão e São Benedito, lá chamado "Rongondongo", nome de evidente origem ou inspiração banta. Cada um desses santos era, segundo Roger Bastide, associado a uma pedra polida, depositada aos pés de sua imagem, no altar (Lopes, 2011b, p. 163).

No Brasil, os cultos de origem banta tornaram conhecidos pelo nome genérico e depreciativo de "macumba" (Rio de Janeiro, São Paulo etc.), e os de origem sudanesa – com suas variantes regionais, como o batuque gaúcho e o xangô pernambucano –, pela denominação extensa de "candomblé", também, originalmente, de cunho pejorativo.

A palavra "candomblé", entretanto, é certamente de origem banta, tendo como raiz o quimbundo *kiandomb* ou o quicongo *ndombe*, ambos significando "negro". O vocábulo é usado, como dissemos, para nomear a modalidade jêje-nagô do culto a diversas divindades oriundas da região do Golfo da Guiné, na África Ocidental. E, nela, os praticantes – pelo menos os mais destacados – não usam a expressão, preferindo denominar seu credo de "religião ou tradição dos orixás", haja vista a Segunda Conferência Mundial da Tradição dos Orixás, que reuniu, em Salvador, Bahia, em julho de 1983, sacerdotes brasileiros, africanos, antilhanos e de todas as Américas.

Da mesma fonte etimológica, o vocábulo "candombe" designa, no Brasil, uma devoção sincrética praticada no ambiente das congadas e também, em Minas Gerais, um dos grupamentos da fraternidade de Nossa Senhora do Rosário e dos Santos Pretos, segundo Saul Martins.[51]

Calundus, candomblés, umbanda

A origem das primeiras manifestações religiosas suposta ou comprovadamente bantas em solo brasileiro remonta à época colonial, tendo como ponto de difusão os chamados "calundus". A denominação,

---

[51] Ver Lopes (2012).

reduzida da expressão "quilombo de calundu", foi usada, no Brasil colonial e imperial, para designar a modalidade religiosa e cada um dos locais onde se realizava. O termo origina-se, a nosso ver, no quimbundo *"kilundu"* (ancestral, espírito de pessoa que viveu em época remota), ligado ao radical quimbundo *"lundula"* (herdar). Na língua do povo Bunda, do grupo Lunda-Chocué (*Tchokwé*), o termo *"okalundu"* traduz-se por "cemitério" (ALVES, 1951).

O vocábulo, com o sentido de local de culto ou de consulta, teria entrado no léxico do português do Brasil entre 1596 e 1659; e, com efeito, segundo Silveira (2006), a mais antiga descrição pormenorizada de um calundu, no Brasil, data de 1646.

Sobre os calundus, depois de caracterizá-los como funções ruidosas ao som de "atabaques, pandeiros, canzás, botijas, e castanhetas", assim os definiu o baiano Nuno Marques Pereira no seu célebre *Compêndio narrativo do peregrino da América*, de 1731 (*apud* TINHORÃO, 1988): "São uns folguedos ou adivinhações [...] que dizem estes pretos que costumam fazer nas suas terras, e quando se acham juntos, também usam deles cá, para saberem varias cousas; como as doenças de que procedem; e por adivinharem algumas cousas perdidas; e também para terem ventura em suas caçadas e lavouras; entre outras cousas". A designação "calundu", aplicada indistintamente aos cultos de origem africana, independentemente de forma ou procedência, vigorou até o inicio do século XIX, quando ocorre o primeiro registro escrito do termo "candomblé".

O antropólogo Luis Nicolau Parés acentua que, no Brasil, as redes de relacionamento social formadas dentro das irmandades católicas seriam, provavelmente, as mesmas que garantiam aos escravizados a organização de seus "batuques" e outras manifestações. E que, entre eles, a participação, tanto em rituais católicos quanto em calundus, por exemplo, não eram sentidas como contraditórias; e sim como uma interação benéfica (PARÉS, 2006, p. 101; 124). Mas explica o cientista que as "congregações extradomésticas", ou seja, os cultos localizados não em moradias, mas em terreiros ou construções usados especificamente como templos, só surgiriam no século XIX. Diz Parés (2006, p. 151) que, em 1864, certa Anna Maria, africana de nação Angola, chefiava uma comunidade religiosa no lugar conhecido como "Dendezeiro", na Freguesia da Penha, em Salvador.

Outro registro que aponta para a origem da religiosidade banta em solo brasileiro refere a presença do chefe religioso Gregório Maquende, nascido em 1874, cujo pai biológico, chamado Constâncio da Silva e Souza, natural de Angola,[52] teria sido o fundador da comunidade na qual o filho se destacou. A propósito, o nome "Maquende" é, muito provavelmente, a transcrição do nome Ma-nkwendè, de uma divindade do povo Bacongo (cf. LAMAN, 1964), transcrito em Cuba como *Makwende* (BOLÍVAR ARÓSTEGUI; VILLEGAS, 1998).

Ainda em Cuba, as tradições dos povos congos ensinam que eles, juntamente aos angolas e cabindas, criaram, por volta de 1806, "em honra dos nove reinos sagrados do domínio do Manicongo", os primeiros *nkisi*, dos quais nasceram muitos outros" (BOLÍVAR ARÓSTEGUI; VILLEGAS, 1998, p. 20-21). Entretanto, na ilha caribenha, nas linhas de culto banto genericamente referidas como *Mayombe*, o conceito de *nkisi*, no Brasil "inquice", conserva o conceito original de "força mágica" ou "fetiche" (LAMAN, 1964), o que não é o mesmo que o de "orixá". Além disso, dos inquices relacionados por Bolívar Aróstegui e Villegas Bolivar (1998, p. 20-22), nenhum encontra correspondência com os das divindades cultuadas nos candomblés bantos do Brasil.

Entretanto, apesar de o modelo de organização jêje-nagô ter, no Brasil, prevalecido sobre as formas religiosas dos bantos – o que alguns atribuem ao intercâmbio entre a Bahia e o Golfo de Benin no final do século XIX, inclusive com participação de lideranças religiosas baianas –, podemos notar as trocas efetuadas entre as duas linhas de culto, notadamente, no Rio de Janeiro, a partir do terreiro do legendário *tata* Joãozinho da Gomeia, de 1946, quando emigrou da Bahia, até seu falecimento, em 1971.

No começo do século XX, Nina Rodrigues trazia a público notícia sobre o que aparecia como o mais expressamente banto entre os cultos então conhecidos no Brasil – a cabula, cujo nome tem provável no quicongo "*kabula*", animar, encorajar.

---

[52] Ver: http://inzotumbansi.org.

"A Cabula" – dizia o bispo D. João Correia Nery, citado por Nina Rodrigues (1977, p. 255-260) – "acredita na direção imediata de um bom espírito, chamado *Tata*, que se encarna nos indivíduos e assim mais de perto os dirige em suas necessidades temporais e espirituais. Como a maçonaria, obriga seus adeptos, que se chamam *camanás* (iniciados), para distinguir dos *caialós* (profanos), a segredo absoluto, até sob pena de morte pelo envenenamento".

"Em vez de sessão" – continuava o clérigo –, "a reunião dos cabulistas tem o nome de *mesa*. […] O chefe de cada *mesa* tem o nome de *embanda* e é secundado nos trabalhos por outro que se chama *cambône*. A reunião dos camanás forma a *engira*. […] À hora aprazada, todos, de camisa e calças brancas, descalços, se dirigem ao *camucite* (templo)."

"Chegados ao *camucite*" – prosseguia o religioso –, "que é sempre debaixo de uma árvore frondosa, no meio da mata, limpam aí uma extensão circular de 50 m mais ou menos. Fazem uma fogueira e colocam a *mesa* do lado do oriente […] Há uma certa cerimônia para se acenderem as velas: primeiro, se acende uma a leste, em honra do mar, *carunga*, depois uma a oeste e outras duas ao norte e ao sul; finalmente muitas outras em torno do camucite."

Observe-se que, segundo José Redinha (1975, p. 373), os lundachócues exercem seu culto num templo aberto, na mata, e que tem o nome de *messecu*, podendo vir daí a etimologia da *mesa* dos cabulistas.

O extenso relato de Dom João Nery era repleto de expressões como "camolele" (espécie de gorro), "nimbu" (canto), "quantan" ou "liquáqua" (palmas), "quendá", "curimá", "bncula", "quibandan" (palmatória), "emba", "santé", todas elas de comprovada origem banta.

Então, a cabula é que nos parece ter sido a velocidade inicial da umbanda, religião hoje inegavelmente brasileira, mas que tem raízes na África dos povos bantos, raízes essas que, em meados do século XX, eram alimentadas com a tentativa de reafricanização representada pela modalidade chamada "omolocô" (nome talvez originário do quimbundo "*muloko*", juramento, ou do suto, povo do sul da África, na forma "*moloko*", significando "genealogia", "geração", tribo").

Quanto à umbanda, a origem da denominação aparece tanto no Umbundo quanto no Quimbundo nas conotações de arte de curandeiro, ciência médica, medicina, derivando do verbo "*kubanda*", "desvendar". Em umbundo, o termo que designa o curandeiro, o médico tradicional, é "*mbanda*"; e seu plural (uma das formas) é "*imbanda*". Em Quimbundo, o singular é "*quimbanda*", e seu plural, "*imbanda*", também. E, nessa mesma língua, o termo "*umbanda*" corresponde aos vocábulos "magia" e "medicina", do português. Já para a quimbanda, vertente da umbanda de cunho supostamente maléfico, uma origem possível seria "*kibanda*", termo que designa os "mortos maléficos e não protetores" entre o povo Basanga, de Shaba, subgrupo dos bacongos (MUNANGA, 1986, p. 301).

Ainda na umbanda, um elemento que efetivamente religa, mais diretamente, essa modalidade ao universo religioso dos povos bantos é a presença dos "pretos velhos". Essa presença aproxima os rituais umbandistas do culto aos ancestrais; fazendo pressupor, inclusive, uma aproximação dos bantos ao espiritismo de Allan Kardec – chegado ao Brasil em meados do século XIX –, porque, através dele, podiam manter contato com seus mortos. Daí terem surgido, após a abolição, as entidades chamadas "pretos velhos", os "cacurucaios" (do quimbundo "*kikulakaji*", "ancião"), que representariam espíritos de antepassados, e antepassados bantos, como expressamente indicam a maioria de seus nomes – Vovó Cambinda, Vovô Congo, Pai Joaquim de Angola, Vovó Maria Conga etc. – e como indica a sua morada mítica, Aruanda, "misteriosa e adorável região de paz que se transformou para o negro em Terra Prometida" (CARNEIRO, 1964, p. 76). Em algumas hipóteses essa "Aruanda" evocaria pura e simplesmente a terra africana, simbolizada na cidade de Luanda, capital da hoje República Popular de Angola. Em outras, evocaria Ruanda, país no centro da África, fronteiriço ao Congo-Kinshasa, de vegetação luxuriante, cortado por vales e montanhas, provavelmente sentido, no passado, como um paraíso terrestre.

As línguas bantas e o português no Brasil

No Brasil, o senso comum acostumou-se a mencionar qualquer comunidade étnica africana como "tribo", e todas as línguas como "dialetos". Entretanto, essa forma de menção é equivocada, pois o conceito de tribo é relativo, e as sociedades africanas conheceram e conhecem diversas outras formas de organização, como a família extensa, o clã e as associações voluntárias, por exemplo. Quanto a dialeto, o que define esse tipo de expressão linguística é apenas ser a variação que uma língua apresenta de uma região para outra; ou um falar regional dentro de uma comunidade onde predomina um falar mais amplo, de onde aquele se originou. Dessa forma, as línguas africanas não são "dialetos", e sim ocasionais matrizes de dialetos que delas se nasceram. Por isso foi que, comparado a línguas africanas como o Quimbundo e o Quicongo – geradoras de variantes dialetais em algumas regiões de Angola e Congo, respectivamente –, o português falado no Brasil foi considerado por alguns antigos linguistas, como afirmou Renato Mendonça (1948, p. 107), um dialeto desdobrado em várias formas subdialetais. E o fator que possivelmente mais contribuiu para tornar o português do Brasil uma variante da língua falada em Portugal foi a presença africana na vida brasileira desde o século XVI.

Sobre o conceito de tribo, Andrianov e Ismaguilova (1984, p. 100) escrevem: "O continente africano surpreende pela multiplicidade de formas de comunidade étnica: desde pequenos grupos de caçadores e colheitores, que ainda vivem em regime tribal, a todo o gênero de etnias intermediárias, comunidades etno-linguísticas e etno-políticas, nacionalidades grandes e nações formadas por milhões de pessoas".

E Granguilhome (1979, p. 28-30) acrescenta: "A *tribo* […] pode ser considerada como uma fração do grupo étnico e que é a forma intermediária entre o grupo caçador-coletor e formas mais evoluídas de poder individualizado". Afirmando, finalmente, que "a maioria das comunidades etno-sociais africanas ultrapassaram já aquele estágio que […] se costuma designar por 'tribo', os cientistas Andrianov e Ismaguilova, acima citados, dão como exemplo de 'nacionalidade com formação completa' o grupo banto Ganda ou Baganda que já no século XV havia fundado um Estado feudal, o Buganda, que […] é, desde 1962, parte autônoma da República de Uganda".[53]

---

[53] Esta informação é datada de 1984.

Dentro do quadro da presença afronegra no Brasil, verifica-se – e esse é o ponto central do nosso trabalho – uma predominância de elementos culturais bantos, que contribuíram decisivamente para a formação da cultura brasileira, sobretudo por meio de algumas de suas línguas, como o Quicongo (do Congo), o Quimbundo (de Angola) e o Umbundo (de Benguela), entre outras.

Contestando uma suposta predominância de línguas sudanesas, como o Iorubá (ou Nagô), no panorama das línguas africanas faladas no Brasil à época da escravidão e que teriam modificado o falar português no Brasil, Renato Mendonça (1948, p. 88) escreveu: "O quimbundo, pelo seu uso mais extenso e mais antigo, exerceu no português uma influência maior do que o nagô [...] Com efeito, no vocabulário os termos quimbundos superam e de muito os termos nagôs, de circulação bem mais restrita". Realmente, no vocabulário do português falado no Brasil, os termos originários do Iorubá estão mais presentes na designação de práticas e utensílios ligados à tradição dos orixás, como a música, a descrição dos trajes e a culinária afro-baiana.

Sobre as alterações fonéticas produzidas pelas línguas bantas no português falado no Brasil, bem como em países africanos, vejam-se estas notas pinçadas em Renato Mendonça (1948, p. 117-120), bem como no dicionário do padre Antônio da Silva Maia (1964):

- O *e* e *o o* (principalmente) passam a soar respectivamente como *i* e *u* (capote = capóti; casaco = casácu);
- O fonema *lh* transforma-se em *i* (palha = paia; molhar = moiá; mulher – muié; colher = cuié; melhor = mió);
- O fonema *j* passa a *z*: Jesus = Zezus; José = Zuzé;
- O *g*, antes de *e* e *i*, às vezes passa a *z*: registro = rezisto;
- Os grupos consonantais difíceis de pronunciar são dissimilados: negro = nego; alegre = alégui;
- Muitas palavras sofrem aféreses bruscas: estar = tá; você = ocê; acabar = cabá; Sebastião = Bastião;
- Os *l* e *r* finais são suprimidos: Brasil = Brasí; paiol = paió; cafezal = cafezá; Artur = Artu; mel = mé; amar = amá; comer = cumê; pedir = pidi; por = pô. Esse fenômeno, segundo Renato

Mendonça, também ocorre em algumas línguas crioulas e dialetos na África;

- O *e* da sílaba *es* se transforma em *si*: escuta = sicuta; escola = sicola;
- O *r* forte português, que não existe nas línguas bantas, é substituído por *l* ou se abranda em *r* fraco: rapaz = lapassi; carro = caro;
- O *l* das sílabas *al*, *el*, *il*, *ol* e *ul* é substituído por um *r* brando: qualquer = quarqué; folga = forga; salvar = sarvá;
- Em muitas palavras os grupos consonantais são separados pela inclusão ou de um grupo vocálico ou de uma vogal (suarabácti): Clemente = Quelemente; flor = fulô; Cláudio = Culáudio;
- Os ditongos *ei* e *ou* sofrem redução: cheiro = chêru; peixe = pêxi; beijo = bêju; lavoura = lavora; couve = côvi; louco = lôcu.

Também, talvez por influência banta – lembra Mendonça (1948, p. 126), a terminação *am* da 3ª pessoa do perfeito do indicativo soa *o* átono (amaram = amaro; fizeram = fizero; disseram = dissero), da mesma forma que o gerúndio perde o *d* nas desinências: ando = ano; endo = eno; indo = ino; ondo = ono; andano, veno, caíno, pôno.

Nélson de Senna (1938, p. 176-180) lembrou outros vícios de prosódia de origem negra, provavelmente bantos, encontrados na linguagem popular brasileira, tais como a contagem dos números 1, 2, 3, 4 etc. nos brinquedos infantis ("una", "duna", "tena", "catena" etc.) e a deformação de certos nomes próprios, como "Antonho" por Antônio, "Jeromo" por Gerônimo etc. E apresenta uma extensa lista de formas criadas, no Brasil, pelo linguajar dos negros para diminutivos de nomes próprios e apelidos de tratamento familiar, da qual tiramos para exemplo os seguintes, de aparência marcadamente banta: Cazuza, Chico, Cocota, Dindinha(o), Doca, Dondoca, Donga, Dunga, Inhô, Iaiá, Jango, Joca, Juca, Manduca, Maneca(o), Nhanhan, Nico, Quincas, Sinhá, Sinhô, Zeca etc.

Um expressivo exemplo da influência banta no falar brasileiro é o célebre "Lundu de Pai João", de autor anônimo, e que tem aqui um fragmento transcrito na forma citada por Mello Moraes Filho

(p. 95-96) em seu *Cantares brasileiros*, reeditado pelo Departamento de Cultura da Secretaria de Estado de Educação e Cultura do Rio de Janeiro em 1982. O exame do texto mostra grande parte das alterações fonéticas apontadas por Renato Mendonça:

PAI JOÃO

Lundu

Quando Iô tava na minha tera [terra]
Iô chamava capitão,
Chega na terra dim baranco [branco],
Iô mi chama – Pai João.

[...]

Nôsso preto quando fruta [furta]
Vai pará na coreção [correção: penitenciária],
Sinhô branco quando fruta [furta]
Logo sai sinhô barão.

Entretanto, muito mais que tudo isso que acabamos de informar, impressiona a descoberta, no final dos anos 1920 e no final da década de 1970, das comunidades negras de São João da Chapada, em Minas Gerais, do Cafundó, em São Paulo, e de Patrocínio, também em Minas Gerais, usando falares nos quais se identificam fragmentos vocabulares remanescentes de línguas como Quimbundo, Umbundo e Quicongo.

O de São João da Chapada foi estudado por Aires da Mata Machado Filho (1985), que coligiu um vocabulário que transcrevemos na primeira edição desta obra, acrescentando algumas possíveis fontes etimológicas. A partir desse vocabulário e de outros, estudados por especialistas como João Dornas Filho, Carlos Vogt e Peter Fry, elaboramos um pequeno dicionário de propostas etimológicas sobre bantuísmos correntes em todo o Brasil, inclusive nos característicos fatores de algumas comunidades remanescentes de quilombos, publicado sob a chancela da Prefeitura do Rio de Janeiro.

Em 2001, a obra era incluída na "Bibliografia das fontes de datação e etimologia" do *Dicionário Houaiss da Língua Portuguesa*, de Antonio Houaiss *et al.*, à página LXVIII. Com o estímulo trazido por esse reconhecimento, em 2003 o livro ganhava nova versão, inclusive acrescida de uma parte onomástica, sendo editado, também no Rio de Janeiro, pela Pallas Editora, com o título *Novo dicionário banto do Brasil*.

Identidade negra

Em 1822, emergindo como nação independente, o Brasil tornou-se uma monarquia constitucional liberal. Assim, teoricamente, sua população seria constituída por cidadãos e cidadãs livres e iguais, gozando dos fundamentais direitos "à vida, à liberdade e à busca da felicidade", como estabelecera a Declaração de Independência dos Estados Unidos, em 1776. Todavia, naquele momento e nos anos seguintes, o país tinha uma das maiores concentrações de população escrava das Américas e o maior contingente de afrodescendentes livres (MATTOS, 2004, p. 7, 9).

Essa população e esse contingente foram fundamentais na construção da nacionalidade brasileira. Entretanto, a estruturação da sociedade fez-se sob a égide do supremacismo europeu sobre os demais grupos sociais, mormente africanos, indígenas e seus respectivos descendentes. Por isso, a atual Constituição brasileira, promulgada em 1988, garante "proteção às manifestações das culturas [...] indígenas e afro-brasileiras" e reconhece como patrimônio cultural os bens materiais e imateriais "portadores de referências à identidade, à ação e à memória dos diferentes grupos formadores da sociedade brasileira", como os afrodescendentes.

No Brasil, país onde convivem diversas culturas, os africanos deixaram fortes traços de sua identidade na religião, na história, nas tradições, no modo de ver o mundo e de agir perante ele, nas formas de arte, nas técnicas de trabalho, fabricação e utilização de objetos, no modo de falar, na medicina popular e em muitos outros aspectos. Esses traços, recriados pelos afro-brasileiros de uma forma inconsciente ou não, são o que mais claramente define a identidade nacional. No entanto, as camadas dominantes sempre se mostraram culturalmente estrangeiradas, tendendo ora para a Europa, ora para a América do Norte. E recorrentemente preocupam-se em transmitir do Brasil uma imagem de país "branco" ou, quando muito, "mestiço" – como corolário da alegada "democracia racial" reinante no país.

Então, analisando a história passada e atual do país, o que se constata é a constante negação, ao povo negro, do direito a sua própria identidade, manifesta em suas ações e sua memória, como consagrado no art. 216 da Constituição, anteriormente mencionada.

No século XIX, como é sabido, predominava entre muitos cientistas a ideia de que certas "raças" seriam superiores a outras. Dentro dessa ideia, o europeu branco seria o ponto mais alto da pirâmide biológica, e a "raça negra" estaria entre as menos favorecidas pela natureza. Assim pontificaram, entre outros: o crítico literário Sílvio Romero (1851-1914), em sua já mencionada *História da literatura brasileira*, publicada exatamente no ano da chamada "Lei Áurea"; o médico-legista e psiquiatra Nina Rodrigues (1862-1906), que, em *Os africanos no Brasil*, afirmava que "a 'Raça Negra' no Brasil, por maiores que tenham sido os seus incontestes serviços à nossa civilização, […] há de constituir sempre um dos fatores da nossa inferioridade como povo" (RODRIGUES, 1977, p. 7); e Oliveira Vianna (1883-1951), jurista e sociólogo.

Amplamente divulgadas, essa ideias incrustaram-se tanto no juízo popular quanto no pensamento das camadas dirigentes. Assim foi que, em 1921, ante a hipótese de imigração de norte-americanos negros, apresentou-se ao Congresso Nacional um projeto de lei contrário a essa possibilidade. Seguiram-se outros projetos de teor igual ou semelhante. E um deles afirmava, sem qualquer sutileza, em seu artigo 1º: "Fica proibida no Brasil a imigração de indivíduos humanos das raças de cor preta". Outro assim argumentava: "Além das razões de ordem étnica, moral, política, social e talvez mesmo econômica, que nos levam a repedir *in limine* a entrada do preto e do amarelo, no caldeamento que se está processando sob o nosso céu, neste imenso cenário, outra por ventura existe a ser considerada, que é o ponto de vista estético e a nossa concepção helênica de beleza jamais se harmonizaria com os tipos provindos de semelhante fusão racial" (RODRIGUES, 1964, v I, p. 89).

Em 1933, para a Constituição que então se elaborava, eram apresentadas emendas arianizantes, entre as quais a seguinte: "Para efeito de residência, é proibida a entrada no país de elementos das raças negra e amarela, de qualquer procedência" (p. 92). E a seleção pretensamente eugênica dos imigrantes ganhava força de norma jurídica no art. 29 do Decreto-Lei n.º 7.967, de 18 de setembro de 1945, que estabelecia: "Atender-se-á, na admissão dos imigrantes, à necessidade de preservar e desenvolver, na composição étnica da população, as características mais convenientes da sua ascendência europeia, assim como a defesa do trabalhador nacional" (RODRIGUES, 1964, v. I, p. 94).

A discriminação racial, em todas as suas formas e desdobramentos (segregação, separatismo, *apartheid* etc.), é apenas o efeito de uma causa maior, o racismo estrutural – aquele que nasce com a sociedade em formação, a partir do falso pressuposto da supremacia (por razões étnico-raciais) daqueles que detêm o poder político e econômico. E, algumas vezes, a discriminação parte até mesmo de fontes institucionais, como órgãos de governo e agentes públicos, corporações empresariais, universidades e outras estruturas constituídas por leis fundamentais ao país.

No âmbito privado, exemplificamos com um fato exemplar, ocorrido quando certo "Castro Paes" fazia uma viagem à Europa e, de volta, publicava suas impressões num livro, de 1954, intitulado *Através da Europa*. A certa altura do texto, ele assim comentava uma escala no aeroporto de Recife:

> Garçons quase pretos, desatenciosos, serviam os fregueses com a maior lerdeza, pouco caso e indiferença! [...] Efetivamente, porque, em vez de pretos relaxados, não se colocar moços brancos, educados, nos portos e aeroportos internacionais, para que procurem demonstrar o valor da nossa raça e elevar nosso conceito e nossa gente, no trato constante com as numerosas levas de estrangeiros de todas as partes do mundo, que por aí transitam diariamente?

No mesmo ano do livro, a 6 de janeiro, editorial do jornal *O Globo* denunciava os cultos africanos como "infecção" e a necessidade de erradicá-los:

A princípio foi moda, e talvez ainda o seja, considerar a macumba como uma manifestação pitoresca da cultura popular, à qual se levavam turistas e visitantes ilustres, e que era objeto de reportagens e notícias nas revistas e nos jornais, bem como de romantizações literárias. Isso deu ao culto bárbaro dos orixás e babalaôs um prestígio que de outro modo não poderia ter e que o fez propagar-se das camadas menos cultas da população para a classe média e empolgar até pessoas das próprias elites. É essa infecção que queremos apontar com alarme. É essa traição que queremos denunciar com veemência. É preciso que se diga e que se proclame que a macumba, de origem africana, por mais que apresente interesse e pitoresco para os artistas, por mais que seja um assunto digno de estudo para o sociólogo, constitui manifestação de uma forma primitiva e atrasada da civilização e a sua exteriorização e desenvolvimento são fatos desalentadores e humilhantes para os nossos foros de povo culto e civilizado. Tudo isso indica a necessidade de uma campanha educativa para a redução desses focos de ignorância e de desequilíbrio mental, com que se vêm conspurcando a pureza e a sublimidade do sentimento religioso (*O Globo*, 6 jan. 1954).

Observe-se que, no ano que se findara, a UNESCO patrocinava uma série de estudos sobre as relações raciais no Brasil, na "suposição de encontrar aqui um padrão de democracia racial", como escreveu o sociólogo Darcy Ribeiro (1985).

Exemplo também sério e chocante foi a publicação, já em 1970, no *Boletim do Centro de Estudos do Hospital dos Servidores do Estado* (um órgão oficial), de uma monografia assinada por um grupo de médicos e intitulada *Nariz negróide (correção cirúrgica)*, na qual os autores afirmam textualmente o seguinte:

> o crescimento da população branca é indiscutível e se faz em números alentadores em todo o Brasil. [...] O crescimento da população mestiça fará com que ela chegue um dia ao branco, tendo partido do branco. [...] Por tudo isso quanto mais o mestiço se sentir afastado do elemento negro, maior será a sua vontade de retirar da face e, conseqüentemente do nariz, os estigmas que permitam lembrar a sua origem, fato que redundará, como é claro numa tarefa grande para aqueles que se dedicam à cirurgia plástica enfrentando o problema social já grande e que crescerá com o correr

do tempo. [...] Procedemos a osteotomia, aumentamos o dorso do nariz e mudamos mais para dentro da aza [*sic*] nasal. Com isso, retiramos os caracteres típicos do nariz negro e lhe damos aspecto de nariz branco.

Em 2019, no Brasil, o percentual de pessoas que se declararam negras, segundo a Pesquisa Nacional por Amostra de Domicílios (PNAD) feita pelo Instituto Brasileiro de Geografia e Estatística (IBGE), chegou a 56%. Apurou também a PNAD que, dos cerca de 209,2 milhões de habitantes do país, 192 milhões se assumem como pretos, enquanto 89,7 milhões se declaram pardos. Portanto, os negros – que, para o IBGE, constituem a soma de pretos e pardos – são a maioria da população. Essa superioridade numérica, entretanto, ainda não se reflete na sociedade brasileira. Embora, pela primeira vez, os negros sejam maioria no ensino superior público, eles ainda são minoria nas posições de liderança no mercado de trabalho e entre os representantes políticos, e ocupam um espaço insignificante na magistratura nacional.[54]

Outra pesquisa mostrou que os negros ocupam apenas 4,9% das cadeiras nos Conselhos de Administração das 500 empresas de maior faturamento do Brasil. Entre os quadros executivos, eles são 4,7%. Na gerência, apenas 6,3% dos trabalhadores são negros. Da mesma forma, no Poder Legislativo, negros são apenas 24,4% dos deputados federais e 28,9% dos deputados estaduais eleitos em 2018, e, nas eleições municipais de 2016, os vereadores eleitos somaram 42,1% do total.

No Judiciário, em 2013, último ano com informações disponíveis, apenas cerca de 15,5% eram negros. Nas estatísticas desse ano, a imensa maioria dos magistrados era branca, e em 2018 o percentual deles era de quase 84%. Nos Tribunais Superiores – Superior Tribunal de Justiça (STJ), Supremo Tribunal Federal (STF), Tribunal Superior do Trabalho (TST), Tribunal Superior Eleitoral (TSE) e Superior Tribunal

---

[54] AFONSO, Nathália. Dia da Consciência Negra: números expõem desigualdade racial no Brasil. *Agência Lupa*, Rio de Janeiro, 20 nov. 2019. Disponível em: https://bit.ly/3moZ1Ju. Acesso em: 16 ago. 2020.

Militar (STM) –, os números são ainda menores: 1,4% se declaram pretos, e 7,6%, pardos.[55]

Os negros são maioria apenas entre os desempregados e subocupados. E também entre as vítimas de homicídio, além de comporem mais de 60% da população carcerária do país. A propósito, em agosto de 2020, a notícia de que uma juíza de direito prolatara uma sentença condenatória baseada na cor da pele de um réu chegava aos jornais. O caso acontecera na 1ª Vara Criminal de Curitiba, a capital paranaense, e a sentença dizia, sobre o réu: "Sobre sua conduta social nada se sabe. Seguramente integrante do grupo criminoso, em razão de sua raça, agia de forma extremamente discreta os delitos [sic] e o seu comportamento, juntamente com os demais causavam [sic] o desassossego e a desesperança [sic] da população, pelo que deve ser valorada [sic] negativamente".[56]

Resta a dúvida: a "raça" determinava a índole criminosa ou a "forma discreta" de o criminoso agir? De qualquer forma, trata-se de uma sentença condenável, inclusive pelos erros gramaticais, a qual motivou reações importantes, como esse libelo tão magoado quanto contundente: "Para onde se olha na sociedade brasileira, há uma face do racismo à espreita. Não há brecha para distração, escape, rota de fuga. É alentador o esforço que segmentos da sociedade – menos governo, mais imprensa, intelectuais, artistas e celebridades – estão fazendo para identificar, compreender e, em certa medida, combater essa anomalia".[57]

Segundo algumas avaliações, o recrudescimento do racismo brasileiro, no momento deste texto, teria como causa o novo patamar da resistência, que agora dispõe de ferramentas, como as redes sociais no ambiente virtual. Mas o problema tem raízes profundas e vem de longe.

---

[55] OLIVEIRA, Mariana. Censo do CNJ aponta que 1,4% dos juízes brasileiros são pretos. *G1*, 16 jun. 2014. Disponível em: https://glo.bo/3rmTJPq. Acesso em: 16 ago. 2020.

[56] JUÍZA será investigada por citar raça do réu em condenação. *O Globo*, Rio de Janeiro, 13 ago. 2020, p. 22.

[57] OLIVEIRA, Flavia. Crime sem trégua, que cansa. *O Globo*, Rio de Janeiro, 14 ago. 2020, p. 3.

Ao longo da história, vimos as medidas coercitivas que visavam à emigração maciça dos negros para a África, principalmente após a grande Revolta dos Malês, em 1835; o envio de tropas predominantemente integradas por negros e mestiços à Guerra do Paraguai, na qual morreram dois terços da população negra do Império (CHIAVENATTO, 1980, p. 194); a queima dos registros da escravidão e do tráfico determinada por Ruy Barbosa; a não inclusão, durante muitos anos, de qualquer referência à importante história da África Negra no programa das escolas (e a apresentação do Egito como algo totalmente desvinculado do continente africano); a pouca importância que a história oficial dá à resistência do negro à escravidão e a sua contribuição na formação da sociedade brasileira; a obsessão em afirmar que o Brasil é uma "democracia racial"; a retirada do item "cor" do censo demográfico; a promoção, a partir de 1890, de uma imigração maciçamente branca e europeia – a partir da falsa premissa de que o negro era um mau trabalhador, e o imigrante europeu, sim, é que era o agente mais eficaz para acelerar a passagem do Brasil para o capitalismo (CHALHOUB, 1986, p. 75) – são algumas formas utilizadas, através dos tempos, para "embranquecer" o povo brasileiro.

Entendemos, a partir de Frantz Fanon e outros autores, que o racismo é um aspecto do colonialismo. E que através dele o colonizador procuraria valorizar-se pela desvalorização do colonizado, levando este a uma espécie de reflexão muda, assim imaginada: "Já que eu não sou branco, nem rico, nem inteligente, eu não sou nada; então, só me resta seguir o modelo ditado pelo colonizador". Daí muitos negros terem, ao longo da formação da sociedade brasileira, introjetado em sua mente conceitos segundo os quais a beleza, a inteligência etc. são essencialmente brancos.

Esse sentimento de inferioridade tem também, entre outros fatores, origem numa velha distinção. No escravismo brasileiro, como regra geral, cerca de 75% dos escravizados trabalhavam no campo, e só o restante estava nas cidades. No campo, em sua maior parte, estavam os que não falavam português e que, segundo o ponto de vista europeu, eram menos "civilizados", e por isso eram chamados *boçais*. Nas cidades estava a maioria dos *ladinos*, ou seja, os mais adaptados, por alienação ou por astúcia, à "civilização" dos brancos. Outra distinção se fazia entre os africanos de origem e os *crioulos*, que eram os já nascidos na terra brasileira. Então, os ladinos estavam quase sempre nas cidades, principalmente como trabalhadores domésticos. E foram em geral esses cativos domésticos (mucamas, amas de leite, cozinheiras, capangas, cocheiros etc.), principalmente crioulos (nascidos no país), que, representando uma espécie de elite, determinaram, em geral, a síndrome do negro em ascensão: muitas vezes até renegando suas origens, paternalizados pelos brancos e adotando seus valores. Foi o caso também de muitos negros que eram a favor da "legalidade", da conquista pacífica da liberdade e de outros que até ajudaram a reprimir movimentos libertários negros, como foi o caso do herói militar Henrique Dias.

Confundida a real identidade dos descendentes de africanos no Brasil, então a elite dominante tomou a si a tarefa de defini-la, e a define em dois níveis, um para consumo externo e outro no nível do preconceito. Para consumo externo, o negro no Brasil é um cidadão como todos os brasileiros e não está sujeito a discriminações. Mas, internamente, boa parte do Brasil branco, e até mesmo alguns negros, ainda mantêm sobre os afro-brasileiros algumas opiniões estereotipadas que se cristalizaram.

Dentro, finalmente, de todo esse contexto, a distinção entre bantos e sudaneses teve um papel a desempenhar. Contrapondo uns aos outros, lançando sobre os primeiros o estigma da inferioridade e deixando que se mitificasse o pequeno contingente organizado dos malês, em oposição aos milhares de bantos, a cultura hegemônica "dividia para governar", lançando mão, entretanto, de um axioma facilmente destrutível. Porque o que realmente distinguiu os bantos dos sudaneses no Brasil foi a estratégia utilizada por uns e outros diante da opressão: os sudaneses, notadamente os malês na Bahia, lembra Reis (1986, p. 188), em geral resistiram, tomando como atitude o confronto cultural, só modificando essa linha de comportamento quando a mudança servisse como arma para atacar frontalmente a escravidão ou quando a pressão fosse realmente insuportável. Os bantos, ao contrário, quase sempre optaram pela estratégia da dissimulação, por exemplo, encobrindo suas manifestações culturais com o manto branco das irmandades católicas e com isso transformando tanto sua cultura original como a dos brancos (REIS, 1986, p. 188). Mas essa não foi a regra geral, como se viu com Palmares.

A nosso ver, a principal tarefa das lideranças é levar o povo negro a desenvolver sua consciência, para que conheça adequadamente sua realidade passada e presente, pois só isso o levará à afirmação real de sua identidade e sua autoestima para ser finalmente produtivo e feliz. "Adquirir um conhecimento reflexivo de si" – escreve Juana Elbein dos Santos (1979, p. 5) – "conduziria o negro não apenas a distinguir e assumir plenamente sua originalidade, sua riqueza étnica e cultural, a consciência de seu significado intrínseco, mas ainda lhe permitiria um exame analítico de sua situação e de seu destino na sociedade nacional e uma participação ativa na condução dos mesmos a partir de seu próprio enfoque, de sua experiência, de suas concepções e interesses".

Vejamos, ainda, que o escravismo no Brasil e o colonialismo na África usaram, como estratégia de dominação, fragmentar as populações negras, tanto por etnias e linhagens quanto por categorias sociais. "Dividir para dominar" era a regra, que, embora verbalizada no sentido contrário, ecoou na atualidade brasileira em setembro de 2019, quando um ministro da República afirmou que no Brasil "não existe povo negro", e sim "brasileiros de pele escura".

A moderna classificação dos afrobrasileiros como "negros" – mesmo subdivididos em "pretos e pardos" – é uma conquista política e um avanço estatístico em relação à vasta terminologia antes usada, que dificultava o mapeamento científico do lugar ocupado pelo segmento afro no conjunto da população, em prejuízo do atendimento às suas necessidades específicas.

Nos mais de três séculos de escravismo, a presença africana no Brasil foi ampla e importante. Até que, inviabilizado o sistema, o Império o aboliu; não sem antes promulgar uma lei, em 1850, negando a ex-escravizados o direito a posse e propriedade de terras e alargando portas à imigração de colonos vindos do exterior. Assim, com um ato abolicionista vazio, desacompanhado de medidas complementares em favor dos emancipados, reforçou-se a exclusão.

O senso comum negou essa realidade, iludido pelo argumento da mestiçagem, com o qual ainda se busca provar que no país não existe racismo e, sim, casos eventuais de preconceito. Mas a mestiçagem – conforme o saudoso Clóvis Moura, sociólogo afromestiço – é um fato biológico que não se reflete no campo politico da democratização das oportunidades. E a desigualdade se comprova na rara presença de pessoas negras nas principais esferas de decisão, por circunstâncias quase nunca percebidas em suas razões, as quais se devem ao racismo estrutural, nascido com a nação, e em cujo contexto a posição subalterna do indivíduo negro é tida como natural, normal e até mesmo inerente às suas origens.

Em outra linha de pensamento vemos que, já no século XX, as estruturas dominantes desenvolveram ações táticas, partindo do pressuposto de que, com a imigração europeia, a miscigenação da população iria fatalmente levá-la a um "branqueamento". Alguns cientistas e intelectuais de renome deram sustentação a essa ideia, que, avalizada por teses eugênicas, de "aperfeiçoamento" da espécie e higiene, ganhou status de ideologia e forma de política pública. Tanto que em 1946 o Decreto-Lei n.º 7.967 estabeleceu o seguinte: "Os imigrantes serão admitidos de conformidade com a necessidade de preservar e desenvolver o Brasil na composição de sua ascendência europeia". Mas os objetivos não foram alcançados, como comprovam as estatísticas. Observe-se que, em inglês e francês, respectivamente, os termos "nigger" e "négro" são ofensivos, por conotarem escravidão. Entretanto, na década de 1930, era introduzido na língua francesa o vocábulo "négritude", para significar a circunstância de se pertencer à coletividade dos africanos e descendentes; e, mais, a consciência de pertencer a essa coletividade e a atitude de se reivindicar como tal. Vem daí a opção do ativismo afro, no Brasil, pelo qualificativo "negro", como estratégia de aglutinação na luta pela igualdade; e contra a falácia da "democracia racial" brasileira.

Assim, neste momento de repetidas ameaças aos direitos de cidadania, celebrações como as da Consciência Negra, instituídas por organizações do Movimento Negro há quase meio século, ganham maior significado. E se justificam quando, parafraseando o poeta e estadista africano Léopold Senghor, afirmamos a existência e a relevância do Povo Negro – não como expressão de racismo ou complexo de inferioridade, e sim com a intenção de, em harmonia com outras correntes de pensamento e ação, construir um humanismo totalmente humano, porque formado por todas as contribuições do ideário progressista, no Brasil e no mundo.

A afirmação da identidade negra confere ao ser humano afrodescendente o "lugar de fala", ou seja, a prerrogativa de ser o sujeito de sua própria história, a partir de suas respectivas peculiaridades, culturais e psicológicas; bem como ser o narrador da história de seus antepassados africanos. E lhe confere também a oportunidade de recusar e denunciar a base supremacista "branca" que caracteriza o racismo estrutural na formação de sociedades como a brasileira. A afirmação da identidade comporta, também, a "desnaturalização" do racismo, ou seja, a não aceitação como natural de algo que não é da natureza, e sim resultado da combinação de fatores econômicos e sociopolíticos.

Os negros brasileiros, acreditamos, não reivindicam a *négritude* de Leopold Senghor e Aimé Césaire;[58] nem a "personalidade africana" dos pensadores afro-americanos. O que precisamos, sim, é do reconhecimento de uma identidade afro-brasilsira, que nos encaminhe e a nossos descendentes para um futuro de paz, saúde, equilíbrio e desenvolvimento.

Parafraseando Moore (2015, p. 220), afirmamos que a discriminação racial pode ser coibida por meio de leis e decretos, mas o racismo estrutural, construído histórica e culturalmente, só pode ser extirpado quando arrancado pela raiz.

***

---

[58] Poetas e estadistas fundadores da ideologia da negritude.

Referências

A DICTIONARY of the Yoruba Language. London: Oxford University Press, 1976. Part Two.

ABRAHAM, R. C. *Dictionary of Modern Yoruba.* 2nd ed. London: Hodder and Stoughton, 1981.

AFRICAN Encyclopedia. London: Oxford University Press, 1974.

AGASSIZ, Luiz; ELIZABETH, Cary. *Viagem ao Brasil (1865-1866).* Belo Horizonte: Livraria Itatiaia Editora, 1975.

AGUIAR, Maciel di. A divindade de São Benedito: o santo dos humildes e dos oprimidos. *Revista ES*, Vitória, 9 jun. 1982.

ALLAINMAT-MAHINE, Basile. Technologies traditionelles bantu: méthode et rituel de la construction d'une pirogue et de ses apparaux au cap Santa Clara au Gabon. *Muntu*, Libreville, Gabon, n. 3, 2º sem. 1985.

ALMEIDA, António de. Contribuição para o estudo da antroponímia dos angolares (São Tomé). *In*: JUNTA DE INVESTIGAÇÕES DO ULTRAMAR. *Estudos sobre a etnologia do ultramar português.* Lisboa: Junta de Investigações do Ultramar, 1960. v. I. p. 15-32.

ALMEIDA, Pedro Ramos de. *História do colonialismo português em Alrica.* Lisboa: Editorial Estampa, 1978-1979. 2 v.

ALMEIDA, Plínio de. Pequena história do maculelê. *Revista Brasileira de Folclore*, Rio de Janeiro, n. 16, set.-dez. 1966.

ALTUNA, Pe. Raul Ruiz de Asúa. *Cultura tradicional banto.* 2. ed. Luanda, Angola: Secretariado Arquidiocesano de Pastoral, 1993.

ALVARENGA, Oneyda. *Música popular brasileira.* Porto Alegre: Globo, 1960.

ALVES, Pe. Albino. *Dicionário etimológico bunda-português.* Lisboa: [s.n.], 1951. 2 v.

AMARAL, Braz do. *Fatos da vida do Brasil.* Bahia: Tipografia Naval, 1941.

ANDRIANOV, Boris; ISMAGUILOVA, Rosa. As etnias e os processos étnicos em Africa. *In*: O *desenvolvimento etno-cultural dos países africanos.* Moscou: Academia de Ciências da URSS, 1984. p. 90-121.

ARAÚJO, Alceu Maynard de. *Folclore nacional.* São Paulo: Melhoramentos, 1967. 3 v.

AZIZ, Philippe. *Os impérios negros da Idade Média.* Rio de Janeiro: Otto Pierre Editores, 1978. (Grandes Civilizações Desaparecidas).

BALANDIER, Georges *et al. Dictionnaire des civilisations africaines.* Paris: Ferdinand Hazan Editeur, 1968.

BARRETO, Paulo (João do Rio). *As religiões no Rio.* Rio de Janeiro: Org. Simões, 1951.

BARROS, João de. *Descobrimento da Índia.* Lisboa: Seara Nova, 1968.

BASCOM, William. *The Yoruba 01 Southwestern Nigeria.* Wisconsin, USA: Holt, Rinehard and Winston, 1969.

BASTIDE, Roger. *Estudos afro-brasileiros.* São Paulo: Perspectiva, 1973.

BAULIN, Jacques. *The Arab Role in Africa.* Baltimore: Penguin Books, 1962.

BAUMANN, H.; WESTERMANN, D. *Les peuples et les civilisations de l'Afrique: les langues et l'éducation.* Paris: Payot, 1948.

BELCHIOR, Manuel. *Contos mandingas.* Porto: Portucalense, 1968.

BENTLEY, Rev. W. Holman. *Dictionary and Grammar of Kongo Language.* London: The Baptist Missionary Society and Tubner & Co., 1887.

BOAKYE, Jacob. *The History of West Africa.* Accra, Ghana: Asempa, 1982. v. 2.

BOLÍVAR ARÓSTEGUI, Natalia; VILLEGAS, C. G. D. de. *Ta Makuende Yaya y las reglas de palo monte.* La Habana: Unión, 1998.

BRASIL. Constituição (1988). *Constituição da República Federativa do Brasil,* 1988. Brasília: Senado Federal, Centro Gráfico, 1988.

C.E.A.A. Centro de Estudos Afro-Asiáticos. *Introdução a Angola.* Rio de Janeiro: Conj. Universitário Cândido Mendes, 1975. Mimeo.

CAPELLO, H.; IVENS, R. *De Angola à Contracosta.* Lisboa: Publicações Europa-América, [s.d.]. 2 v.

CAREY, Margareth. *Contos e lendas da África.* São Paulo: Melhoramentos, 1981.

CARNEIRO, Edison. *A sabedoria popular.* Rio de Janeiro: INL/MEC, 1957.

CARNEIRO, Edison. *Ladinos e crioulos.* Rio de Janeiro: Civilização Brasileira, 1964.

CARNEIRO, Edison. *Religiões negras: negros bantos.* Rio de Janeiro: Civilização Brasileira, 1961.

CARREIRA, António. Situação das pesquisas sobre o tráfico em Portugal. *In:* UNESCO. *O tráfico de escravos negros, sécs. XV-XIX.* Documento de trabalho e relatório da reunião de peritos organizada pela UNESCO em Port-au-Prince, Haiti, em janeiro-fevereiro 1978. Lisboa: Edições 70; UNESCO, 1979. p. 317-334.

CARREIRA, António; QUINTINO, Fernando. *Antroponímia da Guiné Portuguesa.* Lisboa: Junta de Investigações do Ultramar, 1964. v. 1.

CASCUDO, Luís da Câmara. *Dicionário do folclore brasileiro.* São Paulo: Melhoramentos, 1980.

CASCUDO, Luís da Câmara. *Made in Africa*. Rio de Janeiro: Civilização Brasileira, 1965.

CÉRTIMA, Antônio de. *Sortilégio senegalês*. Porto: Livraria Tavares Martins, 1947.

CHALHOUB, Sidney. *Trabalho, lar e botequim: o cotidiano dos trabalhadores no Rio de Janeiro da Belle Époque*. São Paulo: Brasiliense, 1986.

CHIAVENATO, José Júlio. O *negro no Brasil: da senzala à Guerra do Paraguai*. 2. ed. São Paulo: Brasiliense, 1980.

CISSOKO, Sakené Mody. Le siècle de Kankou Moussa. *Presence Africaine*, Paris, n. 52, out.-dez. 1964.

CONDE, José. *A cana-de-açúcar na vida brasileira*. Rio de Janeiro: MIC; IAA, 1971-1972.

CONRAD, Robert Edgar. *Tumbeiros*. São Paulo: [s.n.], 1985.

COQUERY-VIDROVITCH, Catherine. *A descoberta da Africa*. Lisboa: Edições 70, 1981.

CORNEVIN, Robert. *Le Dahomey*. Paris: Presses Universitaires de France, 1970.

CORRÊA, Sônia; HOMEM, Eduardo. *Moçambique: primeiras machambas*. Rio de Janeiro: Margem, 1977.

CORREIO DA UNESCO. A África entre o Mediterrâneo e o Catai. *Correio da UNESCO*, Rio de Janeiro, v. 12, n. 7, jul. 1984.

CORREIO DA UNESCO. Djenné-Jeno, cidade bimilenária. *Correio da UNESCO*, Rio de Janeiro, v. 12, n. 7, jul. 1984.

CRULS, Gastão. *Aparência do Rio de Janeiro*. Rio de Janeiro: José Olympio, 1965.

CUNHA, Silva. *Aspectos dos movimentos associativos na África Negra*. Lisboa: Junta de Investigações do Ultramar, 1958.

DAVIDSON, Basil. *A descoberta do passado de Africa*. Lisboa: Sá da Costa, 1981.

DAVIDSON, Basil. *African Kingdoms*. Nederland: Time-Life Books, 1967.

DAVIDSON, Basil. *Guia para história de África*. Luanda: União dos Escritores Angolanos, 1977.

DAVIDSON, Basil. *Mãe negra*. Lisboa: Sá da Costa, 1978.

DEBRET, Jean Baptiste. *Viagem pitoresca e histórica ao Brasil*. São Paulo: Círculo do Livro, [s.d.].

DEGLER, Carl N. *Nem preto nem branco*. Rio de Janeiro: Editorial Labor do Brasil, 1976.

DELGADO, Ralph. *História de Angola*. Luanda: Edição do Banco de Angola, 1946. v. 1.

DESCHAMPS, Hubert. *L'Afrique Noire précoloniale*. 3e éd. Paris: PUF, 1976.

DESCHAMPS, Hubert. *Les religions de l'Afrique Noire*. Paris: PUF, 1965.

DICIONÁRIO Houaiss da Língua Portuguesa. Rio de Janeiro: Objetiva, 2001.

DIEGUES JR., Manuel. *Etnias e culturas no Brasil*. São Paulo: Círculo do Livro, 1975.

DIOP, Cheik Anta. *Nations nègres et culture*. 3e éd. Paris: Presence Africaine, 1979. 2 v.

DOKE, C. M. *et al*. *English-Zulu-Zulu-English Dictionary*. Johannesburg: Wittwatersrand University Press, 2005.

DUARTE, Abelardo. *Folclore negro das Alagoas*. Maceió: Universidade Federal de Alagoas, Departamento de Assuntos Culturais, 1974.

DUARTE, Abelardo. *Negros muçulmanos nas Alagoas (os Malês)*. Maceió: Edições Caeté, 1958.

EDMUNDO, Luiz. O *Rio de Janeiro no tempo dos vice-reis*. 2. ed. Rio de Janeiro: Athena, [s.d.].

EFEGÊ, Jota. *Figuras e coisas da música popular brasileira*. Rio de Janeiro: MEC; Funarte, 1978-1980. 2 v.

EFEGÊ, Jota. *Figuras e coisas do carnaval carioca*. Rio de Janeiro: MEC; Funarte, 1982.

FAGAN, Brian M. *África Austral*. Lisboa: Editorial Verbo, 1970.

FAGAN, Brian M. Zimbábue redescoberto. *Correio da UNESCO*, Rio de Janeiro, v. 12, n. 7, jul. 1984.

FERKISS, Victor. *Africa, um continente à procura de seu destino*. Rio de Janeiro: GRD, 1967.

FISCHER, Arnold *et al*. *English-Xhosa Dictionary*. New York: Oxford University Press, 1985.

FITUNI, L. L. *Angola*: *natureza, população, economia*. Moscou: Edições Progresso, 1985.

FREITAS, Décio. *Palmares, a guerra dos escravos*. Porto Alegre: Movimento, 1973.

FREYRE, Gilberto. *Casa-grande & senzala*. 17. ed. Rio de Janeiro: J. Olympio, 1975.

GALVÃO, Henríque; SELVAGEM, Carlos. *Império ultramarino português*. Lisboa: Empresa Nacional de Publicidade, 1950-1953. v. 1-4.

GERBEAU, Hubert. O tráfico esclavagista no Oceano índico: In UNESCO. O *tráfico de escravos negros*. *Sécs. XV-XIX*. Lisboa: Edições 70, 1979. p. 237-266.

GLASGOW, Roy Arthur. *Nzinga*. São Paulo: Perspectiva, 1982.

GOULART, Maurício. Histórico do negro. *In*: BRASIL histórico e geográfico. São Paulo: Codil, [s.d.]. v. 1.

GRANDE Enciclopédia Delta-Larousse. Rio de Janeiro: Delta, 1970.

GRANDE Enciclopédia Larousse Cultural. São Paulo: Nova Cultural, 1998.

GRANGUILHOME, Jesús Contreras. *Introducción al estudio de África*. México: Facultad de Ciencias Políticas y Sociales, Univ. Nacional Autonoma de México, 1979.

GUENNEC, Gregoire Le; VALENTE, José Francisco. *Dicionário português-umbundu*. Luanda: Instituto de Investigação Científica de Angola, 1972.

GUERRA-PEIXE. *Maracatus do Recife*. 2. ed. Recife: Irmãos Vitale; Fundação de Cultura do Recife, 1981.

HALEY, Alex. *Negras raízes*. São Paulo: Círculo do Livro, [s.d.].

HEINE, Bernd. The Dispersal of the Bantu Peoples in the Light of Linguistic Evidence. *Muntu*, Libreville, Gabon, n. 1, 2º sem. 1984.

HEYWOOD, Linda M (Org.). *Diáspora negra no Brasil*. São Paulo: Contexto, 2009.

JOHNSTON, Sir Harry H. *The Negro in the New World*. London: [s.n.], 1910.

KI-ZERBO, Joseph. *História da África negra*. Lisboa: Publicação Europa-América, 1972. v. I-II.

KOSMINSKY, E. A. *História da Idade Média*. Rio de Janeiro: Editorial Vitória, 1963.

KOSTER, Henry. *Viagens ao nordeste do Brasil*. São Paulo: Cia. Editora Nacional, 1942.

KUNENE, Mazisi. Chaka, O Grande. *Correio da UNESCO*, Rio de Janeiro, v. 13, n. 10, out. 1985.

LAMAN, K. E. *Dictionnaire Kikongo-Français*. Brussels: [s.n.], 1936. Republished by The Gregg Press Incorporated, 1964.

LANDES, Ruth. *A cidade das mulheres*. Rio de Janeiro: Civilização Brasileira, 1967.

LARA, Oruno D. Resistência à escravatura: da África às Américas Negras. *In*: UNESCO. *O tráfico de escravos negros, sécs. XV-XIX*. Documento de trabalho e relatório da reunião de peritos organizada pela UNESCO em Port-au-Prince, Haiti, em janeiro-fevereiro 1978. Lisboa: Edições 70, 1979. p. 129-151.

LEMA GWETE. Maîtrise des milieux, technologies. *In*: OBENGA, Theophile; SOUINDOULA, Simão. *Racines Bantu: Bantu Roots*. Libreville, Gabon: CICIBA, 1991. p. 67-98.

LESSA, Clado Ribeiro de. *Viagem de África em o Reino de Dahomé: escrita pelo Padre Vicente Ferreira Pires no ano de 1800*. São Paulo: Cia. Editora Nacional, 1957.

LOPES, Nei. *Dicionário da antiguidade africana*. Rio de Janeiro: Civilização Brasileira, 2011a.

LOPES, Nei. *Enciclopédia brasileira da diáspora africana*. 4. ed. São Paulo: Selo Negro, 2011b.

LOPES, Nei. *Novo dicionário banto do Brasil*. 2. ed. Rio de Janeiro: Pallas, 2012.

LOPES, Nei; MACEDO, José Rivair. *Dicionário de história da África: séculos VII a XVI*. Belo Horizonte: Autêntica, 2017.

LOPES, Nei; MACEDO, José Rivair. *Dicionário de história da África: séculos XVI a XIX*. Belo Horizonte: Autêntica. No prelo.

LOPES, Nei; SIMAS, Luiz Antônio. *Dicionário da história social do samba*. Rio de Janeiro: Civilização Brasileira, 2015.

M'BOKOLO, Elikia. *África negra: história e civilizações*. Salvador: EDUFBA; São Paulo: Casa das Áfricas, 2011. v. 2.

MABONA, Pe. Mongameli. La spiritualité africaine. *Presence Africaine*, Paris, n. 52, 4 trim. 1964.

MACHADO FILHO, Aires da Mata. *O negro e o garimpo em Minas Gerais*. Belo Horizonte: Itatiaia; São Paulo: Edusp, 1985.

MADERSBACHER, Fred. Tombuctu, a cidade de areia do deserto. *Revista Geográfica Universal*, Rio de Janeiro, n. 134, 1986.

MAIA, Pe. Antônio da Silva. *Dicionário rudimentar Português-Kimbundo*. Cucujães: Editorial Missões, 1964.

MAQUET, Jacques. *Les civilisations noires*. Paris: Marabout Université, 1966.

MARGOLIOUTH, D. S. *Islamismo*. Barcelona; Buenos Ayres: Editorial Labor, 1929.

MARTÍ, Montserrat Palau. *Le roi-dieu au Bénin*. Paris: Berger-Levrault, 1964.

MATTOS, Hebe Maria. *Escravidão e cidadania no Brasil monárquico*. 2. ed. Rio de Janeiro: Jorge Zahar, 2004.

MATVEIEV, Victor M. O império fortificado de Kilwa. *Correio da UNESCO*, Rio de Janeiro, v. 10, n. 11, 1979.

MENDONÇA, Renato. *A influência africana no português do Brasil*. 3. ed. Porto: Figueirinhas, 1948.

MERRIAM, Alan P. *Congo: nos bastidores do conflito*. Rio de Janeiro: Letras e Artes, 1963.

MOORE, Carlos. *Pichón: minha vida e a revolução cubana*. Belo Horizonte: Nandyala, 2015.

MORAES FILHO, Mello. *Cantares brasileiros*. Rio de Janeiro: Departamento de Cultura da Secretaria de Estado de Educação e Cultura, 1982.

MORAES FILHO, Mello. *Festas e tradições populares do Brasil*. Rio de Janeiro: Briguiet, 1946.

MOURA, Clóvis. *Os quilombos e a rebelião negra*. São Paulo: Brasiliense, 1981. (Primeiros Passos).

MOURA, Roberto. *Tia Ciata e a pequena África no Rio de Janeiro*. Rio de Janeiro: MEC; Funarte, 1983.

MUKUNA, Kazadi wa. *Contribuição bantu na música popular brasileira*. São Paulo: Global, [s.d.].

MUNANGA, Kabengele. *Os basanga de Shaba*. São Paulo: FFCHL-USP, 1986.

MURPHY, Alan *et al. Sul da África*. São Paulo: Globo, 2014.

N'DIAYÉ, Bokar. *Groupes ethniques au Mali*. Bamako: Populaires, 1970a.

N'DIAYÉ, Bokar. *Les castes au Mali*. Bamako: Populaires, 1970b.

N'GOMA, Albert. L'Islam noir. *Le Monde Noir*, Paris, n. 8-9, mar. 1950. Numéro spécial.

NERY, Joaquim. A resistência cultural do folclore capixaba. *Revista ES*, Vitória, n. 9, jun. 1982.

NIANE, Djibril Tamsir. *Sundiata ou a Epopéia Mandinga*. São Paulo: Ática, 1982.

NYANG, Suleiman S. Deuses e homens da África. *Correio da UNESCO*, Rio de Janeiro, v. 12, n. 4, abr. 1982.

OBENGA, Theophile. Caractéristiques de l'esthétique bantu. *Muntu*, Libreville, Gabon, n. 1, 2º sem. 1984.

OBENGA, Theophile. Histoire du monde bantu. *In*: OBENGA, Theophile; SOUINDOULA, Simão. *Racines Bantu: Bantu Roots*. Libreville, Gabon: CICIBA, 1991. p. 121-150.

OBENGA, Theophile. *Les Bantu: langues, peuples, civilisations*. Paris; Dakar: Présence Africaine, 1985.

OLIVEIRA, Waldir Freitas. Desenvolvimento dos estudos africanistas no Brasil. *Revista Cultura*, Brasília, n. 6, out.-dez. 1976.

PAQUES, Viviana. *Les Bambara*. Paris: Presses Universitaires de France, 1954.

PARÉS, Luis Nicolau. *A formação do candomblé: História e ritual da nação jeje na Bahia*. Cmpinas, SP: Ed. Unicamp, 2006.

PATTEE, Richard. *Portugal na África contemporânea*. Rio de Janeiro: PUC, 1961.

PEDRALS, D. P. *Manuel scientifique de L'Afrique noir*. Paris: Payot, 1949.

PEIXOTO, Afrânio. *Breviário da Bahia*. 3. ed. Rio de Janeiro: MEC; Conselho Federal de Cultura, 1980.

PEREIRA, Nunes. *A casa das minas*. 2. ed. Petrópolis: Vozes, 1979.

PINSKY, Jaime. *Escravidão no Brasil*. São Paulo: Global, 1981.

PRADO JR., Caio. *História econômica do Brasil*. São Paulo: Círculo do Livro, [s.d.].

QUERINO, Manuel. *A raça africana e seus costumes*. Salvador: Livraria Progresso Editora, 1955.

RAMOS, Arthur. O *folclore negro do Brasil*. 2. ed. Rio de Janeiro: Livraria Editora da Casa do Estudante do Brasil, 1954.

REDINHA, José. *Etnias e culturas de Angola*. Luanda: Edição do Banco de Angola, 1975.

REGO, A. da Silva. Do conceito de Deus entre os Bantos. *In*: JUNTA DE INVESTIGAÇÕES DO ULTRAMAR. *Estudos sobre a etnologia do ultramar português*. Lisboa: Junta de Investigações do Ultramar, 1960. v. 1.

REIS, João José. *Rebelião escrava no Brasil: a história do levante dos Malês*. São Paulo: Brasiliense, 1986.

REIS, João José. *Rebelião escrava no Brasil: a história do levante dos Malês*. Ed. rev. amp. São Paulo: Companhia das Letras, 2003.

RIBAS, Oscar. *Misoso, literatura tradicional angolana*. [s.l.]: [s.n.], 1979. v 1.

RIBEIRO, Darcy. *Aos trancos e barrancos: como o Brasil deu no que deu*. Rio de Janeiro: Guanabara Dois, 1985.

RIBEIRO, Joaquim. *Folclore do açúcar*. Rio de Janeiro: MEC; Campanha de Defesa do Folclore, 1977.

RIBEIRO, Maria de Lourdes Borges. Moçambique. *Cadernos de Folclore*, Rio de Janeiro, n. 32, 1981.

RIBEIRO, Maria de Lourdes Borges. O jongo. *Cadernos de Folclore*, Rio de Janeiro, n. 34, 1984.

RIBEIRO, René. *Cultos afro-brasileiros do Recife*. 2. ed. Recife: MEC/IJNPS, 1978.

ROBINSON, Charles Henry. *Dictionary of Hausa Language*. Cambridge: Cambridge University Press, 1925.

RODRIGUES, José Honório. *Brasil e África, outro horizonte*. 2. ed. Rio de Janeiro: Civilização Brasileira, 1964. 2 v.

RODRIGUES, Nina. *O animismo fetichista dos negros bahianos*. Rio de Janeiro: Civilização Brasileira, 1935.

RODRIGUES, Nina. *Os africanos no Brasil*. 5. ed. São Paulo: Editora Nacional, 1977.

ROMERO, Sílvio. *História da literatura brasileira*. Rio de Janeiro: José Olympio, 1953.

RUGENDAS, Johann Moritz. *Viagem pitoresca através do Brasil*. São Paulo: Círculo do Livro, [s.d.].

RYDER, Alan. Ife-Benin: dois reinos, uma cultura. *Correio da UNESCO*, Rio de Janeiro, v. 12, n. 7, jul. 1984.

SALVADOR, José Gonçalves. *Os magnatas do tráfico negreiro*. São Paulo: Pioneira; Edusp, 1981.

SANTOS, Eduardo dos. Da família Quioca (contribuição para o estudo da etnologia de Angola). *In*: JUNTA DE INVESTIGAÇÕES DO ULTRAMAR. *Estudos sobre a etnologia do ultramar português*. Lisboa: Junta de Investigações do Ultramar, 1960. v. 1.

SANTOS, Eduardo dos. *Movimentos proféticos e mágicos em Angola*. Lisboa: Imprensa Nacional; Casa da Moeda, 1972.

SANTOS, Juana Elbein dos. O negro e a abolição. *Revista de Cultura Vozes*, Petrópolis, n. 73, abr. 1979.

SEGUROLA, Basilio; RASSINOUX, Jean. *Dictionnaire Fon-Français*. Madrid: Ediciones Selva y Savana; Societé des Missions Africaines, 2000.

SÈNE, Alioune. *Sur le chemin de la négritude*. Beirute: Dar Al Kitab Al-Lubnani, 1969.

SENNA, Nelson de. *Africanos no Brasil*. Belo Horizonte: Edição do autor, 1938.

SHAFFER, Kay. *O berimbau-de-barriga e seus toques*. Rio de Janeiro: MEC-Funarte, [s.d.].

SILVA, Alberto da Costa e. *A manilha e o libambo: a África e a escravidão de 1500 a 1700*. Rio: Nova Fronteira; Fundação Biblioteca Nacional, 2002.

SILVEIRA, Renato da. *O candomblé da Barroquinha: processo de constituição do primeiro terreiro baiano de keto*. Salvador: Edições Maianga, 2006.

SORET, Marcel. *Les Kongo Nord-Occidentaux*. Paris: PUF, 1959.

TÁY, Amewusika Kwadzo. A psicologia na África negra. *O Correio da UNESCO*, n. 3, mar.1984.

THEUWS, Pe. Théodore. Croyance et culte chez les Baluba. *Présence Afrcaine*, Paris, n. 17-18, févr.-mai 1958.

THOMAS, Louis-Vincent; LUNEAU, René. *Les religions d'Afrique noire*. Paris: Stock, 1981. 2 v.

TINHORÃO, José Ramos. *Música popular de índios, negros e mestiços*. Petrópolis: Vozes, 1972.

TINHORÃO, José Ramos. *Os sons dos negros do Brasil: cantos, danças, folguedos: origens*. São Paulo: Art, 1988.

TOYNBEE, Arnold J. *África árabe, África negra*. Lisboa: Arcádia, 1975.

TRIGUEIRO, Osvaldo Meira; BENJAMIN, Roberto. Cambindas da Paraíba. *Cadernos de Folclore*, Rio de Janeiro, n. 26, 1978.

TRINDADE, Solano. *Cantares ao meu povo*. São Paulo: Brasiliense, 1981.

VANSINA, Jean. O reino do Congo e seus vizinhos. *In*: OGOT, Bethwell A. (Ed.). *África do século XVI ao XVIII*. Brasília: UNESCO, 2010. p. 647-694. (História geral da África, V).

VARGENS, João Baptista; LOPES, Nei. Islamismo e negritude. *Estudos Árabes*, Rio de Janeiro, v. 1, 2º sem. 1982.

VERGER, Pierre. *Notícias da Bahia, 1850*. Salvador: Corrupio, 1981.

VIANA FILHO, Luiz. *O negro na Bahia*. São Paulo: Martins; Brasília: MEC, 1976.

VIANNA, Oliveira. *Raça e assimilação*. 4. ed. Rio de Janeiro: J. Olympio, 1959.

VIEIRA, Damasceno. *Memórias históricas brasileiras*. Bahia: Officinas dos Dois Mundos, 1903. t. II.

VIEIRA, Pe. Antônio. *Sermões: problemas sociais e políticos do Brasil*. São Paulo: Cultrix; MEC, 1975.

Este livro foi composto com tipografia Minion Pro e impresso em papel Off-White 90 g/m² na Formato Artes Gráficas.